Bulle und Bär

ECON Unterhaltung

Zum Buch:

Die Geschichte der wohl bekanntesten Straße der Welt wird hier episodenhaft erzählt: vom Palisadenwall, den Peter Stuyvesant 1653 an der Wall Street errichtete, bis zum *Terrible Tuesday*, dem Börsenkrach von 1987. Neben den historischen Hintergründen führt Brigitte Kale interessante Einzelschicksale auf, etwa die Geschichte der Hetty Green, der reichsten und geizigsten Frau ihrer Zeit, die von der Fürsorge lebte und ein Millionenvermögen an Aktien in den Taschen ihres Unterrockes verbarg. Oder die Stories über Jesse Livermore, den legendären Spekulanten, der »Kühe bei Mondschein kaufte«, und die Herren Dow, Jones, Bergstresser und Barron, Gründer des »Wall Street Journal« und eines Börsenindexes, an dem sich die internationale Finanzwelt noch heute orientiert.

Zur Autorin:

Brigitte Kale, Diplom-Volkswirtin und Portfoliomanagerin, Ex-Unternehmerin und Journalistin, sagte gegen die Meinung aller Wall-Street-Gurus exakt den Crash von 1987 voraus. Das *manager-magazin* schrieb damals: »Eine Frau schlägt alle.« Seit sie 1980 eine ererbte Maschinenbaufirma und sieben Jahre später ihr eigenes Unternehmen verkaufte, managt Brigitte Kale heute das eigene Vermögen.

Brigitte Kale

Bulle und Bär

Abenteuer Wallstreet

ECON Taschenbuch Verlag

Lizenzausgabe
Veröffentlicht im ECON Taschenbuch Verlag GmbH, Düsseldorf, 1995

Umschlaggestaltung: Molesch/Niedertubbesing, Bielefeld
Druck und Bindearbeiten: Ebner Ulm
Printed in Germany
ISBN 3-612-27214-4

Inhalt

IV. Kulissengeflüster

Anhang

Vorwort

Wer die Vergangenheit der Wall Street kennt, kann die Gegenwart besser einschätzen und wird vermutlich viel Lehrgeld sparen.
Aber nicht nur deshalb habe ich ein paar Wall-Street-Geschichten aufgeschrieben, sondern auch, weil das Leben hinter den Kulissen von Wall Street so überaus amüsant sein kann. Tragödien und Komödien haben sich dort abgespielt, die mich immer wieder an das pralle Leben in shakespeareschen Stücken denken lassen.
Danken möchte ich meinem Mann, Marc Kale, daß er monatelang geduldig die »Wall-Street-Geister« im Haus ertragen hat, und meinem Lektor, Wolfgang Drescher, für seinen ansteckenden Optimismus und seine Unterstützung.
Ihnen, meinen Lesern, wünsche ich – natürlich – viel Erfolg an Wall Street!

I.

Die Bühne

1 Wie kamen der Bulle und der Bär an die Börse?

Wall Street ist eine Straße, eine kurze und schmale zudem. Sie beginnt beim Friedhof der altehrwürdigen Trinity Church und endet am East River. Wer die Wall Street ganz bis zu Ende geht, landet deswegen entweder im Fluß oder auf dem Friedhof. Auf der einen Seite geht man unter, auf der anderen geht man ein.

Dazwischen liegt eine Arena, die Arena der »Bullen« und »Bären«. In ihr liefern sich »Horn« und »Tatze« unerbittliche Kämpfe. Dabei sind die Bullen die Optimisten, die von steigenden Aktienkursen profitieren wollen, während die Bären auf fallende Kurse setzen.

Die ersten Kämpfe zwischen den beiden Kolossen fanden in freier Wildbahn statt. Das war in Kalifornien, als es dort noch wenig Menschen und viele Grizzlys gab. Im sechzehnten Jahrhundert sah sich der »schauerliche Bär« (*ursus arctos horribilis*) plötzlich unbekannten Wesen mit langen Hörnern gegenüber, die auch noch kampfwütig waren. Spanische Langhornstiere – mit Schiffen nach Mexiko gebracht – wurden dort ihrem Schicksal überlassen und breiteten sich schnell über das Land aus. Bis hin nach Texas, wo sie später eingefangen wurden und den Grundstock für die texanischen Rinderherden bildeten.

Mit den Rindern hatten die Spanier auch den Stierkampf nach Mexiko – damals Neu-Spanien – gebracht. Allerdings: Die Mexikaner änderten die Regeln. Und es war eine makabre Schau, die da fortan Sonntag für Sonntag den kalifornischen Goldgräbern geboten wurde: An einen mächtigen Pfahl in der Mitte der Arena wurde ein Grizzlybär angekettet und dann ein Stier auf ihn losgelassen. Der Kampf zwischen den

beiden war meist kurz und heftig. Entweder spießte der Bulle den Bären auf und warf ihn nach *oben* über die Schulter, oder der Bär rang den Bullen nach *unten* und brach ihm das Genick: Symbol der Gesetze an der Börse.
Zuerst hat der spanische Dichter Don José de la Vega im Jahr 1688 die Analogie zwischen dem Tierkampf und dem Geschehen an der Börse verwendet, und zwar in seinem Buch *Confusion de Confusiones* über die Amsterdamer Börse. An der Londoner und New Yorker Börse wurden die Begriffe zunächst nur sporadisch benutzt. Zum festen Bestandteil des Investmentjargons wurden »Bulle« und »Bär« erst später – im vorigen Jahrhundert, als sich das Goldfieber wie ein Steppenbrand über Kalifornien ausbreitete.
Historiker lieben feste Daten. Dies ist eines, das auf den Tag genau stimmt: Am Morgen des 24. Januar 1848 reinigte James Wilson Marshall die Abflußrinne einer Sägemühle, die beim heutigen Städtchen Coloma in Kalifornien lag. (In Coloma befindet sich heute der »Marshall Gold Discovery State Historic Park«, und dort – am American River – steht auch eine Nachbildung von Sutters Mühle). Plötzlich blinkten ihm aus dem Schmutz und Schlamm knapp erbsengroße Klümpchen entgegen. Als der brave Zimmermann die schimmernden Brocken sah, mußte er sich erst einmal hinsetzen, und dann begann er – so seine eigenen Worte –, »sehr nachzudenken«. Als er sich klargeworden war, was ihm passiert war, rannte er trotz eines Unwetters schnurstracks zu seinem Dienstherrn, einem Glücksritter mit Namen Johann August Sutter. In dessen Haus verriegelten die beiden sämtliche Türen und machten sich dann mit Hilfe eines Lexikons und einer Apothekerwaage an die Prüfung des Fundes. Das Ergebnis verschlug ihnen die Sprache: Gold in höchster Reinheit.
Am 2. Februar 1848 vollzog sich ein Besitzwechsel von großer Tragweite. Im Friedensvertrag von Guadalupe Hidalgo mußte Mexiko Kalifornien, Neu-Mexiko, Arizona und Teile der heutigen Staaten Utah und Colorado an die Vereinigten Staaten von Amerika abtreten und außerdem den Rio Grande als

Südgrenze von Texas anerkennen. Dafür erhielt es fünfzehn Millionen Dollar. Für die Mexikaner ein schlechtes Geschäft. Denn allein das kalifornische Gold brachte den Amerikanern in den folgenden drei Jahren hundert Millionen Dollar ein.
Für Sutter kam der Friedensvertrag um neun Tage zu spät. Die lächerlich kurze Zeitspanne zwischen dem weltbewegenden Fund und der Annektierung Kaliforniens wurde ihm zum Verhängnis. Seine Besitzrechte an den zweihundert Millionen Quadratmetern Land, die ihm einst vom mexikanischen Gouverneur überlassen worden waren, konnten vom amerikanischen Militärgouverneur nicht gleich nach dem Fund registriert werden. Denn Kalifornien war zu dem Zeitpunkt ja noch mexikanisches Gebiet.
Die Kunde vom Goldfund fraß sich innerhalb von wenigen Tagen durch das Land, und ebenso schnell fielen Scharen von Goldsuchern im Fundgebiet ein. Zuerst wurde Sutters Besitztum überrannt und bei dessen Gegenwehr in Schutt und Asche gelegt. Schiffe, Häuser und sogar die Armee wurden von den Menschen verlassen, um bei dem Rennen von Fundstelle zu Fundstelle dabei zu sein.
Bonanza – in der Goldgräbersprache bedeutet das die Entdeckung eines außergewöhnlich reichhaltigen Gold- oder Silbervorkommens. Auf der Suche danach kamen Abenteurer mit goldenen Träumen von überall her. Von Osten über die blutige Erde, von Europa ums Kap Horn – mit schwerer Fracht, mit ihren Möbeln, Pianos und Bibeln. Viele kamen erst 1849 und wurden die »Neunundvierziger« genannt. Die Glückssucher strömten in solchen Scharen nach Kalifornien, daß dort die Einwohnerzahl in den Jahren zwischen 1848 und 1856 von knapp fünfzehntausend auf über eine halbe Million anschwoll.
Jedoch: Viele der Goldgräber, die ausgezogen waren wie Kinder, wurden um ihre Funde geprellt. Gleichgültig, ob sie *bullish* (optimistisch) oder *bearish* (pessimistisch) an die Goldsuche herangingen – sie waren diejenigen, die zu Boden gingen.

Borrasco – im Wortschatz der Goldgräber meint das eine »taube« Mine oder ein unergiebiges Feld. War es kriminell, unfair oder nur gerissen, wenn diese Nieten mit Edelmetallteilchen »gesalzen« wurden? So faszinierend war der bloße Gedanke an Gold, daß kein Trick zu plump war, um nicht leichtgläubige Gemüter zum Kauf eines Claims zu bewegen. Man sagt: Die Grenze zwischen Geschäftstüchtigkeit und Betrug ist fließend. Man weiß: In dieser dem Gold verfallenen Welt existiert sie nicht.

Zur Erinnerung an einen der Glücklosen wurde ein bronzenes Denkmal aufgestellt: Es stellt James Marshall dar, der als erster das Gold fand, selbst aber im Alter von siebenunddreißig Jahren in völliger Armut starb. Stumm und starr steht er in der Nähe des historischen Fundorts, als könne er immer noch nicht begreifen, was ihm geschah.

Eine traurige Geschichte. Sutters Schicksal wurde zum literarischen Sujet. Als tragische Gestalt geistert er durch mehrere Dramen, zum Beispiel *Der General und das Gold* von Bruno Frank und die *Ballade von Fort Suter* von Egon Erwin Kisch. Aus Gnomensicht sieht das alles ganz anders aus. Im Drama *Die Geschichte vom General Suter* zeichnet der Schweizer Schriftsteller Caesar von Arx seinen Landsmann als einen geldgierigen Vabanquespieler. Der hoffnungsvolle junge Mann, der ursprünglich Suter hieß, verstieß nämlich schon beim Start ins Geschäftsleben gegen schweizerische Normen. In seinem Heimatland machte er Konkurs und floh deshalb nach Amerika.

Der Goldrausch warf Goldminenaktien wie die Karnickel. Sie wurden in San Francisco und New York an der Börse gehandelt. Und obwohl das Gold aus der Erde geholt wurde, ging es eigentlich hier nieder. Herrensitze mit hohen Marmorsäulen und Glaskuppeln zeugten später davon.

Es war ein Sprung in eine andere Welt. Mit der Börse betraten die »Bullen« und »Bären« eine neue Arena. Das im Jahre 1875 von der Wall-Street-Firma »John Hickling & Co« herausgegebene Handbuch *Men and Idioms of Wall Street* beschreibt diesen Kampfplatz so: »Wer an einem hektischen Tag von der Zuschauergalerie auf die Broker guckt, der fühlt sich in einen menschlichen Bienenkorb versetzt. Der Jargon und die Gebärden der Broker, die Rufe der Botenjungen, vermischt mit dem unverstehbaren Lärm von tausend Stimmen, stellen so ein Durcheinander dar, daß man es gar nicht beschreiben kann. Ein Außenstehender würde sich glatt im Tollhaus wähnen.«

Bei den Schaukämpfen in den Goldgräberstädten gewann in der Regel der Bär. In Wall Street dagegen setzt man besser auf den Bullen, denn der behält dort – zumindest langfristig gesehen – die Oberhand. Trotz vieler Nackenschläge vom Bären stemmte er den bekanntesten amerikanischen Börsenindex in achtundneunzig Jahren um 3 713,36 Punkte höher. Zwischen dem 2. Januar 1897 und dem 31. Dezember 1994 stieg der *Dow Jones Industrial Average* von 40,74 auf 3 754,10 Punkte.

Ob jemand *bullish* oder *bearish* ist, hängt auch vom Lebensalter ab. Sicher ist eines: Geboren wird man als »Bulle«, und sterben tut man als »Bär«. Wie schnell die Hörner jedoch eingezogen werden, das entscheidet jeder – an der Börse wie im Leben – für sich selbst.

2 Rennbahn der Finanzjongleure

In Wall Street stoßen Gerissenheit und Naivität in extremer Weise aufeinander. Ohne die Naiven wäre Wall Street nicht das, was es ist. Erst das Geld dieser rührend unschuldigen Anleger läßt viele Märchen wahr werden. Leider sind das die Märchen der anderen.
Die Naiven bleiben jedoch nicht ewig naiv – es sei denn, ihnen geht vorzeitig das Lehrgeld aus. Aus diesem Grund braucht Wall Street ständig neue »Lämmchen«, neues Blut.
Auf der anderen Seite ist Wall Street der Ort, wo viele Aktien hinter sehr viel Kapital herjagen – und umgekehrt. Durch das Medium »Wall Street« kann untätiges Geld deshalb besonders gut aktiviert werden.
Örtlich gesehen ist Wall Street nicht nur die kleine düstere Straße, sondern auch der gesamte Finanzdistrikt von New York. Außerdem ist es eine Bezeichnung für den amerikanischen Finanzkapitalismus – und für die New Yorker Börse, die »New York Stock Exchange«.
Charles Merrill, einer der Gründer der Brokerfirma »Merrill Lynch«, umschrieb Wall Street im Jahre 1948 so: » . . . Es gibt nicht irgendeine Wall Street. Das ist nur eine Legende. Wall Street ist Montgomery Street in San Francisco. Seventeenth Street in Denver. Marietta Street in Atlanta . . . Main Street in Waco, Texas. Und es ist jeder Fleck in Independence, Missouri, wo sparsame Leute hingehen, um ihr Geld zu investieren, um Wertpapiere zu kaufen und zu verkaufen.«
Nach dieser Definition braucht ein Mann, von dem man sagt, daß er »in Wall Street« ist, New York nicht einmal zu kennen.
Wie auch immer: Das Auge des Taifuns ist unzweifelhaft Wall Street, der Finanzdistrikt, und dort die Börse.

Wenn frühmorgens die Nebelschwaden zerreißen, erwacht Manhattan zum Leben. Im ersten Sonnenlicht glitzert die durch Brücken an das Festland geklammerte Insel in ihrer brutalen Schönheit. Wie Halsketten hängen die frühen Wolken um die Türme aus Glas und Stahl. Und aus der Ferne klingt fast ätherisch der erste Lärm. Doch schon bald kommt er näher und entwickelt sich zum Stakkato.
In einem nicht abreißenden Strom füttern gelbe Taxis den Finanzdistrikt mit Menschen. Quietsch – plopp – quietsch – plopp – klingt es in einem fast gleichmäßigen Takt. Dem Tritt auf die Bremse folgt unweigerlich das Zuschlagen einer Wagentür. Ganze Armeen gejagter und jagender Menschen stürmen auch aus den U-Bahn-Schächten, Haltestelle Wall Street. Mit dem Aktenkoffer unter dem Arm hasten sie die Straße entlang, bis sie von irgendeinem Gebäude verschluckt werden. Und aus der Luft stoßen Hubschrauber wie Hornissen herab und beliefern den Moloch ebenfalls mit Menschen.

Altersschwarz und düster erhebt sich die Trinity Church am Broadway. Sie steht genau an der Stelle, von wo aus man die Wall Street am besten überblicken kann. Böse Zungen behaupten, daß die Kirche nur deshalb so schwarz ist, weil sie in unmittelbarer Nähe der Hölle steht. Für die Verlierer ist das mehr als nur ein Gerücht.
Früher war die Trinity Church der Riese von Manhattan; heute ist sie ein Zwerg. Das trifft allerdings nur äußerlich zu. Denn die Kirche mit dem Großmütterchengesicht ist die reichste Grundbesitzerin von Manhattan. Ihr gehören große Teile des Bodens zwischen Fulton Street und Christopher Street. Königin Anne, die letzte Stuart auf britischem Thron, hat ihr das Land im Jahre 1705 geschenkt. Die Kirche verkaufte nur unwesentliche Teile davon; den Rest verpachtete sie.
»Line 'em up! Line 'em up!« (»Anstellen! Anstellen!«) rufen die Schuhputzer morgens am Zaun des zur Kirche gehörenden Friedhofs. Auf dem Weg zum »Geldmachen« legen die Wall Streeter hier eine Pause ein. Wisch – wasch – bekommt

der erste Schuh den letzten Glanz und – wisch – wasch – der zweite. Schuhe, die nur sauber sind, reichen für Wall Street nicht aus. Glanz muß her, bis in die Spitzen. Denn im Finanzdistrikt ist Zeit nicht nur Geld, sondern Minuten sind oftmals Millionen oder gar Milliarden. Deshalb ist nur das Beste in der äußeren Erscheinung gut genug.

Niemals – lautet die erste Bekleidungsregel für Topleute in Wall Street – trage man »etwas aus Erdöl«. Nur Raupen, Pflanzen und Rinder werden als Rohstofflieferanten akzeptiert.

Jeder weiß: Knöpfe am Ärmel eines Jacketts sind heute zu nichts mehr nutze. Napoleon führte sie ein, um seine Männer während der Paraden am Schneuzen in die Ärmel zu hindern. In Wall Street müssen die Knöpfe des Jacketts tatsächlich knöpfbar sein. Denn daran erkennt man die erforderliche Klasse.

Der »Wall-Street-Anzug« soll Kraft, Autorität und Glaubwürdigkeit vermitteln. Das tut, nach Meinung der Wall Streeter, am besten der dunkelblaue Nadelstreifen. Ihn kauft man zum Beispiel bei »Brooks Brothers« in der Madison Avenue, wo seit Ende des vorigen Jahrhunderts praktisch der gleiche einreihige Anzug, auf drei Knöpfen schließbar, mit den »natürlichen Schultern« verkauft wird. Ob ein »Taschenquadrat« (*pocket square*) – normalerweise Taschentuch genannt – getragen wird, muß dem Fingerspitzengefühl des einzelnen überlassen bleiben. Gegebenenfalls sollte man sich – so ein fachkundiger Rat – an seinem Vorgesetzten orientieren.

Die sicherste Farbe für das Hemd ist Weiß. Blau geht auch noch, obwohl das schon als etwas bohemienhaft angesehen wird. Was den Schnitt anbetrifft, so ist man mit den Maßhemden von Arthur Gluck, Chemisiers, »dressed for success«. Dort gibt es zum Beispiel jeweils andere Kragenformen für ovale und runde Gesichter, und der perfekte Schnitt gewährleistet eine flache, faltenfreie Hemdenbrust. In unmittelbarer Nähe des Hemdenschneiders befindet sich auch Sivone,

die Maßschneiderei für Krawatten. Die leichte, wollene Einlage gibt den Krawatten den perfekten Fall und die richtige Form. Je nachdem, wie groß der Kunde ist und wie er die Krawatte bindet, ist diese mal einen Inch länger, mal einen Inch kürzer. Farben wie Burgunderrot werden für den Selbstbinder als »sicher und korrekt« angesehen. Die Schuhe müssen schwarz sein. Ein brauner Anzug und braune Schuhe sind völlig unmöglich, wenn man in Wall Street nach oben will.
Zwischen die »Nadelstreifen« mischen sich im Finanzdistrikt aber inzwischen auch ein paar karierte Sportjacken und Goldkettchen. Diese Kleidung deutet auf Händler von der Warenterminbörse im World Trade Center hin, wo Terminkontrakte auf Kaffee, Zucker, Kakao, Baumwolle und Gold gehandelt werden. Zu dem Temperament und dem wilden Agieren dieser Händler paßt der klassische Kammgarnanzug nun einmal nicht, auch nicht auf dem Weg zur Arbeit.

Das jetzige Gebäude der »New York Stock Exchange« wurde zwischen 1901 und 1903 errichtet. Der imposante Haupteingang mit den mächtigen Säulen aus weißem Granit befindet sich jedoch nicht einmal in der Wall Street, sondern um die Ecke, in der Broad Street. Im Giebel ein bedeutungsträchtiges Halbrelief: Die prächtig gekleidete Dame in der Mitte soll die »Integrität« versinnbildlichen. Als Dank für ihre Wachsamkeit bringen ihr Vertreter von einigen Berufsständen Gaben dar. Manche opfern, wie die nackten Knaben auf den Knien beweisen, sogar ihr letztes Hemd. Und doch konnten sie nicht verhindern, daß die »Integrität« hin und wieder die Augen vor den Ereignissen in Wall Street verschloß.
Die Sicherheitsbestimmungen im Gebäude sind sehr streng; sie können leicht mit denen auf internationalen Flughäfen mithalten. Normalsterbliche dürfen nur auf die Zuschauergalerie. Der erste Eindruck beim Betreten des Gebäudes: Man atmet Geschichte. Die Luft scheint schwer von Alter und Würde zu sein. Dazu kommt das unerklärliche Gefühl,

ständig von matt wispernden Spekulanten aus längst vergangenen Tagen umgeben zu sein.
Mit einem Lift fahren die Besucher nach oben, wo sich wie von Zauberhand die Tür zu einem Besucherzentrum öffnet. Dort kann man unter anderem auf den Tastaturen von Geräten herumstechen, um Kurse von Aktien abzufragen. Jede Aktie hat ein ein- bis dreistelliges Tickersymbol. Hämmert man zum Beispiel GM auf die Tasten, dann erscheinen auf dem Monitor verschiedene Kurse von »General Motors«: der Tageshöchst- und Tagestiefkurs, der Eröffnungskurs, der letzte Kurs und der Schlußkurs vom Handelstag zuvor. Die gleichen Tickersymbole – zusammen mit den zuletzt bezahlten Kursen – fließen träge auf den Leuchtbandanzeigen im Börsensaal dahin.
Der Blick von der Besuchergalerie nach unten auf das Börsenparkett ist ein Blick in das Chaos. Wie Rieseninsekten mit spindeldürren Beinen, an denen plumpe Füße hängen, sehen die Computeranlagen aus. Zwergenhaft klein wirken dazwischen die Menschen, die teils klümpchenhaft zusammenstehen, teils wie hastende Punkte über den mit Papierfetzen bedeckten Boden laufen. Die Verzerrung der Geräusche durch die Scheibe, die den Zuschauerraum vom Börsensaal trennt, verstärkt noch diesen surrealistischen Eindruck.
Achtförmige Stände mit »Theken« – wie in einer Bar – sind über das Börsenparkett verteilt. Hier befinden sich die Posten der Spezialisten, die »den Markt machen«. Jedem Spezialisten sind eine oder mehrere Aktien zugeteilt, die – zumindest an der Börse – nur bei seinem Posten gehandelt werden dürfen. So ist sichergestellt, daß sich das gesamte Angebot und die gesamte Nachfrage für die betreffende Aktie an einem Ort treffen.
Beim Posten des Spezialisten können die *Floor Broker* (so nennt man die Broker auf dem Börsenparkett, die die Kundenaufträge ausführen) auch untereinander handeln, ohne den »Marktmacher« einzuschalten. »Reporter« in marineblauen Jacken markieren sofort jeden Handel auf einer Com-

puterkarte, die dann in einen elektronischen Kartenleser geworfen wird. Innerhalb von Sekunden erscheint die Transaktion auf dem Ticker. Von der Börse angestellte »Aufpasser« (*supervisor*) erkennt man an ihren grünen Jacken und Boten an den hellblauen.

Jedem Spezialisten steht im Schnitt ein knapper Meter »Theke« zur Verfügung. Er selbst steht davor und verhandelt mit den Brokern, während ein Mitarbeiter hinter der Theke steht und den Bürokram erledigt. Aufträge, die von den Brokern über Computer eingegeben werden, flitzen über das elektronische »SuperDot-System« zu den zuständigen Spezialisten und springen dort als kleine Zettel aus einem Drucker.

Als Gegenleistung für sein Monopol ist der Spezialist verpflichtet, einen »fairen und geordneten Markt« in »seinen« Aktien zu gewährleisten – jedenfalls soweit das durchführbar ist. Das heißt: Der Spezialist muß »seine« Aktien kaufen, wenn kein anderer kauft, und sie verkaufen, wenn kein anderer es tut. In der Regel unterhalten Spezialisten einen Bestand in »ihren« Aktien.

Für die Marktmacher ist es am besten, wenn die Börse schwankt. Dann können sie kaufen und verkaufen, kaufen und verkaufen – und machen immer einen Gewinn. Schlimm wird es dagegen für sie, wenn der Markt – wie am 19. Oktober 1987 – nur in eine Richtung geht. Was für die Börsenleitung damals ein *Break* war, war für jeden anderen ein *Crash*. Für die Spezialisten war es ein entsetzlicher Tag. Sie waren diejenigen, die die »offenen Messer fangen« und Berge von Aktien kaufen mußten. Vielen stand das Entsetzen im versteinerten Gesicht. Sie fürchteten, alles zu verlieren, was sie sich in den letzten zehn, zwanzig oder dreißig Jahren erarbeitet hatten.

Die meisten Spezialisten sind traditionsbewußte Leute. Im Börsengebäude mit den knarrenden Böden und den ächzenden Fahrstühlen sind sie auch ständig mit der Vergangenheit konfrontiert. Vielleicht liegt es daran, daß einer sogar ver-

meinte, die Altvorderen sagen zu hören: »Geht mit unserem Kapital so um, als ob es euer eigenes Geld wäre.«
Bei Außenstehenden ist die Meinung über die Spezialisten geteilt. Manche halten sie für ein Relikt aus längst vergangener Zeit, das nicht mehr ins Computerzeitalter paßt. Wasser auf diese Mühlen sind Geschichten wie die von dem Spezialisten, der ein Faible für das »italienische Fingerspiel« hatte. Zusammen mit anderen spielte er es den ganzen Börsentag lang. Dabei mußte man raten, wie viele Finger zwei Spieler jeweils zusammen ausstreckten. Entweder das Fingerspiel oder der Spezialistenjob waren sehr lukrativ, denn am Ende eines Jahres hatte der Spezialist 720 000 Dollar verdient. Und das ist Jahre her.
Genau wie beim Zirkus gibt es in der Börsenarena nicht nur die Hohe Schule, sondern auch die Clowns. Zum Beispiel war einmal ein Spezialist mit drei Aktien geschlagen, deren Kurse gleichzeitig zusammengehämmert wurden. Nach einer Woche des Grauens bekam der Spezialist ein neues Namensschild. Es war schwarz, und in leuchtend weißen Buchstaben stand darauf: »*Doctor Death*«. Zusätzlich wurde dem »Doktor Tod« noch mitten auf dem Parkett ein Dutzend schwarzer Rosen überreicht.

Wenn morgens um neun Uhr dreißig die bronzene Glocke im Börsensaal läutet, ist das jedesmal wie ein Startschuß. Hektik bricht aus: Alles »rennet, eilet, kaufet«. Gewimmel, Gewusel, Gewirr. Ungefähr dreitausend unruhige Punkte in einem bewegten Meer. In quietschenden Turnschuhen hasten die *Floor Broker* zu den Spezialisten. Sie sind wie Kolibris, die sich im raschen Schwirrflug der Blüte nähern, im Rüttelflug kurz anhalten und im nächsten Moment wieder davonschwirren. Bis zu zwanzig Kilometer am Tag fliegen die *Floor Broker* über das Parkett. Es soll tatsächlich einen gegeben haben, der – wenn er nachts aufwachte – im eigenen *Pace Room* noch eine Extrarunde einlegte.
Bei all der Hektik, so sollte man meinen, müßten Magenge-

schwüre an der Tagesordnung sein. Doch weder der Magen noch die Nerven sind das Hauptproblem der Akteure, sondern die Füße. Ein hektischer Tag auf dem Parkett entspricht einem Tag voller Springübungen, sagte einmal ein ehemaliger Football-Spieler. Deshalb ziehen sich die »Spieler« vor Börsenbeginn uralte *Sneaker* oder ähnlich bequeme Schuhe mit Kreppsohlen an. Denn Bequemlichkeit ist im Börsensaal das oberste Gebot. Man kann nicht auch noch von einem Jackett gekniffen werden, wenn es im Börsensaal eng wird. Deshalb müssen die »Nadelstreifen« uralten Jacken weichen, die eher Kittel sind. Nach Börsenschluß fliegen die *Oldies* wieder in ein Garderobenfach im siebten Stock, und die artgerechte Wall-Street-Kleidung wird hervorgeholt.
Im Vestibül dieses Stockwerks, direkt gegenüber dem Zigarrenstand, prallt man unversehens auf die monströsen Hinterteile eines Bullen und eines Bären, lebensgroß und in Bronze. Die beiden Tiere sind in einem erbitterten Kampf. Je nachdem, aus welchem Blickwinkel man guckt, scheint mal der Bulle, mal der Bär zu gewinnen. Manche Insider »schwören«, daß sich das Bild dem tatsächlichen Geschehen im Börsensaal anpaßt.
Im gleichen Stockwerk befindet sich auch der »Luncheon Club«, in dem es praktisch noch dieselben Gerichte wie in den vierziger Jahren gibt. Der Club: dunkel, aristokratisch, Nußbaumpaneel, lederne Armsessel, murmelnde Herren in Wall-Street-Kluft und lautlos schwebende Kellner. Kurzum, überirdisch erhaben! In dieser Oase der Ruhe laben sich Mitglieder der »New York Stock Exchange«, leitende Mitarbeiter der Börse und geladene Gäste. Je geschäftiger es unten im Börsensaal zugeht, desto leerer ist der Club. Denn niemand will sich wegen eines Essens Tausende und aber Tausende von Dollars entgehen lassen. Schon der Gang zum Waschraum wird dann reiflich überlegt, was bei vielen zu Nierenerkrankungen führt. Durch die dicke Uhr am Ende des Clubs werden selbst diejenigen, die sich hier die Muße des Essens gönnen, daran erinnert, daß die Zeit flieht.

Viele Wall Streeter stopfen mittags einfach ein Sandwich in sich hinein. Auf den Straßen bieten Händler mit zweirädrigen Karren schnelle Essen an, zum Beispiel *Hot Dogs* und *Bagels* (ringförmige Brötchen).
Einige Angestellte huschen in der Mittagspause zum nahen Friedhof der Trinity Church, wo ein paar Bäume grünen und Vögel zwitschern. Neben den halbverfallenen Grabsteinen mit den verwischten Inschriften nehmen sie ihre Mittagsmahlzeit ein. Manchmal – an sehr heißen und ganz windstillen Tagen – soll es dort süß nach einem Hauch von Marihuana riechen. Und Dealer sollen sonntags schon mal geheimnisvolle Päckchen wie Ostereier ins Gras gelegt haben. Topleute der Wall Street können es sich allerdings nicht leisten, unter »Strom« oder Alkohol zu stehen. Die dadurch verursachten Fehler würden sie sehr schnell vernichten.
Wenn Topleute morgens ihre Glaspaläste für ein Frühstück verlassen, kann man sie oft bei »Delmonico's« in der Beaver Street finden. Das Restaurant ist eine Institution, die weit in das vorige Jahrhundert zurückgeht. Zu den Favoriten während der Lunchzeit gehört das – während dieser Zeit für die Öffentlichkeit geschlossene – Restaurant »Windows on the World«, das sich im 107. Stock des World Trade Center befindet. Und dann ist da noch das »Le Pactole« im »World Financial Center«. Im Wintergarten mit den Palmen aus Kalifornien spielt eine Szene des nach dem Buch *Fegefeuer der Eitelkeiten* von Tom Wolfe gedrehten Films. Seinen »Meistern des Universums« angemessen, soll diese Szene allein zwei Millionen Dollar gekostet haben.

Zwischen dem Image einer Brokerfirma und dem finanziellen Wohlergehen ihrer Kunden klafft oftmals eine gewaltige Lükke. Mit ein Grund dafür sind Mißverständnisse, die sich um den Brokerberuf ranken. Zu diesen Mißverständnissen führt unter anderem die moderne Berufsbezeichnung der Broker. Heutzutage werden sie nämlich meist *Financial Consultants* (Finanzberater) genannt. Das führt bei arglosen Kunden zu dem Irrglauben, daß es die alleinige Aufgabe des Brokers sei, das Geld ihrer Kunden zu mehren – und daß sie davon auch etwas verstehen. Oftmals stellt sich später heraus, daß Erfahrung das einzige war, was der Kunde für sein Geld bekam.

Der Broker ist in erster Linie ein Wertpapierverkäufer. Nur um seinen Lebensunterhalt zu verdienen, muß er im Jahr für mehrere Millionen Dollar Wertpapiere handeln. Sein Einkommen ist nämlich allein davon abhängig, was und wieviel er verkauft. Davon hängt auch der Aufstieg zum *Vice-President* und zum *First Vice-President* ab.

Das Leben ist ein einziges Geben und Nehmen, doch manche nehmen wesentlich mehr, als sie geben. Andere sind pharisäerhaft und weisen weit von sich, daß auch sie in irgendeiner Form »Nehmer« sind.

Praktisch jeder verkauft irgend etwas: seine Waren, seine Arbeitskraft, sein Können, sein Talent... Selbst Priester müssen direkt oder indirekt ihren seelischen Beistand verkaufen. Warum also nicht die Broker? Nur sollte sich der Kunde dessen bewußt sein. Im Geschäftsleben ist der Griff in die Tasche des anderen meist tiefer als in anderen Berufen. Und besonders tief ist er in Wall Street.

Leichtgläubige Anleger öffnen aber auch nur zu bereitwillig ihre Taschen. Sie, die beim Gehalt um jeden Dollar feilschen, wollen plötzlich mit Geld nichts mehr zu tun haben, wenn sie es erst einmal besitzen. Denn schließlich: »Von Geld verstehe ich nichts.« Um die größten Fehler zu vermeiden, brauchten die Anleger nur dieselbe Vorsicht walten zu lassen, die ihnen beim Kauf eines Kühlschranks, eines Autos, einer Wohnung selbstverständlich ist. Niemals würden sie zum Beispiel den Händler entscheiden lassen, welches Auto oder welche Wohnung sie kaufen. Bei Wertpapieren aber tun viele Anleger genau das. Deshalb landen sie oft bei Ladenhütern und bei nichtlaufenden »Produkten«, an denen sie später keine Freude haben. Diese Sorglosigkeit bei der Geldanlage kommt manchmal schon einem Wegwerfen des schwerverdienten

Geldes gleich. Für die Verlierer mag es zynisch klingen, aber es stimmt: Erst der Hereingelegte machte das Hereinlegen möglich.
Der international anlegende Investor sollte sich eines vor Augen halten: Clever zu sein ist an Wall Street eine Tugend. Fair zu sein ist es nicht.
Gute Broker respektieren die Vorsicht von überlegt anlegenden Kunden. Mit ihnen bringt eine Zusammenarbeit nicht nur Freude, sondern in der Regel auch Gewinn. Broker, bei denen man das Gefühl hat, »überfahren« zu werden, ja, die sollte man vielleicht besser meiden.

Das erste, was ein Broker verkauft, ist sich selbst – und zwar an die Firma. Dafür erhält er die Chance, sehr viel mehr Geld zu verdienen als andere.
Wer Broker werden darf, darüber entscheiden heutzutage meist psychologische Tests. Aspiranten müssen vor allem ein »Verkaufsprofil« haben und eine »Telefonpersönlichkeit« sein. Darüber hinaus ist es von Vorteil, einen teuren Geschmack und teure Vorlieben zu haben. Denn ein Sportwagenfan wird mehr Kommissionen »produzieren« als ein bescheidener Fahrradfahrer, und deshalb wird der Autoliebhaber auch eher eingestellt.
Wer die erste Hürde genommen hat, kommt ins »Training«. Dazu gehört das Rollenspiel, bei dem einer den Broker und ein anderer den Kunden mimt. Dabei werden alle Abwimmelmethoden von Kunden durchgespielt; und die zukünftigen Broker müssen lernen, Bedenken mit passenden Worten auszuhebeln.
Der erste Kontakt zwischen dem Broker und dem Kunden findet meist telefonisch statt. Deshalb ist der Klang der Stimme von eminenter Bedeutung. Aus diesem Grund doktern *Voice Doctors* (Stimmärzte) und *Cold-Call Clinics* an den Stimmen von Brokern herum. (Ein *Cold Call* ist der erste Anruf eines Brokers bei einem Anleger, mit dem der als Kunde geworben werden soll.) Eine dieser Kliniken offerier-

te zum Beispiel Seminare unter dem Motto »Wie klingt man wie eine Million Dollar am Telefon?«.
Am Anfang ist das Brokerleben eine Viecherei. Der Jungbroker wird gemeinsam mit zwanzig, dreißig oder noch mehr Neulingen in einen Raum gepfercht. Hier herrscht das Gesetz des Dschungels. Nur die Stärksten haben es überhaupt bis hierher geschafft.
Zunächst muß jeder ein schwarzes Buch mit den Namen von Kunden füllen. Mit neuen Kunden, versteht sich. Bei Insidern heißt dieses für den Broker wichtigste Buch *Turkey Book*. *Turkey* heißt übersetzt eigentlich Pute. Im Amerikanischen bedeutet es aber auch Schwachkopf (dumme Pute), und im Wall-Street-Jargon versteht man ein Investment darunter, das schiefgelaufen ist. Je mehr geheimnisvolle »Ts« ein Kunde hinter seinem Namen hat, für desto schwachköpfiger hält ihn der Broker. Das ist nur ein Beispiel. Meist haben Broker ihre eigenen Geheimkringel für die Charakterisierung ihrer Kunden. Ein Brokerneuling bekam es einmal mit einer echten, kreischenden Pute zu tun. Ein Spaßvogel unter den Kollegen hatte ihm – aus welchen Motiven auch immer – den Zwanzigpfünder unter den Tisch gesetzt.
Ellenbogen an Ellenbogen mit den Nachbarn telefoniert sich der Nachwuchs die Finger wund. Hundert bis zweihundert Anrufe am Tag. *Smiling and Dialing* (Lächeln und wählen) und *Dialing for Dollars* (Wählen für Dollars) heißt die Devise. Verdient wird nur am tatsächlich vermittelten Geschäft. Wer nicht die stärksten Nerven hat, bekommt nach der hundertfünfzigsten Absage schon mal einen hysterischen Anfall.
Das Aufknallen des Telefonhörers wird in Wall Street *Slam Dunk* genannt. Der Ausdruck stammt aus dem Baseballspiel, wo er für einen Treffer steht, den ein emporschnellender Spieler durch einen besonders harten Wurf erzielt.
Prospecting (Bedeutung: Ausschau nach Kunden halten) ist der Lebensnerv der Brokerindustrie. Und das üben die *Rookies* (Grünschnäbel) in ihren großen Räumen, die im Wall-

Street-Jargon *Boiler Rooms* (Kesselräume) heißen. Dort stehen alle unter Hochdruck. Das Ventil für diesen Druck sind Späße, die man untereinander macht. Zum Beispiel findet ein Broker eine Nachricht vor, er möchte umgehend einen Mr. Fish anrufen. Und dann steht dahinter die Telefonnummer des Aquariums. Oder einer schneidet seinem Kollegen einfach die Krawatte ab, »weil die nicht schön ist«.

Die jungen Broker wissen, daß sie in ihrem Beruf immer auf der Überholspur fahren müssen. Sagt ein *Rookie* über den anderen: »Er hat jeden Abend bis neun Uhr *Prospects* (mögliche Kunden) angerufen.« – »Woher weißt du das?« – »Ich war bis elf Uhr da.«

Die Brokerjungs müssen nicht nur ausdauernd, sondern auch erfinderisch sein. Denn sie brauchen bis zu dreitausend Telefonnummern im Monat, die sie anrufen können. Die gelben Seiten des Telefonbuchs sind schnell durchtelefoniert. Dort stürzt man sich insbesondere auf die Ärzte, Zahnärzte, Anwälte und Wirtschaftsprüfer. Die aber bekommen solche Anrufe zu Hunderten. Ein *Rookie* muß deshalb in zwei Sätzen eine sehr gute Geschichte erzählen, wenn er bis zum dritten Satz kommen will. Aus diesem Grund schreiben sich manche die ersten Sätze für die *Cold Calls* auf, damit sie im passenden Moment die passenden Worte parat haben.

Wichtig ist – so haben sie gelernt –, beim Kunden den *Hot Button* (heißen Knopf) zu finden. Ist der Kunde zum Beispiel an Anleihen interessiert, dann versichert ihm der Finanzberater treuherzig, daß er gerade auf dem Gebiet ein Spezialist sei. Hat der Kunde dagegen ein Faible für Aktien, dann verwandelt sich der Broker wie ein Chamäleon in einen Aktienspezialisten.

Telefonbücher von A bis Z und käufliche Listen mit Anschriften von Investoren sind ein weiterer gängiger Schritt. Der Rest bleibt der Erfindungsgabe des einzelnen Brokers überlassen. Eine Zeitlang war es »in«, kostenlose Seminare für *Prospects* zu veranstalten. Den Saal durfte nur betreten, wer sich eingeschrieben hatte. Und – schwupp! – hatte man wieder neue Adressen. Diese kostenlosen Seminare kamen allerdings aus der Mode, als sich mit der Zeit vorwiegend Kollegen an den rosaroten Shrimps erlabten, die kostenlos serviert wurden. Manchmal sollen Kollegen schließlich ganz unter sich gewesen sein.

Wahr oder nicht, jedenfalls erzählt man es sich: Ein Broker soll besonders einfallsreich bei der Kundenwerbung gewesen sein. Er schickte vielen *Prospects* einen anonymen Brief. Der einen Hälfte prophezeite er einen steigenden Markt, der anderen einen fallenden. Nach einer gewissen Zeit schrieb er einen zweiten anonymen Brief, jetzt aber nur noch an die Hälfte, bei der er richtiggelegen hatte. Wiederum sagte er der einen Hälfte einen steigenden und der anderen Hälfte einen fallenden Markt voraus. Insgesamt machte er das Ganze achtmal. Dann rollte er das Feld von unten auf. Zunächst meldete er sich bei den Briefempfängern, bei denen er achtmal recht gehabt hatte. Er lüftete seine Identität, aber nicht sein Geheimnis. Die *Prospects*, die von Brief zu Brief neugieriger geworden waren, zeigten sich von seiner Treffsicherheit beeindruckt, und viele eröffneten ein Konto bei ihm. Als nächstes wandte sich der Broker an die, bei denen er sieben Treffer bei nur einem Ausrutscher gelandet hatte. Auch sechs Treffer und ein Ausrutscher waren noch hervorragend, genauso wie fünf und vier Treffer bei jeweils einem Ausrutscher ...

Gern wird auch das *Buddy System* (Kumpel-System) angewendet. Das heißt, man schafft sich einflußreiche Freunde, mit denen man aber wohlweislich nicht persönlich zusammenarbeitet. Denn so können keine Mißhelligkeiten entstehen. Als besonders nützlich erweist es sich, *Buddies* unter den Anwälten und Wirtschaftsprüfern zu haben. Nach dem Motto »Eine Hand wäscht die andere« leitet man sich gegenseitig Kunden zu.

Manchmal werden Jungbroker auch *Geeks* genannt. Früher waren das Leute im Zirkus, die in einer Nebenvorstellung auftraten und mit allen Mitteln um Erfolg kämpften. Manche bissen sogar lebenden Hühnern die Köpfe ab.

Der dornige Weg eines Jungbrokers ist von Fehlern gesäumt. Zwar hat der Neuling alle Vorschriften für den Beruf gelernt und aufgrund einer Prüfung die Lizenz als Broker erworben, doch vom Markt versteht er kaum mehr als seine künftigen Kunden.

Die Jungbroker wissen, daß Verluste durch ihre Empfehlungen unvermeidlich sind. Die Kunden wissen nicht, daß sie das Lehrgeld zahlen. Erst im Laufe der Zeit dämmert ihnen ansatzweise die Wahrheit. Auch den Brokerfirmen ist bewußt, daß Fehler gemacht werden. Sie erwarten von ihren Brokern, daß sie sich davon nicht unterkriegen lassen. Wenn enttäuschte Kleinkunden die Brokerfirma wechseln, dann wird das nicht als sehr tragisch empfunden. Denn für den Ausgleich sorgen enttäuschte Kunden, die von anderen Brokerfirmen kommen.

Erfolgreich wird derjenige Broker genannt, der viele Kommissionen ins Haus bringt. Was das Kundenkonto dabei macht, danach wird nur in Extremfällen gefragt. Zum Beispiel, wenn bei einem Konto so viel hin und her gehandelt wurde, daß der Kunde in der »Leichenhalle« (*funeral parlor*) des Brokers »durchgedreht, verbrannt und begraben« (*churned, burned, buried*) wurde. Doch auch der *Alligator Spread* reicht schon aus, um Kunden wütend werden zu lassen. Dabei sind die Kommissionen höher als der Gewinn, den der Kunde durch das Geschäft erzielt. Wohlweislich gibt es keine Statistiken darüber, wie sich die von Brokern und Brokerfirmen empfohlenen Werte entwickelt haben.

Arbeitsplätze von Brokern sind teuer. Deshalb ist der Druck von oben immens. Manchmal werden hohe Quoten vorgegeben, die die Broker erfüllen müssen. Dadurch kommen *Pusher* nach oben, während kundenfreundliche Broker gehen müssen. Für Broker ist es teilweise leichter, ein Wertpapier zu verkaufen, als es nicht zu tun. Denn der Druck von oben ist bedeutend größer als der Widerstand von unten, also vom Kunden.

Schon am frühen Morgen fängt das Spießrutenlaufen für diejenigen Broker an, die am Vortag nicht genug Kommissionen »produziert« haben. Denn täglich wird die Rangliste der »Produzenten« bekanntgegeben. *Big Producer* stehen ganz oben. Sie haben am Vortag »die meiste Wolle von den Schafen geschoren«.

Außer den täglichen Ranglisten gibt es auch noch wöchentliche und monatliche. Kein Wunder, daß die Schlußlichter dadurch aggressiver werden und ihren Kunden zum Beispiel auch »Hausprodukte« und »Spezialprodukte« empfehlen, die für den Kunden vielleicht nicht so glücklich sind, bei denen es aber höhere Kommissionen gibt.

Die Broker werden so auf Erfolg getrimmt. Die Furcht, den Anforderungen nicht zu genügen, sitzt vielen im Nacken. »Wie läuft dein Monat?« ist deshalb wohl die häufigste Frage, wenn Broker unter sich sind.

Einen *Big Producer* erkennt man schon an seinem Büro. Meist ist es ein Eckzimmer mit Panoramablick und einer Sekretärin im Raum davor. Sie wacht darüber, daß nur der zum Boß darf, den der auch sehen will. *Big Producer* neigen dazu, vom Boden abzuheben. Ein Arzt, dem seine Kontoentwicklung gar nicht gefiel – während sein Broker reichlich verdiente –, rächte sich für die »Behandlung« seines Kontos. Er verkleidete sich als Weihnachtsmann und entführte den ahnungslosen Broker von einer Weihnachtsparty zu sich nach Hause. Dort legte er ihn in Handschellen und kettete ihn zwölf Tage lang an. Außerdem brach er ihm ein paar Rippen und die Nase. Ob der Weihnachtsmann danach noch als Arzt weiterfungierte, ist nicht bekannt.

Broker sagen, Kunden wollen keine schlechten Nachrichten hören, sondern nur gute. Tatsache ist, daß viele Anleger die Chancen an der Börse nutzen wollen, aber das damit verbundene Risiko verdrängen. Und dann ist es wie beim Pferderennen: Gewinnt der Jockey, war es der Reiter; verliert der Jokkey, war es das Pferd. Im Jahre 1873 schrieb William Fowler: »Was ein Verlierer in Wall Street nach einem Unglücksschlag als erstes tut, ist, seinem Broker die Schuld zu geben.«

Broker revanchieren sich, indem sie hinter vorgehaltener Hand spitze Bemerkungen über ihre Kunden machen. Eine füllige Kundin wird von ihnen zum Beispiel »Beutel« (*bag*) genannt und ein ewig nervöser Kunde *Blizzard*. Wer sich selten bei seinem Broker meldet, der ist für sie ein »Weihnachtsmann« (*Santa Claus*).
Das klingt fast liebevoll gegen das, was William Hazlitt im Jahre 1805 schrieb: »Es gibt kein Tier, das bösartiger, dümmer, jämmerlicher, egoistischer, neidischer und undankbarer ist als die mit Aktien spekulierende Öffentlichkeit.«

Ein Broker ist nicht in der Lage, neben der Abwicklung des Wertpapierhandels auch noch die Analysen und Empfehlungen zu lesen, die er meterweise auf den Tisch bekommt und die ständig auf seinem Monitor blinken.
Die Empfehlungen stammen meist von den Analysten, die die eigene Firma beschäftigt. Ein argloser Kunde könnte nun meinen, daß die Analysen ein reiner Kundenservice sind. Doch das ist nicht der Fall. Analysten werden dafür bezahlt, daß sie Argumente liefern, durch die der Kunde zum Handeln bewegt wird. Je mehr Bewegung ein Analyst in die Kundenkonten bringen kann, desto gefragter ist er – auch bei den Headhuntern.
Die meisten Empfehlungen, die ausgegeben werden, sind Kaufempfehlungen. Das Wort »Verkaufsempfehlung« nimmt – mit Rücksicht auf die Geschäftsverbindung zu der betroffenen Gesellschaft und den Aktionären – kaum ein Analyst in den Mund. Bei ihren Berichten muß man deshalb zwischen den Zeilen lesen.
Die Empfehlungen werden in folgende Worte gekleidet: *Buy* (Kauf), *Hold* (Halten), *Neutral* und »Zu dieser Aktie haben wir keine Meinung«. Die einzelnen Empfehlungen können noch in *strong* (stark) und *weak* (schwach) unterteilt sein. Für Kenner der Szene ist schon das Wort *Hold* ein Alarmzeichen. Manche streben allein deshalb hurtig zum Ausgang.
Ein penetrantes *Buy* kann genauso verdächtig machen. Man

stelle sich nur einmal vor: Als der Kurs der IBM-Aktie bei 170 Dollar lag, wäre eine Institution zu der Überzeugung gekommen, daß man die Aktie wegen schlechter Geschäftsaussichten verkaufen müßte. Deshalb wäre einer Brokerfirma der Auftrag erteilt worden, den IBM-Aktienberg dieser Institution zu verkaufen. In so einem Fall dürften die Analysten wohl Überstunden machen, um Argumente auszugraben, die anderen die Aktie schmackhaft machen. (Der Kurs der IBM-Aktie liegt, während dies geschrieben wird, bei 50 Dollar.)
Für den Normalanleger kommen die Analystenempfehlungen meistens zu spät. Es sei denn, ein fünfjähriger Bullenmarkt hätte gerade begonnen. Bevor eine gute Empfehlung zu den Brokern und den Normalkunden durchdringt, haben die vorab informierten Großkunden meist schon gekauft. Dadurch kann der Kurs bereits so weit angestiegen sein, daß Großkunden an einen Ausstieg denken, wenn Kleinkunden gerade erst anfangen zu kaufen.
Die spitze Zunge der Wall Streeter macht auch vor den Analysten nicht halt. Auf die Frage, was ein Analyst ist, kommt als Antwort häufig »*wrong*!« (to be wrong = sich irren). Manche bezeichnen die Analysten auch als gutbezahlte »Münzwerfer«. Außerdem geht ihnen ein Ruf von Arroganz voraus. Das mag mit daran liegen, daß sie zeitlich oftmals überfordert sind.
In seinem Bestseller *Wall Street Poker* schreibt Michael Lewis: »Die Bosse behängten ihre Lieblingsanalysten mit Piepsern, um sie zu jeder Stunde herbeirufen zu können. Einige der allerbesten Analysten verloren nach wenigen Monaten in ihrem neuen Job den Willen zu einem normalen Leben: Sie begaben sich vollständig in die Hände ihrer Arbeitgeber und schufteten rund um die Uhr. Sie schliefen selten; je besser sie waren, desto schlechter sahen sie aus. Ein solch außerordentlich erfolgreicher Analyst . . . war so angeschlagen, daß er sich während der Mittagsflaute regelmäßig in eine der Toiletten schlich und auf dem Klo ein Nikkerchen machte.«

Eines der Wörter, die von Anlegern mit am meisten gebraucht wird, ist »Sie« (*they*). »Sie« spielen mit den Anlegern. »Sie« ziehen ihnen das Geld aus der Tasche. »Sie« manipulieren den Markt. »Sie« sind übermächtig und alles, was der Normalanleger nicht ist. Doch wer sind eigentlich diese ominösen »Sies«?
Früher gab es drei Gruppen an Wall Street, heute sind es vier. Für die erste Gruppe, das Establishment, ist der Erhalt von Wall Street das allerwichtigste. Ganz oben an der Spitze steht dabei das konservative Bankhaus »J. P. Morgan«. Die zweite Gruppe sind die großen Outsider, die ihre morgendlichen Meditationen teilweise mit Motivationsrufen wie *»I want the money«* (»Ich will das Geld«) beenden. Ihr Ziel ist es, in möglichst kurzer Zeit möglichst viel Geld zu machen. Als dritte Gruppe haben sich die großen Institutionen etabliert. Ihnen wird oftmals vorgeworfen, daß sie im Schnitt nicht besser seien als der Markt. Doch wie sollten sie auch? Denn durch ihre Größe sind sie inzwischen praktisch selbst der Markt. Sie können aber nicht besser sein als ihre eigenen Entscheidungen. Die letzte Gruppe schließlich sind die Normalanleger mit begrenzten Mitteln.
Die Kurse auch ihrer Aktien werden von den Entscheidungen der Großen betroffen, kaum aber von ihren eigenen. Normalanleger wissen nicht einmal, wie diese Entscheidungen zustande kommen, worauf sie basieren. Wenn »Sie« in großem Stil kaufen und verkaufen und die Aktienkurse deshalb große Sprünge machen, führt das bei den Normalanlegern zu einem Gefühl der Hilflosigkeit und des Ausgeliefertsein. Doch genau wie ein Zwerg leichter durch Löcher schlüpfen kann als ein Riese, ist manchmal auch der Kleine an der Börse im Vorteil. Denn in den relativ winzigen Mengen, in denen er handelt, kann er fast immer zu einem fairen Tageskurs in den Markt ein- oder aus dem Markt aussteigen. Die Großen dagegen haben vor allem in Krisenzeiten das Problem, zu einem vernünftigen Kurs Käufer – und in guten Zeiten auch Verkäufer – von Aktienbergen zu finden.

Um sechzehn Uhr schließt die New York Stock Exchange. Wenn auch die letzten Nachzügler weg sind, wirkt die Wall Street wie eine ausgestorbene Schlucht. Platinschimmernde Luft hüllt die Türme der Hoffnung ein, nur vereinzelt durchlöchern Lichter das Grau.

3 Wall-Street-Jargon

Fahnengleich flattern die Haare, Jungbroker Joe fliegt über das Parkett. Hin zum Spezialisten, der für den Handel in »Trans-Atlantic Bridge«-Aktien zuständig sein soll. Dort schwirrt es bereits von Brokern, die alle diese Aktie kaufen wollen. Das treibt den Kurs in die Höhe: 26, 28, 32...Wie Rumpelstilzchen springt und schreit Joe herum. Doch erst bei 42 erhält er den Zuschlag.
Als er sich umdreht, kommt es zur Wende. Von allen Seiten werden Aktien »auf den Markt geworfen«, und der Kurs stürzt senkrecht ab. Wie schockgefroren bleibt Little Joe stehen. Er hat zum Höchstpreis gekauft. Wie soll er das seiner Firma erklären? 25, 24, 22...Nur noch ein Paar schreckensweite Augen und ein schlotterndes Bündel Kleidung sind von Joe übriggeblieben. Ehe er umfällt, schießt ein ausgestreckter Zeigefinger auf ihn zu. Und eine Stimme sagt: »Er hat tatsächlich Anteile an einer Brücke über den Atlantik gekauft.« Ein Höllengelächter bricht los. Und die Wall Streeter brüllen vor Vergnügen. Was für einen Spaß haben sie doch wieder einmal mit einem Neuling gehabt!
Früher war es an Wall Street üblich, Anfänger mit Hilfe von fiktiven Aktien wie der »Transatlantischen Brücke«, »Hawaii Ananas« oder »Coney Island Sand« zurechtzustutzen. Mit zunehmender Technisierung wurde der Gag mit den vermurksten Aufträgen allerdings immer seltener. Was jedoch geblieben ist: Wer die Sprache der Wall Street nicht kennt, ist oftmals der Dumme.
Das gilt insbesondere für unerfahrene Investoren, die alles glauben, was man ihnen erzählt. Genau wie die Fische, die leicht zu fangen sind, werden sie im Amerikanischen *Sucker*

(Trottel) genannt. Vom Trotteldasein an Wall Street gibt es verschiedene Stufen. Zuerst kommen die »Anfängertrottel« (*tyros*), die keinerlei Ahnung haben. Da ihnen das bewußt ist, sind sie relativ vorsichtig mit ihrem Geld. Bluten muß meist erst der »Halbtrottel« (*semisucker*), der etwas zu wissen vermeint. Er gehört zu den »Lämmern« (*lambs*), die »von den Wölfen geschoren« oder »geschlachtet« werden.
Schon seit dem siebzehnten Jahrhundert geistern die zweibeinigen Schafe als willkommene Opfer an den Börsen herum. In seinem 1902 erschienenen Roman *The Pit* heißt es bei Frank Norris: »Die Broker-Firma nahm keinerlei Rücksicht auf die Outsider, das Publikum – die Lämmer. Die Lämmer! Diese Herde, so ängstlich, unschuldig und schwach, so fehl am Platz . . .wie ein kleiner Hund in einem Käfig voller Panther.«
Im vorigen Jahrhundert bekam man anscheinend Hemmungen, selbst Intellektuelle als Schafe zu bezeichnen. Denn man prägte – speziell für hochgestochene Finanzamateure – einen neuen Ausdruck: »Lilien« (*lilies*). Die sind so rein und weiß (und unschuldig und naiv) wie die Lämmer, aber ihnen haftet nicht der Makel der Blödheit an.

Oft muß man tief in die Vergangenheit zurücksteigen, um den Ursprung eines Wall-Street-Begriffs zu ergründen. Doch es gibt auch neuere Wortschöpfungen wie die »barfüßigen Pilger, die ihre Schuhe und ihr Hemd verloren haben« (»*barefoot pilgrims without shoes on their feet or shirts on their back*«). Mit diesem pittoresken Ausdruck sind unerfahrene Anleger gemeint, denen man nicht nur Geld aus der Tasche gezogen hat, sondern die gleich bis aufs Hemd ausgeplündert wurden.
»Der kleine Mann liegt immer falsch« (»*The public is always wrong*») – so lautet eine Wall-Street-Weisheit. An die hielt sich auch Joseph P. Kennedy, der Vater des Präsidenten John F. Kennedy. Kurz vor dem Börsenkrach im Jahr 1929 ließ er sich mal wieder vom neunzehnjährigen Schuhputzer Pat

Bologna das Schuhwerk polieren. Der sagte zu ihm, während er das feine Leder auf Hochglanz brachte: »Kaufen Sie Öle und Eisenbahnen! Die werden in den Himmel steigen. Hatte gerade heute einen Burschen hier, der Insiderwissen besitzt.« Kennedy beschloß auf der Stelle, seine gesamten Aktien zu verkaufen und auf fallende Kurse zu setzen. Dann kam der Börsenkrach und die Große Depression. Kennedy machte ein riesiges Vermögen. Der blauäugige Bologna dagegen verlor fast seine gesamten Ersparnisse. Fünfzig Jahre später putzte er immer noch Schuhe, immer noch in Wall Street.

Wall Streeter sagen, daß »kleine Burschen« (*little guys*) immer dann Aktien kaufen, wenn ihre Habgier größer wird als ihre Furcht. Das ist meist dann der Fall, wenn sie von großen Börsengewinnen hören und lesen. Die »starken Hände« (*strong hands*) aber, die diese Gewinne in einem langen Aufwärtstrend an der Börse gemacht haben, lassen die »kleinen Leute« (*little people*) nur allzu gern »den Beutel halten« (*hold the bag*), wenn die Aktien in einer Korrekturphase »nach Süden gehen« (*going south*).

»Tante Jane« (*Aunt Jane*) ist eine ältere Lady, die man sich in Wall-Street-Kreisen mit weißen Löckchen und Tennisschuhen an den Füßen vorstellt. »Tante Jane« geht auf das Buch *Aunt Jane McPhipps and Her Baby Blue Chips* von Frances V. Rummel zurück, in dem die Witwe Jane McPhipps lauter Investment-Abenteuer erlebt. Trifft irgendeine »Tante Jane« eine eigene Anlageentscheidung, dann ist sie – nach Meinung der Wall Streeter – meist dumm oder langweilig. Folgt »Tante Jane« dagegen dem Rat eines falschen Fuffzigers, dann wird sie brutal »an die Wand gedrückt« (*go to the wall*). Das heißt, sie macht größere Verluste.

Mit allen Wassern gewaschene Berater glauben, daß man unerfahrenen Anlegern alles andrehen kann, was man will. Darunter auch Aktien von Gesellschaften, die kurz vor der Pleite stehen. »Warum pleite gehen? Gib Aktien aus!« »*Why go broke? Go public!*« witzelt man deshalb an Wall Street.

»Die Aktien essen« (*eat the stocks*) müssen dann die »kleinen Kerlchen« (*little fellows*), die an Wall Street sowieso vieles zu schlucken bekommen. Das aber merken die meisten von ihnen zu spät.

Oft kaufen Kleinanleger Aktien zu astronomischen Kursen. Sie sind überzeugt, daß sie später jemanden finden, dem sie die Aktien zu noch höheren Kursen verkaufen können. Doch nicht immer funktioniert diese »Größerer-Tor-Theorie« (*bigger fool theory*), die auch »Anderer-Idiot-Prinzip« (*other idiot principle*) genannt wird. Ein Wall-Street-Witz beweist das: »Ein Broker empfiehlt einem Kunden Aktien einer kleinen Gesellschaft. Der Kunde kauft und kauft und kauft, und der Kurs der Aktie steigt immer höher. Eines Tages ruft der Anleger den Broker an: ›Alles verkaufen!‹ Nach einer längeren Pause fragt der Broker: ›An wen?‹«

»Witwen und Waisen« (*widows and orphans*) halten sich beim Aktienkauf an *Blue Chips*. Das sind Aktien großer Gesellschaften, die im ganzen Land – und darüber hinaus – bekannt sind und die regelmäßig Dividenden zahlen und von erstklassiger Bonität sind. Die großen Gewinne werden mit diesen Werten allerdings meist nicht gemacht, denn die Wachstumschancen von »reifen« Riesenunternehmen sind genauso begrenzt wie die von reifen Tomaten.

Und nicht nur das. Viele »Witwen und Waisen« haben zum Beispiel *Big Blue* im Depot. Das heißt, sie besitzen Aktien des Computerriesen IBM. Während sie im Jahr 1992 dieses »Baby hielten« (*hold the baby*), sank dessen Aktienkurs auf ein Zehnjahrestief. In der gleichen Zeit machte die New Yorker Börse ein historisches Hoch nach dem anderen. Eine vertane Chance.

Aber man weiß ja: Die blauen Chips waren die höchsten Spielmarken beim Poker, gefolgt von den roten und den weißen. Man sollte deshalb auch nicht verschweigen: An der Börse geht es zu wie beim Pokern. Mit offenen Karten zu spielen macht weder Sinn noch bringt es Spaß. Und außerdem: Über den Spielausgang entscheidet oftmals ein Bluff.

Ein schwacher Trost für die Verlierer: Zumindest Sympathie ist ihnen gewiß. Im Jahr 1910 schrieb *Moody's Magazine* über die Börse: »Jeder reiche Mann ist ein eingestandener Krimineller, der die Witwen und Waisen ausgeraubt hat.«
Eines steht fest: Viele Kleinanleger sind zutiefst enttäuscht von Wall Street, die man die »goldgepflasterte Straße« (*gold-paved street*) oder den »goldenen Cañon« (*golden canyon*) nennt. Schöne Namen. Doch die Wirklichkeit sieht sehr viel trauriger aus. Für die Legionen, die sich dort »verbrannt« haben (*be burned*) oder »ausgelöscht« (*be wiped out*) wurden, ist Wall Street die »Straße der Sorgen« (*street of sorrows*) oder »des Teufels Kluft« (*the devil's chasm*).
Verständlich genug: In den achtziger Jahren holten die »lahmen Enten« (*lame ducks*) zum Gegenschlag aus. *Boffo, buck, frog skin, George, greenback, lettuce leaf, shin plaster, Simoleon, smacker* – alles Ausdrücke für den Dollar. Mehr und mehr davon geht nun nicht mehr direkt an die Börse, sondern in Investmentfonds. Im Jahre 1986 schrieb das *Wall Street Journal*: »Kurz gesagt: Die Kleinanleger sind nicht tot, sondern haben sich geändert. Viele von ihnen haben es satt, gegen die Institutionen im Markt zu kämpfen, und deshalb haben sie sich ihnen angeschlossen.«
Auch die »Meeräschen« (*mullets*) gehen den Wall Streetern nicht mehr so leicht ins Netz. In der Natur sind das rundliche Fische, die sich besonders gut zum Kochen und Essen eignen. In Wall Street versteht man Trottel darunter, die viel Geld besitzen, zum Beispiel Ärzte und Zahnärzte. Dicke Fische, die für die Wall Streeter immer ein gefundenes Fressen waren.
Doch jetzt sehen die Dinge schon anders aus. Nur noch etwa zehn Prozent der Aktienumsätze gehen auf das Konto einzelner Investoren. Der Rest wird von den »Elefanten« (*elephants*) gemacht, den mächtigsten Tieren in Wall Street. Unter »Elefanten« versteht man Institutionen wie die Investmentfonds und Pensionsfonds.
Allerdings: Die Börse ist kapriziös und hat ihre Launen. Und

diesen Launen können auch solche Anleger nicht entgehen, die auf die säulenbeinigen Rüsseltiere setzen. Als beispielsweise während des Börsenkrachs 1987 die Aktienkurse »aus dem Bett fielen« (*fall out of the bed*), mußten nicht nur die Aktionäre »ein Bad nehmen« (*take a bath*), sondern auch die Besitzer von Fondsanteilen. Das heißt: Sie machten ebenfalls große Verluste.

Düster sind die Ahnungen, daß die Kleinen wieder am meisten bluten werden, wenn *The Big One* zuschlägt. In Anlehnung an das große Erdbeben, das in Kalifornien irgendwann einmal unvermeidlich ist, versteht man unter »dem ganz Großen« einen dramatischen Kursverfall an Wall Street. In dem könnten die Verluste der Investmentfonds – und damit der Kleinanleger – wesentlich größer sein als die von großen Aktiengesellschaften.

In den Gassen des alten Rom standen viele alte Amphoren herum. Sie dienten als Pissoirs. Den Urin verkaufte Kaiser Vespasian (9 bis 79 n. Chr.) – von den Alexandrinern wegen seiner Pfennigfuchserei »Heringskrämer« genannt – an die Gerber und Tucher für ihr Handwerk. Als sein Sohn Titus ihn deshalb zur Rede stellte – »Vater, wie kannst du ...?« –, hielt der ihm ein Geldstück unter die Nase und fragte: »Verspürst du einen üblen Geruch, mein Sohn?« Als Titus verneinte, sagte der Kaiser: »Auch wenn es vom Urin stammt: Geld stinkt nicht [pecunia non olet]!«

Die Wall Streeter scheinen im Gegensatz dazu Geld für schmutzig zu halten. Denn sie haben das große Bedürfnis, andere davon zu reinigen. Die Opfer müssen eine »Reinigung über sich ergehen lassen« (*take a cleaning*), werden »zur Reinigung gebracht« (*taken to the cleaners*) oder »durch die Finanzmangel gedreht« (*go through the financial wringer*). Sinn des »Reinigungsgeschäfts« (*cleaning business*) ist es, den Anlegern alle Taschen zu leeren und sie eine schmerzhafte Erfahrung machen zu lassen, die den »Reinigungsleuten« zudem viel Geld bringt.

Ein anderer Blickwinkel: Manche Wall Streeter glauben tatsächlich, daß sie Anlegern, die sie »trocken melken« (*milk them dry*), einen Gefallen tun. Denn die würden dadurch ja nur lernen und das nächste Mal gerissener – und folglich auch erfolgreicher – sein. Gedankengänge, in denen Catcher-Mentalität und Wilder Westen mitschwingen.

Glitzernd stehen die Türme der Wall Street am Südzipfel von Manhattan, dort, wo Hudson und East River sich vereinen. Wie eine Miniatur des Kaps der guten Hoffnung sieht die spitz zulaufende Landzunge auf der Landkarte aus. Für Romantiker ist es das himmlische Land.

Alle Wünsche, die jemals gewünscht, und alle Träume, die jemals geträumt wurden, sollen hier wahr werden. Deshalb greifen unerfahrene Investoren nach spekulativen Aktien wie nach den Sternen. Sie »nehmen einen Flieger« (*take a flier*) oder »fliegen hoch« (*fligh high*), sagt man dazu an Wall Street. Doch wenn die »Glanzaktien« (*glamour stocks*) ihren Glanz verlieren und zu »gefallenen Engeln« (*fallen angels*) werden, zerschellen die Hoffnungen auf dem Pflaster der Wall Street. Der Ausdruck »gefallene Engel« geht auf die Bibel zurück. Dort, wo die Höllenfahrt des Königs von Babel mit dem Sturz des Morgensterns Luzifers vom Himmel verglichen wird, heißt es: »Wie bist du vom Himmel gefallen, du Glanzgestirn, des Morgenrots Sohn. Wie bist du zu Boden geschmettert...« (Isaias 14,12).

Wie Kobolde schwirren drollig-boshafte Jargonausdrücke in Wall Street herum. Zum Beispiel die Spitznamen der Aktien. Eine Reihe von ihnen entstand durch eine Verballhornung der Firmennamen. So wurde aus der Flugzeugfirma »McDonnell Douglas« *Mother Duck* (Mutter Ente) oder *Mad Dog* (Verrückter Hund), aus dem Computerriesen »IBM« *Eye-Beam* (Augenstrahl) und aus der Fluglinie »UAL« *You all* (Ihr alle). Andere Spitznamen gehen auf das Tätigkeitsgebiet der Gesellschaften zurück. Die Matratzenfirma »Simmons« beispielsweise wurde zu *America's Playground*

(Amerikas Spielwiese) und die Hotelkette »Holiday Inn« zu *Hot Beds* (Heiße Betten).

Wie dunkle unendliche Ströme – mit grünen fluoreszierenden Fischen darin – fließen die Leuchtbandanzeigen mit den neuesten Kursen dahin. Manche Börsianer glauben, daß sie durch das ständige »Anstarren des Tickers« (*watching the tape*) ein Gefühl für den Aktienmarkt entwickeln können. Nach Ansicht der meisten Wall Streeter allerdings leiden diese Leute an »Tickerosis« oder »Tickeritis«. Die »Erkrankten« selbst werden »Ticker-Hunde« (*ticker hounds*) oder »Bandwürmer« (*tape worms*) genannt.

Heute können sich interessierte Börsianer die neuesten Aktienkurse per Computer ins Haus holen. Als das noch nicht möglich war, setzten sich manche für Stunden in die Brokerbüros und starrten dort auf die Ticker. Ob sie wußten, daß sie »Vorzimmer-Ratten« (*lobby rats*) oder »Vorzimmer-Echsen« (*lobby lizards*) genannt wurden? Wahrscheinlich nicht.

Auch die Tickersymbole (Abkürzungen der Aktiennamen) sind ein ständig sprudelnder Quell für Spitznamen. So wurde zum Beispiel aus »Schlumberger« (SLB) *Slob* (Schlampe), aus »Minnesota Mining & Manufacturing« (MMM) *Mickey Mouse's Mother* (die Mutter von Mickymaus) und aus »Piedmont Ariation« (pie) »Pie-in the Sky« (Kuchen und Himmel).

Wenn die »Boeing«-Aktie über den Ticker läuft, wird es sogar obzön. Ihre Abkürzung ist BA, *Bare Ass* (Nacktarsch) für die Insider.

Sex kommt häufig ins Spiel, wenn Trader sich über die Börse unterhalten. Nur ein kleiner Ausschnitt davon: Der Markt und die einzelnen Aktien sind die Frau, die der Mann »reitet« (*ride them*) und aus denen er sich »schnell wieder zurückzieht« (*quickly pull out of them*). Wenn es dem Mann nicht gelingt, die Börse in seine Richtung zu zwingen, dann wird diese sehr schnell zum »Miststück« (*bitch*), zur »Hure« (*whore*), zur »cunt« (Übersetzung: siehe Wörterbuch) oder zur »alten Lady« (*old lady*). Annie, Minnie, Molly: Viele Aktien haben weibliche Spitznamen. Denn Mr. Trader – so sagt

man – hat besonderen Spaß daran, mit einer Mrs. Aktie zu kämpfen, die sich wehrt.
Frank Norris schreibt dazu in seinem Roman *The Pit*: »Er konnte es fühlen – fast bis in die Fingerspitzen –, wie diese Börse sich bewegte, wie sie stärker wurde, wie sie schwächer wurde. Er wußte genau, wann er sie hegen, wann er ihr den eigenen Willen und wann er sie zur Ruhe kommen lassen mußte. Und wann er sie drängen, wann er sie stoßen mußte ...« Im Endergebnis allerdings gewann die Börse.
Hahn im Korb – wie könnte es anders sein – ist James Bond. Nach dem Agenten 007 wurden Anleihen (*bonds*) benannt, die im Jahr 2007 fällig werden. Die Frage »Wieviel James Bonds wollen Sie?« ist deshalb in Wall Street weder abwegig noch pervers.

Geld spricht für sich selbst. Ist es deshalb, daß es kaum Ausdrücke für die Glücklichen an Wall Street gibt? Sie sind ganz einfach diejenigen, die »aufräumen« (*clean up*) und denen immer wieder »ein Abschuß gelingt« (*make a killing*). Dann gibt es noch die *Scalper*, die ihren Opfern für einen kleinen Gewinn blitzschnell die Kopfhaut abziehen. Wem ein besonders kräftiger Reibach gelingt, der »steht danach auf Samt« (*standing on velvet*).
Im Jahr 1919 schrieb ein Insider unter dem Pseudonym A. Kustomer das Buch *P.S. What Do You Think of the Market?* Darin wird beschrieben, wie die Buchstaben GTC für eine Abkürzung von »Guaranty Trust Company« gehalten wurden. In der Brokersprache bedeuten die drei Buchstaben bei einer Auftragserteilung eigentlich *good till cancelled* (gültig bis auf Widerruf). In dem Buch steht die Abkürzung noch für etwas anderes, für *gamblers take chances* (Spieler ergreifen Chancen).
Wall Street – ein Tummelplatz für Spieler?

II.
Die Akteure

4 Hetty Green, die »Hexe der Wall Street«

Mrs. Green trug ein Kleid, das einst schwarz war. Erst wurde es bräunlich, dann grünlich; und immer noch trug Mrs. Green dieses Kleid. Es war aus schier unverwüstlichem Stoff. Hin und wieder wurde das gute Stück gewaschen – allerdings nur am Saum. Denn schließlich schleifte nur der am Boden, wenn die Trägerin durch die Straßen von Wall Street fegte. Unter dem Kleid trug sie einen Unterrock mit großen Taschen, in denen sie Wertpapiere bewahrte.
Genauso alt wie das Kleid waren der Schirm und die Tasche, in der Hetty Green stets eine Packung Graham-Kräcker mit sich herumtrug. Eine große Packung, versteht sich, denn die war im Verhältnis sehr viel billiger als die kleinen. Ab und zu mampfte Hetty einen der Kräcker, nicht ohne dabei zu bemerken, daß die Preise in den New Yorker Restaurants »prohibitiv hoch« seien. Wall Street rümpfte die Nase. Doch nur hinter vorgehaltener Hand. Denn um die Jahrhundertwende war Hetty Green die reichste Amerikanerin ihrer Zeit. Und man wußte: Ihr Vermögen benutzte sie auch dazu, Leute, die sie nicht mochte, zu demütigen.
Eines ihrer Opfer war Colis P. Huntington, der ihr bei einigen Spekulationen mit Eisenbahnwerten in die Quere gekommen war. Um ihn zu ruinieren, machte sie bei seiner Hausbank größere Einlagen. Dann wartete sie ab, bis er eines Tages hochverschuldet war. In dem Moment forderte sie ihr ganzes Geld zurück. Da die Bank nicht so flüssig war, mußte Huntington seine Kredite von heute auf morgen zurückzahlen. Nur knapp entging er dem Bankrott. Als er ein Jahr später starb, führte Hetty Green einen Freudentanz auf: »Dieser alte Teufel Huntington ist tot. Geschieht ihm recht.«

Eines sollte man bei den Geschichten um Hetty Green nicht vergessen: Erbarmungslosigkeit als Mittel zum Aufstieg war zu der Zeit die Norm. Nach heutigem Rechtsverständnis wären den damals mächtigen Männern mit den großen Namen insgesamt mehrere hundert Jahre Gefängnis sicher gewesen. Genau wie Hetty Green kannten auch sie keine Gnade mit ihren Konkurrenten. Was sie von der geizigen Frau allerdings unterschied: Sie wohnten in Prachtbauten an der Fifth Avenue.

Hetty Green wurde als Henrietta Howland Robinson im Jahr 1834 in Bedford, Massachusetts, geboren. Ihre Eltern, Edward Mott Robinson und Abby Slocum Howland, entstammten beide Quäkerfamilien. Schon früh begann Klein-Hetty sich mit »Finanzen« zu beschäftigen. Gerade sechs Jahre alt, mußte sie ihrem blinden Großvater jeden Tag den Wirtschaftsteil der Zeitung vorlesen. Gideon Howland hatte ein Vermögen durch den Walfang gemacht. Denn Walöl brauchte man damals für die Lampen.
Auch Hettys Vater besaß den König-Midas-Touch. Er leitete das Walfangunternehmen mit glücklicher Hand und machte aus den vierzigtausend Dollar seiner Frau ein Vermögen von fünf Millionen. Hetty begleitete ihn oft zu den Docks, wo fluchende Männer in offenen Hemden und erdfarbenen Hosen Waren an Bord der schwärzlichen Schiffe hievten. Unterwegs unterhielten sich Vater und Tochter gern über Geschäfte.
Und dann war da noch die unverheiratete Tante, Sylvia Ann Howland. Mit dem richtigen Gespür für Geld und Gewinn brachte sie es zur reichsten Frau von New Bedford. Von ihr und ihrem Vater erbte Hetty insgesamt rund zehn Millionen Dollar, als sie gerade dreißig Jahre alt war.
Eigentlich war die Erbschaft ein ganzes Stück kleiner, denn Sylvia Ann Howland hatte ihrer Nichte nur ein Vermögen von eineinhalb Millionen Dollar hinterlassen. Doch das war Hetty mit ihrer Nase für Geld nicht genug. Vor Gericht ver-

langte sie als gesetzliche Erbin den gesamten Nachlaß. Eine Klage, die abgewiesen wurde.
Daraufhin zauberte Hetty ein früheres Testament ihrer Tante hervor, in dem sie als Haupterbin eingesetzt war. Seltsamer noch: Diese Verfügung enthielt eine Vereinbarung, wonach keine von beiden ohne Zustimmung der anderen ein neues Testament machen durfte. Mit Schneid und Chuzpe kämpfte Hetty sich durch die gerichtlichen Auseinandersetzungen. In einem außergerichtlichen Vergleich erstritt sie sich einen wesentlich größeren Anteil am Erbe.

New York im Jahr 1863: Über siebzigtausend Kriminelle trieben ihr Unwesen in der Stadt. Ein Gaunerquartett – vier Politiker unter Führung von »Boss« Tweed – räuberten die Stadtkasse aus. Und ein Streik weißer Arbeiter wurde mit Hilfe arbeitswilliger Schwarzer gebrochen. Als dann die Weißen für irgendwelche Schwarzen, die irgendwo im Süden Baumwolle pflückten, in den Krieg ziehen sollten, kam es zum Aufruhr. Insbesondere eingewanderte Iren beteiligten sich am »Abschlachten der Neger«. Als dreizehn Milizregimenter in die Stadt einrückten, mußten viele Trümmer beseitigt und viele Tote begraben werden.
1863 war auch das Jahr, in dem Hetty und ihr verwitweter Vater nach New York gezogen waren. Obwohl vieles also eine junge Frau hätte abschrecken können, war New York genau die Stadt, in die Hetty paßte. Denn wie auch bei ihr war Geld in diesem urbanen Riesen die Haupttriebfeder für alles. Manhattan zum Beispiel wurde aus rein wirtschaftlichen Gründen als »Bratrost« (*gridiron*) angelegt. »Läge New York an einem kleinen Fluß wie der Themse oder der Seine, dann wären Grünflächen sicherlich nützlich. Da New York aber über sehr viel Strand verfügt, braucht man keinen Baugrund für Parks zu verschwenden.« So begründeten die frühen Stadtplaner die Enge der Bauten. Außerdem bekäme Manhattan ausreichend frische – und kostenlose – Luft, weil es als Insel in der Großstadt von Wasser umgeben sei. Ein paar ein-

sichtigen Männern gelang es gerade noch, den »Central Park« vor dem »Bratrostmuster« zu retten.
Das größte Geschäft von New York bestand damals im Abreißen und Aufbauen von immer größeren und höheren Häusern. Außerdem krochen Neubauten wie steinerne Ameisenheere über Hügel und Felder und zogen die Stadt in die Breite. Die Großgrundbesitzer und die Magnaten trafen sich in feinen Clubs, wo sie – auch auf unfeine Art – Geld und Politik machten.
In diesem »Babel am Hudson« lernte Hetty ihren späteren Mann, Edward Henry Green, kennen. Ebenfalls ein Millionär, war er im Seidenhandel mit den Philippinen tätig. Bei der Hochzeit im Jahr 1867 ahnte der Bräutigam noch nicht, worauf er sich einließ. Zunächst folgte ihm seine Frau ins Ausland, wo sie einen Sohn und eine Tochter bekam. Schnell machte sie Edward allerdings klar, daß sie auf Gütertrennung bestand. Sie wollte das amerikanische Spiel um den Dollar selbst mitspielen. Wahrscheinlich nicht ganz freiwillig stimmte ihr Mann zu.
An diese Vereinbarung hielt er sich jedoch nicht, als er im Jahr 1884 durch eine Spekulation viel Geld verlor. Er nahm bei Hettys Hausbank, »John Cisco and Son«, einen Kredit auf und bot das Vermögen seiner Frau als Sicherheit. Als die davon erfuhr, marschierte sie schnurstracks zu ihrer Bank und verlangte ihr gesamtes Vermögen heraus. Doch obwohl sie schrie und tobte, mußte sie erst die Schulden ihres Mannes bezahlen. Wutentbrannt trennte sie sich von ihm und ihrer Bank. Beide daraufhin pleite gehen zu sehen bereitete ihr ein besonderes Vergnügen.
Nach dem Eklat bei der Bank war sie dort mit einer Droschke vorgefahren und hatte alle ihre Wertpapiere – im Wert von fünfundzwanzig Millionen Dollar – in die Kutsche geladen. Damit und mit ihrer Kleidung und Haushaltsgegenständen fuhr sie dann zur »Chemical National Bank«, wo sie alles in den nächsten fünfundzwanzig Jahren aufbewahrte.
Dort saß sie auch tagaus, tagein auf dem kalten steinernen

Boden und machte Geschäfte. Hinter sich hatte sie eine Wendeltreppe, die ihre Koffer mit Wertpapieren und Aufzeichnungen vor Dieben schützte. Ihr Hauptgeschäft bestand im Ausleihen von Geld. Offiziell nahm sie den gesetzlich zulässigen Zinssatz von sechs Prozent, inoffiziell das, was sie kriegen konnte.

Wenn dann der Abend über Manhattan hereinbrach, machte Hetty sich eilends davon. Denn im rauhen New York wurde eine Vermögenssteuer erhoben. Da die Steuereintreiber einen richtigen Pik auf die Frau in dem liederlichen Kleid hatten, schlief sie in billigen Absteigen in Hoboken, New Jersey. Erst als sie der Stadt New York ein Darlehen in Höhe von viereinhalb Millionen Dollar gab, wurde sie in Ruhe gelassen.

Noch einen anderen Berufsstand konnte Hetty auf den Tod nicht leiden: Rechtsanwälte. Insbesondere solche, die für Kollegen unbezahlte Rechnungen eintreiben wollten. Sie besorgte sich sogar einen Waffenschein, »um mich vor Anwälten zu schützen. Vor Räubern und Wegelagerern habe ich keine Angst.«

Vielleicht hatten die Angst vor ihr, denn wegen ihres abenteuerlichen Aussehens wurde sie »*Witch of Wall Street*« genannt. »Hexe der Wall Street« – das klingt häßlich, doch es war nicht nur abwertend gemeint. Darin kam auch die Bewunderung für ihre Zauberkunststücke an Wall Street zum Ausdruck. Henry Clews, Autor des im Jahr 1888 erschienenen Buchs *Twenty-eight Years in Wall Street*, fand, daß Frauen dort nichts verloren hätten – mit einer Ausnahme: Hetty Green. Er führte ihren Erfolg allerdings auf einen scharfen männlichen Verstand in einem ansonsten weiblichen Körper zurück. Hetty dagegen: »Billig kaufen, teuer verkaufen – das ist das Geheimnis meines Erfolges.«

Manchmal aber war Hetty auch hilfsbereit. Allerdings: Diese Hilfsbereitschaft ließ sie sich teuer bezahlen. Zum Beispiel von Addison Cammack, einem Spekulanten. Der hatte einmal einen großen Posten Aktien der »Louisville and Nashville Railroad« verkauft, ohne sie zu besitzen. Als er die Aktien billiger zurückkaufen wollte, waren keine auf dem Markt zu haben. Zur Retterin in höchster Not wurde Hetty, eine Hauptaktionärin der Gesellschaft. Sie half ihm mit vierzigtausend Aktien aus. »Für ihre Kosten« ließ sie sich zusätzlich zehn Dollar je Aktie bezahlen. Ein Geschäft so recht nach ihrem Geschmack: vierhunderttausend Dollar Gewinn auf einen Schlag.

Im Jahr 1908 mußte Hetty ein großes Opfer auf sich nehmen und einen Aufenthalt im »Plaza«, dem damals »luxuriösesten Hotel der Welt«, ertragen. Der Grund: Hettys Tochter brauchte einen Mann. Als der nach vier Wochen gefunden war, zog Hetty schleunigst wieder aus. Sie hinterließ ein einziges Trinkgeld – für den Portier. Wie geizig Hetty auch im Kleinen war, zeigt eine nächtliche Suchaktion, bei der sie zusammen mit einem Droschkenkutscher stundenlang nach einer verlorenen Briefmarke suchte. Schlußendlich fand sich die Zwei-Cent-Marke in ihrem bauschigen Kleid.

Eigennutz, Geiz und ein flinker Rechenstift hatten dazu geführt, daß Hetty Green am Ende ihres exzentrischen Lebens ein Vermögen von hundert Millionen Dollar besaß. Als sie im Jahr 1916 starb, hinterließ sie alles ihren beiden Kindern. Ob der Sohn diese Erbschaft allerdings ohne Bitterkeit angetreten hat, dürfte zweifelhaft sein. Denn er hatte ein Bein verloren, weil seine Mutter ihn zu einem kostenlosen Armendoktor gebracht hatte, um ja kein Geld für einen teuren Spezialisten ausgeben zu müssen.

5 Vanderbilt und die Broker-Schwestern

Cornelius Vanderbilt liebte seine vier Söhne – um seine neun Töchter kümmerte er sich nicht. Von den Schwiegersöhnen allerdings ließ er sich helfen, seine Gegner an Wall Street zur Hölle zu schicken.

»Commodore Vanberbilt, ich bitte Sie um die Hand ihrer Tochter.«

»Was?« knurrte der gefürchtete Kauz, der kaum lesen und schreiben konnte.

»Ich möchte Ihre Tochter.«

»Sie meinen, Sie möchten mein Geld«, korrigierte der Mann, der im Alter »Old Eighty Millions« genannt wurde.

»Sie und Ihre Tochter können mir gestohlen bleiben«, stieß der junge Anwalt hervor und machte auf dem Absatz kehrt.

»Einen Augenblick«, rief der »Commodore« hinter ihm her und stemmte sich aus dem Sessel. »Ich mag Sie ziemlich gern, junger Mann. Ich hab' doch gar nicht gesagt, daß Sie meine Tochter nicht haben können. Sie können sie haben.« Und den jungen Mann in Gedanken schon für seine Geschäfte verplanend wiederholte er: »Ich mag Sie ziemlich gern.«

Und ausgerechnet dieser Cornelius Vanderbilt war der Mann, der die ersten Frauen an die Wall Street brachte. So bullig der *Colossus of Roads* im Geschäftsleben auch war, einen feinen Sinn für Humor konnte man ihm nicht absprechen.

Als Victoria Woodhull und Tennessee Celeste Claflin in den Finanzdistrikt einzogen, stockte den Wall Streetern der Atem – nicht allein wegen der atemberaubenden Schönheit der beiden Schwestern. Frauen in Wall Street: Das wurde in der Viktorianischen Ära als genauso unpassend empfunden wie Frauen in Billardzimmern, in Clubs oder gar auf dem Schlachtfeld. Der Wertpapierhandel war ein männliches Geschäft mit männlichen Akteuren und männlichen Emotionen. Und das sollte es auch bleiben.

Selbst die galanten Franzosen hatten Frauen von der Börse verbannt. In Artikel 1 der Börsenordnung der »Bourse de commerce« vom 15. Juni 1802 hieß es: »Die Börsen sind allen Bürgern zugänglich, selbst den Ausländern, jedoch sind Frauen nicht zugelassen, ebensowenig wie Bankrotteure und nicht rehabilitierte Falleure.«

Doch die Französinnen und die Gebräuche waren stärker als die Gesetze. Die Frauen zogen sich nicht in den Schoß der Familie zurück, sondern spekulierten lustig weiter. Jetzt allerdings an der Pforte des Börsentempels, in dem die Ersatzreligion »Geld« praktiziert wurde.

Mit einer Feder, spitz wie der Degen eines d'Artagnan, schrieb Sereno S. Pratt noch im Jahre 1921 in seinem Buch *The Work of Wall Street*: »Frauen als Gruppe sollten sich aus Spekulationen heraushalten. Vielleicht gibt es ein halbes Dutzend von ihnen, deren Erfahrung, Fähigkeit und Verhältnisse es rechtfertigen, daß sie in Aktien spekulieren. Aber sie sind die Ausnahme. Die Hauptsache bei der Geldanlage einer Frau ist Sicherheit. Die kommt zuerst, und danach kommt gar nichts.«

Es war Anfang 1870, als Victoria Woodhull und Tennessee Celeste Claflin einen Salon im New Yorker »Fifth Avenue Hotel« mieteten und als *Lady Brokers* zu arbeiten begannen. Noch im gleichen Jahr eröffnete die Firma »Woodhull, Claflin & Co« – mit Vanderbilts finanzieller Unterstützung – ein richtiges Büro in 44 Broad Street, einer Nebenstraße der Wall Street.

Lady Broker war für damalige Ohren ein richtiges Oxymoron. Die beiden Wörter paßten einfach nicht zueinander. Deshalb war der Wirbel auch so groß, den die Schwestern in Wall Street entfachten. In ihr Büro wehten so viele Kunden, Möchtegern-Kunden und Gaffer herein, daß die Schwestern bald ein Schild aufhängen ließen: »Gentlemen mögen ihr Geschäftsanliegen vortragen und sich dann sofort zurückziehen.«

Was in Wall Street in eine Opera buffa auszuarten drohte, hatte damit begonnen, daß Victoria vorgab, mit der Stimme des griechischen Redners Demosthenes (384 bis 322 v. Chr.) zu sprechen. Dessen Geist, so behauptete sie mit großen Augen, wäre ihr erstmals im Alter von zehn Jahren erschienen.

Geboren wurde Victoria 1838 als siebentes Kind von Reuben Buckman und Roxanna Claflin, die insgesamt zehn Kinder hatten. Sie und ihre acht Jahre jüngere Schwester Tennessee Celeste waren unzertrennlich. Doch Victoria – schon als junges Mädchen voller Geist, Phantasie und Charme – hatte früh die Führung in dem Duo übernommen.

Durch Armut und Elend wurde das Leben ihrer exzentrischen Eltern früh vergrämt. Doch war Vater Claflin wirklich so verzweifelt, daß er sogar mit dem Feuer zündelte? Jedenfalls: Als Victoria noch ein Kind war, wurde er der Brandstiftung verdächtigt und deshalb aus der kleinen Stadt Homer in Ohio verjagt. Fürsorglich oder vorsorglich – wer weiß das schon so genau – sammelte die Gemeinde für die Familie und schickte sie dem Vater hinterher.

Während die Vertriebenen über die holprigen Straßen von Ohio zogen, wandte sich Mutter Claflin von dieser Welt ab und der übersinnlichen zu. Flugs erinnerte sich auch die findige Victoria an Visionen, die sie bereits im Alter von drei Jahren gehabt haben wollte. Durch die fühlte sie sich nun berufen, zusammen mit Schwester Tennessee Celeste spiritistische Sitzungen abzuhalten. Das lief so gut, daß die beiden auch noch ins Gewand der Hellseherinnen schlüpften. Neben dem Blick in die Zukunft verkaufte die Familie ein Lebenselixier, Tennessees Portrait auf der Flasche; und Bruder Hebern spielte den Krebsdoktor. Es war eine richtige Show, die die Claflins in einem Ort nach dem anderen abzogen.

Im Alter von fünfzehn Jahren heiratete Victoria einen Doktor Canning Woodhull, von dem sie zwei Kinder bekam. Doch Scharlatanerie und Thespiskarren waren ihr lieber als ihr meist alkoholisierter Mann. So blieb die Ehe ein elfjähriges Intermezzo. Woodhulls Nachfolger wurde James H. Blood, der mit Victoria durch die Lande zog und den sie im Jahre 1866 auch geheiratet haben soll. Tennessee Celeste, die immer ein bißchen weniger bestimmt auftrat als ihre Schwester, heiratete einen gewissen John Bartels. Doch seinen Namen benutzte sie nie. Auch nach der Eheschließung unterzeichnete sie stets mit »Tennie C. Claflin«.

New York im Jahre 1868: Der Himmel über der Stadt war meistens verhangen. Denn Drähte und Wäscheleinen wurden wahllos von einem Haus zum anderen gespannt. Erst im Jahre 1886 verschwanden die Kabel unter der Erde. Auf den Straßen selbst herrschte das Chaos. Müllabfuhr und Straßenreinigung waren, wenn überhaupt, nur sporadisch vorhanden. Deshalb hatte man sich bis zum Jahre 1867 auf vierbeinige »Abfallbeseitiger« verlassen. Doch die frei herumlaufenden Schweine – fett von dem, was sie als Delikatessen empfanden – waren durch ihre große Anzahl selbst zum Problem geworden. Sie kamen aus den Slums, liefen schließlich die Fifth Avenue entlang und kletterten die marmornen Treppen zu den marmornen Palästen hinauf. Dem Borstenvieh wurde die rote Karte gezeigt. Jedoch: Die vierfüßigen Analphabeten zu verbieten und sie loszuwerden war zweierlei. Es dauerte Jahre, bis die Grunzer aus dem Stadtbild verschwanden.
Der Dreck, der Müll und selbst die herumliegenden Kadaver waren nicht das größte Problem in New York. Das waren die hunderttausend Pferde. Sie ließen Tag für Tag tausend Tonnen Äpfel hinter sich liegen und ergossen täglich dreihunderttausend Gallonen Urin über die Straßen. Das und der Pferdeschweiß vermischten sich zu einem bestialischen Geruch, der nicht nur in den Kleidern hängenblieb. Zu dem Gestank kam ein ohrenbetäubender Lärm, der von dem

Geklapper der Hufeisen, dem Gebimmel des Pferdegeschirrs und dem Geschrei der Kutscher herrührte, die sich in wahren Slalomfahrten durch die Straßen kämpften.

1868 – die Einwohnerzahl der Stadt mit den vielen uniformen, häßlichen Häusern, in der es keine Kunstwerke, keine Brunnen, keine Winkel gab, näherte sich der Millionengrenze. Es war das Jahr, in dem Victoria Woodhull und Tennessee Celeste Claflin in New York Einzug hielten – zusammen mit einem Teil ihres Familienclans.

Daß sie dort auf Cornelius Vanderbilt stießen, war nur eine Frage der Zeit. Denn klarsichtig wie der »Commodore« im Geschäftsleben war, in Gesundheitsfragen glaubte er jeden Humbug. Die Beine seines Bettes zum Beispiel mußten immer in Salzfäßchen stehen, denn die dienten als »Gesundheitsleiter«. Ging es ihm einmal richtig schlecht, dann ließ er »Doktor« William Bennett rufen, einen »Elektroheiler«, der die Schmerzen wegmagnetisieren sollte.

Im zunehmenden Bewußtsein seiner Endlichkeit entwickelte der inzwischen Sechsundsiebzigjährige auch ein Faible für den Spiritismus. Genau das erkannte Victoria als ihre Chance. Sie versprach Vanderbilt, einen Kontakt mit seiner verstorbenen Frau Sophie herzustellen – und zwar über ihren Kontaktmann im Jenseits, über Demosthenes. Der Geldkönig, der sonst keine Milde kannte, wurde dadurch unerwartet großzügig gestimmt und setzte die Schwestern als seine *Lady Brokers* ein. Und das, obwohl er schon ein Heer von Brokern – allgemein »Commodores Junge« (*Commodore's pups*) genannt – beschäftigte.

Während des Bürgerkriegs (1861–1865) und in den Jahren danach haben viele Broker ein Vermögen verdient. Kommissionen zwischen achthundert und zehntausend Dollar am Tag waren keine Seltenheit. Nach dem »Schwarzen Freitag« vom 24. September 1869 war das deutlich weniger geworden. Und doch: Broker lebten nicht schlecht. Jedenfalls wurden die ständigen Geldprobleme der beiden Schwestern durch Wall Street lässig gelöst.

Broker haben ein sehr kurzes oder sehr langes Leben an Wall Street. Das der beiden Schwestern endete abrupt: Sie landeten im Gefängnis. Doch zunächst avancierten sie zu den *Queens of Finance* – und zu den Lieblingssujets der Karikaturisten. Männlicher Chauvinismus stellte sie als Frauen dar, die – sich heftig wehrenden – Männern die Taschen ausleerten. Eine Karikatur zeigte sie in einem Wagen, der von Bullen und Bären mit Männergesichtern gezogen wurde. Drumherum vom Wagen gefallene Körper und lahme Enten mit Krücken. Unter der Zeichnung stand: »Die Lady Broker schinden die Bullen und Bären der Wall Street, Tennie C. die Zügel haltend, Victoria die Peitsche.«

Doch die beiden zahlten mit gleicher Münze zurück. Im Jahre 1870 brachten sie eine Wochenzeitung heraus, die *Woodhull and Claflin's Weekly.* Darin kämpften sie für die Gleichberechtigung und das Wahlrecht der Frauen und gegen eine doppelte Moral. Außerdem setzten sie sich – *shocking!* – für die freie Liebe und die Legalisierung der Prostitution ein.

Im Februar 1869 schlug die »Stunde der Neger« (*the negro's hour*): Die schwarzen Männer erhielten das Wahlrecht. Und deshalb zerstritten sich die weißen Suffragetten. Denn einige begrüßten die Verfassungsänderung zugunsten der Schwarzen; andere sahen nicht ein, daß Exsklaven vor ihnen, den weißen, gebildeten Frauen, das Wahlrecht erhielten. Die Wogen schlugen hoch, und die Meinungen prallten hart aufeinander. Star im Sturm: Victoria Woodhull. Sie erreichte es, daß sie – im Januar 1871 – als erste Frau in Washington angehört wurde. Der Rechtsausschuß hatte sich nur eine amüsante Stunde versprochen, doch wegen Victorias Schönheit und Beredsamkeit und wegen ihrer dubiosen Vergangenheit machte das Frauenwahlrecht jetzt Schlagzeilen. Und doch: Erst im Jahre 1920 wurde es gesetzlich verankert.

Nach ihrem furiosen Auftritt in Washington wurde Victoria Woodhull von der »Equal Rights Party« im Jahre 1872 als erste Frau für die amerikanische Präsidentschaft nominiert. Im gleichen Jahr druckten die Schwestern in ihrem Blatt die erste englische Übersetzung des Kommunistischen Manifests ab und – sie machten einen Fehler. Sie veröffentlichten nämlich die Liebesaffäre zwischen dem angesehenen Geistlichen Henry Ward Beecher und der Frau des Reporters Theodore Tilton. Es war der größte Skandal der damaligen Zeit. Die Schwestern wurden ins Gefängnis geworfen und wegen Verbreitung von Obszönitäten angeklagt. Ihre Karriere als »bezaubernde Broker« (*bewitching brokers*) war damit vorbei. Ungeachtet des Freispruchs wurde es zunächst ruhiger um die beiden, obwohl ihre Zeitung noch vier Jahre lang erschien.

Trotz der Salzfäßchen unter dem Bett – im Jahre 1876 wurde Vanderbilt für acht Monate bettlägerig. Seine Gegner mußten allerdings erfahren, daß selbst ein kranker Vanderbilt im Kopf gesünder war als die meisten von ihnen. Als es mit dem »Commodore« im Januar 1877 schließlich doch zu Ende ging, stand seine zweite Frau Frankie an seinem Bett und sang: »*Nearer My God to Thee*« (»Näher, mein Gott, zu dir«). Und so war es denn auch: Vanderbilt hauchte »Ich werde niemals mein Vertrauen in Jesus verlieren« und starb.
Das Singen der jungen Frankie hatte sich nicht ausgezahlt. Denn die Geringschätzung des weiblichen Geschlechts kam auch in Vanderbilts Testament zum Ausdruck: Seine Witwe erbte nur eine halbe Million Dollar in bar, das Haus am Washington Square und zweitausend Aktien der »New-York-Central«-Eisenbahngesellschaft. Den Löwenanteil des Vermögens, rund neunzig Millionen Dollar, erhielt Vanderbilts ältester Sohn William Henry, und siebeneinhalb Millionen Dollar gingen an dessen vier Söhne. Der zweitälteste Sohn, Cornelius Jeremiah, ein Epileptiker, Spieler und Tunichtgut, war Vaters große Enttäuschung gewesen. Die beiden anderen Söhne waren bereits tot. Seinen acht noch lebenden Töchtern versetzte Vanderbilt einen letzten Tritt: Sie sollten sich mit insgesamt vier Millionen Dollar bescheiden. Es war das erste Mal, daß sich die Töchter gegen den Vater auflehnten: Sie fochten seinen letzten Willen an.

Kurios genug: Bevor William Henry die Erbteile der anderen aufbessern konnte, stachen Victoria Woodhull und Tennessee Celeste Claflin in See. Die Abreise war der *Talk of the Town*, und man wisperte sich zu: Vanderbilt-Geld hat die beiden veranlaßt zu gehen. Jedenfalls: Der ständige Druck des *Make Money*! schien von ihren Schultern genommen zu sein.

London, die steingewordene britische Geschichte, war ab jetzt die neue Bühne der beiden Schwestern. Sie hatten nicht nur eine Stadt gegen eine andere getauscht, sondern waren aus einer dynamischen Gesellschaft in eine statische gewechselt. In Amerika konnte sich jeder einen Status erarbeiten, an dem dann sein gesellschaftlicher Wert gemessen wurde. In England dagegen reichte wirtschaftlicher Erfolg nicht aus.

Schon bald sollte Victoria den Unterschied zwischen *Nouveau Riche* und *Old Money* am eigenen Leib erfahren. Als sie in der Londoner St. James Hall einen Vortrag hielt, war ein John Biddulph Martin unter den Zuhörern. Der Sproß aus einer reichen Bankdynastie machte ihr einen Heiratsantrag. Doch seine Familie akzeptierte Victoria nicht. Erst sehr viel später – im Jahre 1883 – konnte das Paar schließlich heiraten. Zwei Jahre danach ging auch Tennessee Celeste eine neue Ehe ein. Sie heiratete einen Francis Cook, der später Baron und wegen eines portugiesischen Besitzes auch noch »Viscount of Montserrat« wurde.

Der karitative Einsatz der beiden Schwestern öffnete ihnen allmählich immer mehr Türen. Dabei half sicher auch, daß Victoria, geschliffen durch Erfahrung, sich jetzt vorwiegend mit Themen wie »Humanität« befaßte. Sie brachte – zusammen mit Tochter Zulu Maud Woodhull – auch ein Journal heraus, *The Humanitarian*, das von 1892 bis 1910 erschien.

Bei späteren Besuchen in Amerika holte die Vergangenheit die Gegenwart ein. Dort drüben waren die Schwestern, einst die farbigsten Gestalten der amerikanischen Frauenbewegung, immer wieder eine Sensation.

Aus dem Jahre 1890 stammt eine gemeinsame Veröffentlichung der beiden Schwestern: *Human Body the Temple of God* (»Der menschliche Körper, der Tempel Gottes«). Dementsprechend sorgsam gingen sie mit ihrem eigenen Körper um. So war es kein Wunder, daß beide ihre Ehemänner überlebten. Lady Cook starb im Jahre 1923, Mrs. Martin vier Jahre später.

6 Jesse Livermore: »Ich habe Kühe bei Mondlicht gekauft.«

Wenn Tränen Geld wären, dann wären die meisten Spekulanten steinreiche Leute. Vielen ergeht es jedoch wie Jesse Livermore (1877–1940), der am Ende seines Lebens erkannte: »Mein Leben war ein einziger Reinfall.«

Wie andere *Trader* auch drehte Livermore Stein für Stein in der Wall Street um – in der Hoffnung, auf den Stein der Weisen zu stoßen. Trotz vieler Frustrationen: Eines Tages schien er ihn tatsächlich gefunden zu haben. Denn niemals zuvor und niemals danach hatte er ein zuverlässigeres System als das mit der schwarzen Katze.

Immer wenn das zutrauliche Tier Junge warf, schloß Livermore seine alten Positionen und ging neue in die entgegengesetzte Richtung ein. Schon die ersten Jungen der Katze waren ein großer Wurf. Sie brachten Livermore eine Million Dollar. Hätte er die alten Positionen nur drei Wochen länger behalten, wäre er damit »geschlachtet« worden. Wurf folgte auf Wurf wie Tag auf Nacht – und Livermores Einkünfte wuchsen mit der Nachkommenschaft der Katze.

Livermore war auf die Katze aus Washington aufmerksam geworden, als ihm deren Besitzer, Bernie Chipman, schwärmerisch erzählte, welch ein Glück ihm das Tier gebracht hätte. Eines Tages, während der Großen Depression, hätte er über seine wirtschaftliche Misere nachgedacht, als es an der Hintertür leise miaute. Vor der Tür saß ein heruntergekommenes Kätzchen, das er mit hereinnahm und mit dem er dann seinen letzten Fisch teilte. Unmittelbar danach ging es aufwärts mit ihm. Als erstes hätte er einen Börsengewinn von tausendvierhundert Dollar gemacht... Bei diesem Teil der Erzählung war Livermore munter geworden.

Eines Tages erreichte ihn ein niederschmetterndes Telegramm: Die Katze hatte ihren letzten Maunzer getan. Als Livermore die Nachricht bekam, verschwammen die Buchstaben vor seinen Augen, sein Kopf drehte sich, und er sackte ohnmächtig zusammen. Die Katze war tot! Mit ihr mußte Livermore sein todsicheres System begraben!
Seine Träume lebten jedoch weiter. Seit seiner Kindheit hatten sie einen festen Platz in ihm eingenommen. Mit der Zeit waren allerdings Trugbilder daraus geworden. Das aber merkte Livermore erst sehr viel später.
Man sagt: Die erste Generation schafft ein Vermögen, die zweite verwaltet es, die dritte sammelt Kunst und die vierte gibt das Geld wieder aus. Was Livermore tat, tat er gründlich: Nichts überließ er späteren Generationen.
Die Geschichte, die unser Leben schreibt, hat in der Regel einen Anfang und ein Ende. Livermores Leben bestand aus vielen Geschichten. Alle hatten den gleichen Anfang und das gleiche Ende: Aufstieg und Fall. Der »Meister in der Welt der Aktienspekulation« lebte wie der Kuckuck einer Uhr: rein in den Wohlstand, raus, rein, raus, rein, raus ...

Der kleine Jesse wuchs in einer Zeit auf, in der reales Geld knapp oder gar nicht vorhanden war. Ein Dollar in der Hand hatte einen besonderen Wert. Außerdem hatten die Leute panische Angst vor Schulden. Denn nach dem Börsenkrach von 1873 waren fast alle, die Schulden hatten, bankrott gegangen. Glücklich wurden diejenigen gepriesen, die wenig besaßen; denn sie hatten zumindest eines nicht: Schulden.
Die Zeitung *Nation* schrieb am 25. September 1873 über die Lage an der Börse: »Wer letzten Donnerstag oder Freitag oder Sonnabend in der Wall Street war oder auf der Galerie der New Yorker Börse stand und dort die wahnsinnige Angst sah – oder besser die viehische Angst (vergleichbar der, aus der ein Pferd durchgeht, wenn ihm abgebrochene Deichseln gegen die Beine schlagen, oder die einen Hund wie wild weglaufen läßt, wenn man ihm einen Zinntopf an den Schwanz

bindet) –, wer die panische Angst sah, mit der große Menschenmassen versuchten, alles, was sie besaßen, loszuwerden, wie sie sich gegenseitig anflehten, ihnen etwas abzukaufen, egal zu welchem Preis; der mußte zu dem Schluß kommen, daß eine neue Seuche ausgebrochen war, daß eine nicht greifbare, nicht sichtbare Kraft in der Luft lag, die den Leuten den Verstand raubte.«

Zuweilen geht die Börse ihren eigenen Gang. Die Kurse laufen davon, ohne daß sich ein Rad mehr in der Wirtschaft dreht. Nur selten jedoch steckt die Börse die Wirtschaft mit ihrem Optimismus an. Anders ist es bei einer Panik an der Börse. Als wäre eine Karte aus einem Kartenhaus gezogen, bricht danach häufig die gesamte Wirtschaft zusammen. So war es auch im Jahre 1873. Dem Börsenkrach folgte die bis dahin schwerste Depression in der amerikanischen Geschichte. In den sechs Jahren zwischen 1873 und 1879 schrumpfte die Wirtschaft um ein Drittel. Und von 1873 bis 1878 stieg die Zahl der Konkurse von fünftausend auf zehntausend im Jahr.

Die Lange Depression rollte in drei Wellen über das verzweifelte Land. Die erste Welle dauerte von 1873 bis 1879, die zweite von 1882 bis 1886 und die dritte und schlimmste von 1893 bis 1897. Wie eine ansteckende Krankheit griff die Depression auch auf Europa über und verdunkelte dort das Leben einer ganzen Generation. In dieser Zeit wurde das Lied »Glücklich ist, wer vergißt, was doch nicht zu ändern ist...« zu einem vielgesungenen Gassenhauer.

Mit dem Börsenkrach von 1873 begann nicht nur die Lange Depression, sondern auch eine neue Ära: Geld wurde zum absoluten Mittelpunkt amerikanischen Denkens. Die Zeiten, in denen man sich mit Problemen wie der Sklaverei und der Sezession beschäftigt hatte, waren vorbei. »Jeder für sich« hieß die Parole des Überlebens.

Dieses Umfeld, in dem Livermore aufwuchs, prägte ihn zeit seines Lebens. Kein Wunder, daß er meist auf fallende Kurse setzte.

Jesse Lauriston wurde am 26. Juli 1877 in Shrewsbury, Massachusetts, als Sohn von Hiram E. und Laura Livermore geboren. Der Vater, ein Farmer, konnte dem mit Steinen durchwachsenen Boden nicht genug abringen, um die Familie zu ernähren. Deshalb zog die Familie nach Paxton, New England, in Großvater Livermores Farmhaus.

Der Vater versuchte, den kleinen Jesse nach seinem Muster zu erziehen. Der Junge sollte so werden wie er. Doch der, klein und schmächtig, interessierte sich nicht für die Farm und den Boden, sondern für Bücher. Seine größte Freude waren Zeitungen, die er allerdings nur gelegentlich in die Hände bekam. In ihnen las er von Reichtum und Macht, von Luxus, schönen Frauen und Geld. All das, so schwor er sich, würde er eines Tages besitzen. Und seiner Mutter versprach er immer wieder: »Irgendwann werde ich dir tausend Dollar schenken. Irgendwann...«

Doch zunächst schenkte seine verständnisvolle Mutter ihm einige Dollar, und die konnte er im Jahre 1891 auch gut gebrauchen. Denn an seinem vierzehnten Geburtstag eröffnete ihm der Vater, daß es nun Zeit wäre, mit der Schule aufzuhören und mit der Arbeit anzufangen. Bevor Jesse sich jedoch die ersten Schwielen an den Händen holen konnte, brannte er von zu Hause durch. Er sprang auf ein Fuhrwerk, das ihn mit nach Boston nahm. Dort ging er schnurstracks in das Büro der Brokerfirma »Paine Webber« und verlangte »den Partner« zu sprechen.

Und tatsächlich: Der »Partner« empfing den Jungen mit den sonnenblonden Haaren und den strahlenden Augen und heuerte ihn für sechs Dollar die Woche als *Board-Boy* an. *Board-Boys* waren Jungen, die in den *Board-Rooms* die neuesten Kurse von Anleihen, Aktien und Waren auf riesige Tafeln (*boards*) schrieben, nachdem sie die alten Kurse ausgewischt hatten. Erfahrene Börsianer lasen die Kurse von den Tickern ab und riefen sie dann zum Mitschreiben in den Raum. An den Tafeln konnten sich wiederum andere Kunden informieren.

Nach dem Motto »Frühe Vögel werden fett« stand Jesse morgens immer als erster vor der Bürotür. Sobald einer der Partner aufgeschlossen hatte, fuhr der eifrige *Board-Boy* wie ein Wirbelwind in den Arbeitskittel und anschließend mit dem Lappen über die Tafeln. Denn über eines war er sich klar: Er wollte nach oben. Und das sollten die anderen merken.

Der nächste Schritt zum Erfolg, so erkannte der Junge, war das Verständnis der Zahlen, die er unentwegt an die Tafeln schrieb. Wie ein durstiger Schwamm saugte er alles auf, was die Leute im *Board-Room* sagten. Außerdem studierte er täglich die Anlageempfehlungen, die seine Firma aushängte.

Einen Plan zu machen und dann nicht davon abzuweichen war seine erste – theoretische – Anlagestrategie. »*I never quit*« wurde später daraus. Diese Halsstarrigkeit brach dem erwachsenen Livermore allerdings gelegentlich das Genick.

Für die Praxis hatte der *Board-Boy* kein Geld. Deshalb beschloß er, sein »System« bei vermögenden Kunden zu testen. Während er also die Tafeln vollschrieb, murmelte er Bemerkungen wie »Fundamental gesehen, müßte Stahl steigen« vor sich hin. Stiegen die Stahlaktien dann tatsächlich, zeigten die Leute auf den kleinen Pimpf und sagten: »Er hat es gewußt.« Recht haben wurde für Jesse zu einer Art Sport.

»Spielen ist verboten, die Lotterie ein Flop; verzweifel nicht, geh in den Bucket-Shop.« Dieser Spruch stammt aus dem London von Charles Dickens. Damals war es üblich, daß Bettler mit Eimern (*buckets*) von Taverne zu Taverne zogen und um den bitteren Bodensatz in den Bierfässern baten. *Bucketeers*, die Glück hatten, durften auch die Reste aus den Krügen und Weinflaschen in ihre Eimer gießen und den Lappen, mit dem die Theke abgewischt worden war, auswringen. Waren die Eimer voll, ging man zu den Treffpunkten, wo arme Schlucker ihre Eimer gemeinsam leerten. Diese anrüchigen Plätze wurden *Bucket-Shops* genannt.

In Amerika erhielt der Ausdruck dann eine andere Bedeutung. Er wurde für – allerdings auch anrüchige – Pseudo-Brokerfirmen benutzt. In ihnen konnten »Möchtegern-Aktionäre« auf Aktien setzen, ohne sie zu kaufen. Der Einsatz (*margin*) in diesen Läden betrug mindestens einen Dollar; dazu kam die Provision.

Die besseren *Bucket-Shops* waren genauso eingerichtet wie Brokerfirmen. Auch sie besaßen einen Ticker, von dem die neuesten Kurse abgelesen werden konnten. Setzte ein Spekulant nun zum Beispiel auf eine Aktie beim Kurs von hundert, dann erhielt er die »Ausführung«, sobald die Aktie an der Börse zu dem Kurs gehandelt worden war. Auf dem Zettel mit der Ausführung waren der Name der Aktie, das Datum, die Zeit und der Kurs vermerkt. Aus der Farbe des *Slips* konnte man entnehmen, ob die Aktie »gekauft« oder »verkauft« worden war. Stieg der Kurs, dann konnte der »Käufer« seine Position mit Gewinn glattstellen. Er gab seinen *Slip* zurück, bezahlte nochmals eine Provision und kassierte den Gewinn. Die meisten Kunden scheiterten allerdings an einer Regel: Der ganze Einsatz war verloren, wenn der Kurs der »gekauften« Aktie auch nur ein einziges Mal ein bestimmtes Limit unterschritt. Durch Verkäufe konnten die Spekulanten auch auf fallende Kurse setzen.

Vollgepumpt mit dem Wissen aus seiner Firma,. riskierte Jesse eines Tages in einem *Bucket-Shop* zehn Dollar auf Burlington. Das Risiko zahlte sich aus. Er machte einen schnellen Gewinn von drei Dollar zwölf. Das war der Anfang von Jesses Karriere als »Spekulantenjunge« (*boy plunger*). Ein Spitzname, der ihm ein Leben lang anhängen sollte.

Seit dem ersten Erfolg machte es sich Jesse zur Gewohnheit, in der Mittagspause zu den Schwindelmaklern zu gehen, um dort ein paar Punkte abzuscheren. Als sein Arbeitgeber davon erfuhr, stellte er seinem *Board-Boy* ein Ultimatum: Entweder Schluß mit den Wettpalästen oder ... Jesse wählte das Oder.

Als Jesse fünfzehn Jahre alt war, hatte er seine ersten tausend Dollar beisammen. Doch da wurde seine Karriere jäh unterbrochen: Die *Bucket-Shops* in Boston erteilten ihm Ladenverbot. Wie man dem Jungen versicherte, galt das unter Spekulanten als höchste Auszeichnung. Deshalb fühlte Jesse sich geehrt – und reif für Wall Street. Dort wollte er genauso abräumen wie in den *Bucket-Shops*. Das allerdings war voreilig. Denn als das aufgeblasene Kerlchen in New York ankam, wurde schnell die Luft aus ihm herausgelassen. In Windeseile verlor er seine tausend Dollar. »Ich komme mit dem späten Band nicht zurecht«, jammerte der Arme.

Tatsächlich hinkten an der New Yorker Börse die Meldungen den Ausführungen immer fünf bis zehn Minuten hinterher. In so einer Zeitspanne hatte Jesse seine Geschäfte in den *Bukket-Shops* oftmals schon abgeschlossen. Ernüchtert stellte der »Bandwurm« fest: »Man kann das Band nicht hereinlegen, aber das Band kann dich hereinlegen.«

Um diese Erkenntnis reicher und um tausend Dollar ärmer, fuhr ein trauriger Jüngling in einem Güterwagen nach Westen. In Indianapolis, Chicago, St. Louis und Denver nahm er sämtliche *Bucket-Shops* aus, auf die er traf. Im Alter von dreiundzwanzig Jahren besaß er seine ersten fünfzigtausend Dollar. Mit einem dieser Tausender löste er damals das Versprechen ein, das er seiner Mutter so oft gegeben hatte: »Irgendwann werde ich dir tausend Dollar schenken.«

Mit dem restlichen Geld und mit seiner Nettie zog er nach New York. In Indianapolis hatte er nämlich Nettie Jordan geheiratet und sich damit einen weiteren Kindheitstraum erfüllt: Jetzt besaß er Geld und eine schöne Frau.

In ihm brannte allerdings das Feuer nach sehr viel mehr – und das konnte nur an Wall Street gelöscht werden. Denn dort wuchs Reichtum rasch und konzentrierte sich noch sehr viel rascher.

Doch das war nicht der einzige Grund für seinen Aufbruch nach New York. In den *Bucket-Shops* war er zur Legende geworden. Deshalb machten ihm die Besitzer das Leben schwer. Um den ewigen Gewinner loszuwerden, betrogen sie ihn, wo sie nur konnten. Zum Beispiel erkannten sie seine Abschlüsse nicht an, berechneten ihm höhere Gebühren und setzten seine Einsätze herauf.

Beim zweiten Anlauf war er mit den Geheimnissen von Wall Street schon besser vertraut. Dieses Mal wollte er klüger sein. Er spürte: Die Herausforderung seines Lebens war gekommen. Ihr wollte er mit profundem Wissen begegnen.
Deshalb studierte er Charts. Vielleicht war die technische Analyse der Stein der Weisen. Doch der ungeduldige Livermore kam zu der Überzeugung, daß Charts nicht die Entscheidungen von Managern vorhersagen konnten. Deshalb legte er die Papiere mit den Strichen und Kurven wieder beiseite.
Seine nächste Erkenntnis war, daß *Research* den Unterschied zwischen Spiel und Spekulation machte. Mit der Fundamentalanalyse müßte man Kursbewegungen vorhersagen können.
Während Livermore lernte und lernte, setzte er auch schon an der Börse. Er gewann und verlor – und schaufelte privat viel Geld zum Fenster hinaus. Dabei half ihm seine Nettie.
Obwohl Livermore als Spekulant zur Legende wurde, war er als Showman wahrscheinlich besser. Er brachte es fertig, immer erfolgreicher zu scheinen, als er tatsächlich war. Sein Geltungsbewußtsein ließ ihn allerdings auch Fehler machen. Zum Beispiel lancierte er nach einem Europaurlaub in die Presse, daß er seiner Frau dort Schmuck für zwölftausend Dollar gekauft hätte. Sein Pech, daß auch Zollbeamte die Zeitungen lasen. Livermore mußte siebentausendeinhundert Dollar Zoll und Strafe zahlen. Schnurstracks ging er nach diesem hoheitlichen Griff in seine Tasche zur Börse, um sich das Geld dort wiederzuholen. Doch das ging schief, und Livermore verlor sein ganzes Vermögen. Netties Schmuck sollte als Startkapital für einen neuen Anlauf dienen. Doch den rückte Nettie nicht raus. Und so verließ Livermore sie und den Schmuck und ging wieder auf Tour durch die *Bucket-Shops*.

Im Jahre 1905 kam er zurück. Er agierte jetzt als Strohmann für einen als »Boston Lawson« bekannten Spekulanten. Der wollte die Börse manipulieren, ohne selbst in Erscheinung zu treten. Falls Livermore ein bißchen verrückt war, dann war er es auf eine Art, die in Wall Street akzeptiert wurde. Schwerer wog, daß er von den *Pros* (Profis) nach seinen ersten Auftritten in Wall Street für dumm gehalten wurde. Gerade das wollte Lawson jetzt für sich nutzen. Denn man würde den »dummen« Livermore nicht im Auge behalten.

Nach einem ungeschriebenen Wall-Street-Gesetz durften Strohmänner damals nur für ihre Auftraggeber tätig werden. Das hinderte Livermore jedoch nicht, für immer mehr »Freunde« an der Börse zu spekulieren. Dafür erhielt er eine Gewinnbeteiligung. Im Jahre 1906 lehrte Livermore seine Freunde allerdings das Fürchten. Lawson hatte ihm den Auftrag gegeben, in »Union Pacific« *short* zu gehen. Das heißt, Livermore sollte Aktien verkaufen, die Lawson gar nicht besaß, um sie später billiger zurückzukaufen. Dasselbe machte Livermore auch für seine Freunde. Entgegen den Erwartungen kletterte der Kurs der »Union Pacific« jedoch stetig nach oben. Je höher er stieg, desto mehr ging Livermore für seine Freunde »short«.

Nahe einem Herzinfarkt schrie ihn einer an: »Du hast nichts zu verlieren und riskierst mein ganzes Vermögen.«

»Falsch«, konterte Livermore. »Ich kann viel mehr verlieren als du. Ich kann nämlich unrecht haben.«

Im April konnte nur noch ein Wunder das Vermögen des Geldmannes retten. Und tatsächlich: Das Wunder geschah. Am 18. April 1906 um 5.13 Uhr fing der Boden unter San Francisco an zu beben... Und die Aktienkurse stürzten senkrecht ab. Dreihunderttausend Dollar Gewinn schüttelte das Beben allein über Livermore aus.

»Je mehr ich verdiene, desto mehr gebe ich aus«, analysierte Livermore sich selbst, jetzt elegant gekleidet, ein goldener Kneifer an einem schwarzen Seidenband um den Hals. »Ich möchte niemals entsetzlich reich sein...«

Mit seiner neuesten »Freude« und dem Geld, das die bebende Erde ihm beschert hatte, fuhr er nach Saratoga. In einem Winkel seines Wesens bewahrt sich wohl jeder Mensch ein bißchen Kindlichkeit. Diese lebte Livermore im sonnenübergossenen Florida aus. Unbeschwert wie ein kleiner Junge auf dem Jahrmarkt verplemperte er seine Dollars. Noch unbeschwerter ging dabei seine »Freude« vor, was Livermores Stimmung etwas dämpfte. Für ihn war es das höchste Glück, »mit einer schönen Frau in einem komfortablen Bett zu sein«. Jedoch – so ein Zeitgenosse: *»When Mr. Livermore was gambling he was thinking of screwing; when he was screwing he was thinking of gambling.«*
Das war es allerdings nicht, was ihn früher als geplant von Florida nach New York zurücktrieb. Sondern: Schnell wie eine flüchtige Essenz war das Geld unter der Sonne Floridas verschwunden.
Impulsiv, wie Livermore war, ging er gleich wieder in »Union Pacific« *short* und hoffte auf das nächste Wunder. Doch das blieb aus. Als ihm das Wasser bis zum Hals stand, brachten die Wall Streeter den Pegelstand noch etwas höher. Die *Pros* rächten sich für den Aderlaß während des Erdbebens und »wuschen« jetzt den Kurs der Aktie »nach oben« (*to wash it up*). Bei verschiedenen Brokern gaben sie gleichzeitig Kauf- und Verkaufsaufträge zu immer höheren Preisen. Außer den Provisionen kostete sie das nichts. Livermore aber mußte die billig verkauften Aktien sehr teuer zurückkaufen. »Ich habe Kühe bei Mondlicht gekauft«, sagte er und verschwand im alles zermalmenden Schlund der Wall Street.
Livermore gehörte nicht zu den Leuten, die gern in der Erinnerung an die Vergangenheit wühlen. Er konzentrierte sich lieber auf die Zukunft. Die sah für die »Bären« rosig aus, wenn die »Bullen« schwarzsahen. Ohne Geldmittel fühlte Livermore sich schmerzlich klein. Dabei steckte er nach seinem Reinfall mit »Union Pacific« schon wieder voller Ideen. Aus diesem Grund knipste er sein wärmstes – so oft erprobtes – Lächeln an, und das Glück lächelte zurück. Ein alter

Freund ließ sich überreden, Livermore noch einmal Geld zum Spekulieren zu geben. *Bearish*, wie Livermore war, ging er mit dem ganzen Geld in Great Western *short* und machte damit sein zweites *Killing*. Er stopfte sich wiederum die Taschen voller Geld und nahm den nächsten Schlafwagen nach Palm Beach. Dort charterte er eine Yacht und fischte erst einmal die ganze Küste von Florida leer.

Sieger stehen normalerweise im Rampenlicht; bei einem Börsenkrach ist das anders. Oder wer hat schon vor Freude brüllende Leute gesehen, wenn eine Börse zusammenbricht? Man denkt: Von einem Blutbad zu profitieren schickt sich nicht. Deshalb verbeißen sich »Bären« die öffentliche Freude und lachen sich nur im geheimen in die Pranke. Aber es gibt auch noch einen anderen Grund: Selbst Bären fürchten die wirtschaftlichen und sozialen Folgen eines Börsenkrachs. (Joseph P. Kennedy, der Vater des amerikanischen Präsidenten John F. Kennedy, sagte einmal über die Zeit nach dem Börsenkrach von 1929: »Ich schäme mich nicht einzugestehen, daß ich damals gedacht und gesagt habe, daß ich die Hälfte meines Vermögens hergeben würde, wenn ich sicher sein könnte, daß ich die andere Hälfte – bei Ruhe und Ordnung – behalten könnte.«)
Der 24. Oktober 1907 war solch ein bluttriefender Tag. Als *Disaster Day* (Katastrophentag) ging er in die Annalen von Wall Street ein. Geld war praktisch nicht zu haben, höchstens zu einem Zinssatz von über hundert Prozent. Die Banken standen mit dem Rücken zur Wand. Der »Große Bär« Livermore hing den ganzen Tag über am Telefon. Am Abend merkte er zu seiner eigenen Überraschung: Er war Millionär.
Kurz darauf hatte er eigene Planken unter den Füßen. Am Mast des Schiffes »Anita Venetian« klatschte eine rot-weißblaue Fahne. Livermore stand an Deck, marineblau der Mantel mit Bronzeknöpfen, graue Flanellhosen, ein Kapitänshut auf dem strammgekämmten Haar. Von seinem Schiff aus hielt er Ausschau nach neuen Ufern.

»Mach keinen Fehler einmal«, lautet ein alter Wall-Street-Spruch. Für die LaSalle Street in Chicago gilt das noch viel mehr. Denn dort befinden sich die Warenterminbörsen. Das beliebteste Spielobjekt in Chicago war damals Baumwolle. Und so stieg Livermore in *Cotton* ein und lancierte danach eine Nachricht in die *New York World*: »July Cotton Cornered By Jesse Livermore«. Die Meldung, auf Seite 1 der Zeitung gebracht, bedeutete, daß Livermore das Monopol bei den Julikontrakten in Baumwolle hatte. Wie eine Bombe schlug die Nachricht bei denjenigen ein, die diese Kontrakte verkauft hatten, Kopflos deckten sie ihre Positionen ein. Livermore überließ ihnen großzügig seine. Dabei quetschte er so viel Geld aus ihnen heraus, daß sie ihn *»Cotton King«* (Baumwollkönig) nannten. Ein zeitgenössischer Spekulant bezeichnete den Coup als das »gewiefteste Ding aller Zeiten«. Livermore: »Mit dem Zeitungsartikel hatte ich nichts zu tun.«

Zeitlebens war Livermore sein eigener größter Feind. Das bewies er auch dieses Mal wieder: Voll stieg er nochmals in Baumwolle ein. Als Folge davon wurde der König entthront. Sein ganzes Vermögen kam unter den Hammer, darunter auch die »Anita Venetian«.
Livermore hatte zuvor schon oftmals bewiesen: Jeder ist seines Glückes Schmied. Doch nach der Pleite mit der Baumwolle nahm ihm das Schicksal den Hammer aus der Hand. Die Jahre 1911 bis 1913 waren magere Jahre für Wall Street und magere Jahre für ihn. Im darauffolgenden Jahr wurde es noch schlimmer. Wegen des Ersten Weltkriegs wurde die Börse für einige Monate geschlossen.
Die kargen Jahre machten Livermore sarkastisch. Wall Street war für ihn jetzt ein »gigantisches Freudenhaus«, in dem Kunden ihr Geld für »Huren« (Aktien) herauswarfen. Er mußte sich »prostituieren« und für »Puffmuttern« (Partner) und »Zuhälter« (Broker) arbeiten. Um das magere Geschäft anzukurbeln, rekrutierte er eine Armee von Kundenfängern.

Und mit Hilfe von Tipverteilern manipulierte er Aktienkurse. Von den Brokerfirmen verlangte er die Hälfte der Provisionen, die er durch Aufträge für andere hereinbrachte. Und obwohl das verboten war, stimmten die Broker zu.

Livermore hatte ein Faible für Frauen, und die hatten ein Faible für ihn. Selbst die Glücksgöttin Fortuna schien ihm besonders gewogen zu sein. Immer wieder schüttete sie das Füllhorn über ihn aus. So auch am 20. Dezember 1916. Im Vorübergehen ging Livermore in ein Brokerbüro, mit dem er gar keine Geschäftsverbindung hatte. Er wollte nur mal schnell nach den Kursen sehen. Just in dem Moment ging dort versehentlich eine Top-secret-Nachricht ein, deren Brisanz Livermore auf den ersten Blick erkannte.
Präsident Woodrow Wilson, so hieß es darin, würde am Nachmittag eine Rede halten und Friedensfühler ausstrecken. Das war nicht gut für die »Kriegsbabys« (Aktien, die vom Krieg profitierten). Über jedes verfügbare Telefon, bei jedem erreichbaren Broker ging Livermore *short*. Als Gegenleistung lieferte er die aufgefangene Nachricht.
Dreißig Minuten nachdem der Präsident in einer Rede für einen »Frieden ohne Sieg« plädiert hatte, war Livermore zigfacher Millionär. Als die Geschichte bekannt wurde, forderten seine Gegenspieler, daß er in einen »fluchtsicheren Käfig« eingesperrt würde. Die »New York Stock Exchange« nahm das Geschehnis zum Anlaß, ihren Mitgliedern Geschäfte aufgrund von durchgesickerten Informationen zu verbieten. Jetzt war Livermore froh, daß es ihm nie gelungen war, Mitglied »dieses Vereins« zu werden.
Dem »Friedensschock« vom 20. Dezember 1916 folgte ein »Kriegsschock«. Denn Außenminister Robert Lansing erklärte am 21. Dezember 1916, daß Amerika wohl doch in den Krieg hineingezogen würde. Der *Dow Jones Industrial Average* sackte – jetzt wegen der Kriegsfurcht – nochmals ab.
Die mageren Jahre hatten tiefe Spuren in Livermore hinter-

lassen. Deshalb legte er fünfhunderttausend Dollar von seinem Gewinn in einer Leibrente an. Die von ihm als *Meal-Tikket* (Essensmarke) bezeichnete Rente sollte ein für allemal seinen Lebensabend sichern.

Doch diese Pläne durchkreuzte Nettie. Auf dem Papier war sie immer noch seine Frau. Jetzt zog sie mit großen Teilen seines Vermögens davon, auch mit vierhunderttausend Dollar vom *Meal-Ticket.* Livermore bezahlte. Denn er wollte seine Freiheit, um die »Liebe seines Lebens« zu heiraten. Nur als Nettie mit seinem geliebten Rolls-Royce davonrollte, schnappte Livermore über. Mit einem Zweitschlüssel ließ er den Wagen entführen. Doch die von Nettie alarmierte Polizei brachte ihr das »gekidnappte« Auto zurück.

Am 2. Dezember 1918 heiratete der einundvierzigjährige Livermore schließlich die achtzehnjährige Dorothy Wendt, ein Mädchen aus reicher Familie. In den Smaragdring, den er ihr schenkte, hatte er eingravieren lassen: *»Dotsie for ever and ever. J. L.«* (»Dotsie für immer und immer. J. L.«). Das Immer dauerte allerdings nicht lange.

Die beiden hatten alles, was Geld kaufen konnte, zum Beispiel das Haus »Evermore«. Es lag fern der Stadt, ein Landgut im Grünen, mit neunundzwanzig Zimmern und zwölf Bädern. Die beiden hatten aber auch, was Geld nicht kaufen konnte: die Söhne Jesse L. jr. und Paul Alexander.

Livermore war jetzt ein angesehener Mann. Sein Talent, »Aktienkurse zu bewegen«, wurde gut bezahlt. Sein Büro war durch über fünfzig Direktleitungen mit den Brokerfirmen verbunden. Immer noch schlank, ja fast grazil, saß er hinter dem Schreibtisch und ersann ständig neue Strategien. Wenn er etwas Nettes über sich in der Zeitung las, schwammen seine Augen vor Rührung. Sonst ähnelte sein Gesichtsausdruck eher dem einer Sphinx.

Mitte der zwanziger Jahre wurde diese Idylle jäh unterbrochen. Livermore stieg gegen einen der größten »Bullen« in die Arena. Unglückseligerweise wählte er für den Zwei-

kampf auch noch die Arena von Chicago, wo der andere, Arthur Cutten, zu Hause war. In seinem Bezirk galt Cutten als größter privater Steuerzahler. Zumindest das hätte Livermore warnen müssen. Doch der sah rot, wenn er den Namen Cutten nur hörte. Für ihn machten die Zeitungen zuviel Gewese um den Mann. Anscheinend litt Livermore unter dem »Keine-anderen-Götter-neben-mir«-Syndrom.
Jedenfalls, als Cutten den Weizenpreis auf historische Höhen schraubte, setzte Livermore dagegen. »Was hochgeht, muß auch runterkommen«, war seine Begründung. Der Terminmarkt ist jedoch nur eine Chance auf Zeit. Als die auslief, hatte Livermore verloren. Der ehemalige Baumwollkönig schwor dem Weizenkönig Rache.
Zunächst mußte sich Livermore allerdings von großen Teilen seines Vermögens trennen, darunter von »Gadfly«, seiner geliebten Yacht. An deren Mast flatterte fast traurig eine preußischblaue Fahne mit einem großen, weißen C (für Cotton King) und einem kleineren O (für Owner).
Beinahe war es aber schon selbstverständlich, daß Livermore wieder auf die Füße fiel. Bei einem *Killing* – ausnahmsweise einmal auf der Seite der Bullen – machte er vier Millionen Dollar Gewinn. Soviel Glück konnte nicht mit rechten Dingen zugehen! Die Leute machten sich ihre Gedanken. Gerüchte gingen um. Livermore sollte eine Organisation aufgebaut haben, die Kurse beliebig steigen und fallen lassen konnte. Das brachte Livermore eine Menge Feinde.
Selbst aus Florida wurde er jetzt verklagt. Dreiundneunzig Investoren reichten die bis dahin längste Klageschrift gegen ihn und andere ein. Sie ging über achthundertsiebzig Seiten. Die Kläger fühlten sich bei Grundstücksgeschäften in Florida hereingelegt. (Dort hatte Livermore im Urlaub schon mal mit Grapefruit-Plantagen und anderen Immobilien gehandelt.) Der Prozeß, der mit einem Paukenschlag begann, endete sehr leise. Man einigte sich in einem außergerichtlichen Vergleich.

Nach dem Ersten Weltkrieg übernahm Amerika von Großbritannien die Stellung als Supermacht. Die Euphorie der Amerikaner war grenzenlos. *»Don't sell America short!«* (»Setze nicht auf einen Fall von Amerika!«) wurde zum geflügelten Wort.

Um möglichst viel von dem »Wohlstandskuchen« abzubekommen, kauften die Leute Aktien auf Pump. Kredite wurden ihnen von den Banken praktisch nachgetragen. Philip McEnroe, der Buchhalter des Magnaten Samuel Insull (von ihm stammt der Satz: »Die Banken leihen dir nur Geld, wenn es nicht nach Regen aussieht«), beschrieb das so: »Die Banken rufen uns in einer Art an, wie das der Kaufmann an der Ecke mit meiner Mutter tat. Ständig versuchen sie, ihr Geld bei uns loszuwerden. ›Wir haben heute frischen grünen Salat, Mrs. McEnroe.‹ ›Wir haben heute frisches grünes Geld, Mr. Insull. Gibt es nichts, wofür Sie vielleicht zehn Millionen Dollar brauchen könnten?‹«

Wer konnte es den Menschen verdenken, daß sie zugriffen? Sie wollten hoch hinaus. Doch dabei verloren sie den Boden unter den Füßen. Der Fall war tief.

Als sich im Herbst 1929 der Staub vom Börsenkrach setzte, kam ans Licht: Der »Große Bulle« Cutten hatte eins auf die Hörner bekommen. Seine Verluste beliefen sich auf über fünfzig Millionen Dollar. Der »Große Bär« Livermore hatte mit seinen Baisse-Positionen Millionen Dollar gewonnen, mit seinen Hausse-Positionen jedoch ebensoviel verloren. Die Chance seines Lebens war verpaßt. Dennoch hatte er gewonnen – durch seinen Anteil an den Brokerkommissionen, die durch die hohen Umsätze reichlich geflossen waren.

Nach dem Börsenkrach von 1929 ging es den *Jigglers* und *Jugglers* an den Kragen. Das eine waren kurzfristig orientierte Manipulanten, die anderen hatten einen längeren Zeithorizont. Nur noch solche Politiker hatten überhaupt eine Chance, gewählt zu werden, die versprachen, Wall Street an die Kandare zu nehmen. Großen Anteil an dieser Einstellung

hatte das Buch *The Greatest Era of Crooked Finance* (»Das größte Zeitalter krummer Finanz«) von Watson Washburn und Edmund S. DeLong. Insbesondere dadurch wurde den Opfern bewußt: Man hatte ihnen explodierende Aktien in die Hände gedrückt und sich selbst am Feuer erbaut.
Die großen Namen der Wall Street wurden vor einen Senatsausschuß zitiert und dort mit ätzenden Fragen traktiert. Nur Livermore, der plötzlich das Rampenlicht scheute, schaffte es irgendwie, nicht vor dem Ausschuß erscheinen zu müssen. In aller Heimlichkeit übte er auch einen neuen Job aus: Er betrieb eine Kette von *Bucket-Shops*. Doch das war keine Sache von Dauer, denn insbesondere die *New York Times* hatte sich auf die Wettpaläste eingeschossen. Die Zeitung war eben ein konservatives Blatt. So konservativ, daß sie früher auch die ganze Wall Street als »Nest von Dieben« bezeichnet hatte, »die nur darauf warten, jeden auszuplündern, der sich in ihr Gebiet vorwagt«. Im Jahre 1934 wurden die *Bucket-Shops* schließlich verboten.

Die Prohibition hatte es nicht verhindern können: Die zweite Mrs. Livermore war zur Alkoholikerin geworden. Der Überfluß hatte eine so große Leere in ihr hinterlassen, daß sie diese mit Alkohol auffüllen mußte. Auch Livermore trank sehr viele, sehr trockene Martinis. Sonst gab es keine Gemeinsamkeiten mehr. Im Jahre 1932 wurde das Paar geschieden.
Ab 1933 war Alkohol in Amerika wieder erlaubt. Die Regierung erklärte das »noble Experiment« der Prohibition für beendet. Am Erntedankfest 1935 schickte die geschiedene Mrs. Livermore besonders viele Cocktails die Kehle herunter. Da griff auch ihr sechzehnjähriger Sohn zum Glas und sagte: »Ich werde mich jetzt völlig betrinken, damit meine Mutter sieht, wie das ist; und dann wird sie wohl selbst mit dem Trinken aufhören.«
»Du sollst lieber tot sein als trinken«, schrie Dorothy ihn an. Jesse jr. holte ein Gewehr und drückte es seiner Mutter in die

Hand. »Du hast nicht den Nerv zu schießen ...« Sie schoß. Lange schwebte der Sohn in Lebensgefahr.
Das war nicht die einzige schlechte Nachricht, die Livermore in dieser Zeit traf. Uncle Sam streckte seinen Arm nach ihm aus und verlangte erhebliche Steuernachzahlungen. Man einigte sich schließlich auf achthunderttausend Dollar.
Ein Lichtblick in diesen deprimierenden Tagen war die schwarze Katze aus Washington. Dank ihrer Hilfe konnte Livermore seinen Lebensstandard halten, den Rolls-Royce, die Yacht »Nina« ... Am 28. März 1933 hatte Livermore auch wieder geheiratet, die achtunddreißigjährige Witwe und Konzertsängerin Harriet Metz Noble. Er nannte sie »Nina«, sie nannte ihn »Laurie«. Für andere war er schon lange »J. L.«.
Als Hochzeitsüberraschung pumpte Livermore seine Nina um 136 000 Dollar an, die er für einen »Einschuß« brauchte. Das war jedoch nicht der einzige Schlag, der die neue Mrs. Livermore gleich nach der Hochzeit traf. Ihrem Mann flatterte wegen »Bruchs eines Eheversprechens« eine Klage ins Haus. Als Wiedergutmachung verlangte eine gewisse Naida L. Krasnova zweihundertfünfzigtausend Dollar.
Wie ein Konfettiregen gingen auch andere Klagen auf Livermore nieder. Die meisten stammten von Brokern, die sich hereingelegt fühlten. Das wurde Livermore schließlich zuviel, und er verschwand spurlos für einige Tage. Mit Alkohol als einzigem Gefährten wollte er seine Probleme in einem Hotelzimmer für eine Weile vergessen. Auf Dauer konnte sich ein Livermore jedoch nicht verstecken. Dafür war er viel zu bekannt. Deshalb meldete er sich auf einem Polizeirevier und murmelte etwas von »Amnäsie«.
Ende der dreißiger Jahre war Livermores Stern endgültig am Verlöschen. Er hatte seine Intuition verloren, weil er sein Manipulationstalent nicht mehr entfalten durfte. Im Jahre 1933 hatte nämlich die Regierung die »Securities and Exchange Commission« (SEC) eingesetzt. Dieser »Polizist an der Ecke Wall und Broad Street« sollte verhindern, daß in

Wall Street nochmals geschah, was geschehen war. Als erster »Polizeichef« wurde Joseph P. Kennedy, der Vater des späteren Präsidenten John F. Kennedy, berufen. Und dieser raffinierte Fuchs und Spekulant kannte sich mit den Praktiken von Wall Street bestens aus.

Livermore raffte sich noch einmal auf. Was er tat, tat er noch immer mit Stil. Er mietete eine Luxussuite und schrieb darin ein Buch: *How to Trade Stocks* (»Wie man mit Aktien handelt«). Inständig hoffte er, daß sein geistiges Baby ein Bestseller würde – doch es wurde ein Flop.

Jetzt zog Livermore Bilanz. Er hatte 365 000 Dollar Schulden. Wie sollte er die jemals bezahlen? Auf acht Seiten schrieb er seiner Nina einen Brief. Durch ihn zog sich wie ein roter Faden: »Mein Leben war ein einziger Reinfall«.

Am 28. November 1940, in der Garderobe des Hotels »Sherry Netherland«, schoß sich Livermore die trüben Gedanken aus dem Kopf. Er war Täter und Opfer zugleich.

7 Dow, Jones, Bergstresser, Barron – die Väter des »The Wall Street Journal«

»Niemand, der Getreide anbaut«, so schrieb Charles Henry Dow in einem seiner Leitartikel, »gräbt das Saatgut nach einem oder zwei Tagen wieder aus, um nachzusehen, ob die Saat auch aufgegangen ist. Bei Aktien aber wollen die meisten Leute mittags ein Konto eröffnen und abends den Gewinn kassieren.« Dow (1851–1902), einer der Mitbegründer von *The Wall Street Journal*, vergaß nie, daß er auf einer Farm aufgewachsen war. Nach seiner Meinung führten die Methoden, die sich dort bewährten, auch an Wall Street zum Erfolg.

Der kleine Charles wurde am 5. November 1851 in Sterling, Connecticut, geboren. Als er sechs Jahre alt war, verlor er seinen Vater; und zwei ältere Brüder starben jung. Anstatt sich aber die Farmerstiefel seines Vaters anzuziehen, nahm der jugendliche Charles mal hier und mal da einen Job an. Im Alter von einundzwanzig Jahren wußte er schließlich, was er werden wollte: Journalist.

»Bring alles in die erste Zeile« war das erste, was er von seinem Arbeitgeber Samuel Bowles, dem Herausgeber von *The Daily Republican*, lernte. Diesen Ratschlag sollte Dow zeit seines Lebens beherzigen. Von der Zeitung in Springfield, Massachusetts, wechselte Dow drei Jahre später zu *The Providence Journal* in Rhode Island, nahe seinem Geburtsort.

»Ich habe nichts, was ich Ihnen zu tun geben könnte«, wimmelte George Danielson den jungen Mann mit dem ernsten Gesicht ab, als Dow sich bei ihm beworben hatte. Doch der versicherte dem Herausgeber, daß er selbst genug Themen hätte – man solle ihn nur schreiben lassen. Er bekam den Job.

Nach dem Börsenkrach von 1873 rutschte Amerika in eine tiefe und lange Depression. Geld wurde zum alles beherrschenden Thema. Dow verfolgte sämtliche Argumente, die zur Lösung der Krise diskutiert wurden – und wurde so zu einem Geldexperten. Seine Zeitung schickte ihn mit auf eine Reise, die Finanziers nach Leadville, Colorado, unternahmen. Dort waren große Silberfunde gemacht worden. Binnen zwei Jahren erhöhte sich die Einwohnerzahl des Ortes von einem Mann auf zwanzigtausend.
Auf dem Weg nach Leadville rollten die Geschäftsleute in »Hotelwagen« über die Schienen. So wurden die Salonwagen der Eisenbahnen damals genannt. Von unterwegs schickte Dow eine Reihe von »Briefen« an seine Zeitung, in denen er über den Luxuszug und die Fahrgäste berichtete. Mit seinen Schätzungen darüber, wieviel die Gruppe insgesamt wert wäre, hörte er bei neunzig Millionen Dollar auf zu zählen. Unter den Reisegefährten waren Brayton Ives, der Präsident der »New York Stock Exchange«, General Charles Dodge von der Kupferfirma Phelps Dodge und Mitglieder anderer Familien mit großen Namen.
Genau wie Dow von seinen Mitfahrern angetan war, waren die es auch von ihm. Denn der hochgewachsene, bärtige Mann mit der ruhigen Stimme hatte es sich zur Pflicht gemacht, Zitate genau wiederzugeben und Vertrauliches auch für sich zu behalten.
Während seine »Briefe« mit den farbigen Schilderungen über die Zugfahrt in seiner Zeitung erschienen, schrieb Dow bereits Artikel über die Aussichten und Risiken im Minengeschäft und über das allmähliche Verschwinden einzelner Minenbesitzer, die großen Gesellschaften weichen mußten.
Für Dow war die Reise nach Leadville ein einschneidendes Erlebnis. Denn dabei hatte er erkannt: Um über Geld und Geschäfte zu schreiben, sollte man in New York wohnen. Im Jahre 1880 zog er dorthin. Es war für ihn kein Problem, einen Job zu finden, denn inzwischen galt er nicht nur als Geldexperte, sondern auch als Minenspezialist. Außerdem hatte er

auf der Zugfahrt einflußreiche Freunde gewonnen, mit denen er sich nun in deren Geschäftsräumen und Clubs traf. Schnell erregten Dows Geschichten, die bei aller Seriosität von einem gewissen Yankee-Humor durchzogen waren, Aufsehen. Insbesondere John J. Kiernan las sie mit wachsendem Interesse. Er hatte sich auf Finanznachrichten spezialisiert und belieferte damit die ganze Wall-Street-Kommune.
Zu der Zeit war es für Geschäftsleute schwer, an verläßliche Nachrichten zu kommen. Kaufleute und Spekulanten zahlten deshalb sehr gut für schnelle und zuverlässige Informationen. Nachrichten vor den anderen zu erhalten konnte sehr profitabel sein und vor Verlusten schützen. Schwierig aber war es für die meisten, Nachrichten von Gerüchten zu unterscheiden. Denn die großen Manipulatoren überstreuten Wall Street ständig mit gut gemachten Falschmeldungen. Kiernan sah einen hungrigen Markt für seriöse Nachrichten.

Der kleine John wurde im Jahre 1841 als Sohn irischer Einwanderer in Brooklyn geboren. Damit war Kiernan sechs Jahre älter als Dow. Schon als junger Spund verteilte er – allerdings nur als Laufbursche der »Western Union« – Nachrichten. In dieser untergeordneten Position wurde ihm bewußt, was man mit Nachrichten verdienen konnte. Denn etliche Empfänger boten ihm große Summen, wenn er ihnen erzählte, welche Nachrichten er anderen gebracht hatte.
Nach dem Bürgerkrieg gründete der ehemalige Laufjunge eine Nachrichtenagentur, die »Kiernan News Agency«. Sein Service kostete dreihundert Dollar im Monat. Dafür lieferte er das Neueste rund ums Geld. Seine schnellfüßigen Boten liefen mehrmals täglich von Büro zu Büro, um den Abonnenten die aktuellen Bulletins auf die Schreibtische zu werfen.
Bei der Nachrichtenbeschaffung war der ehrgeizige Kiernan überaus einfallsreich. Nachrichten aus Europa besorgte er sich zum Beispiel, indem er großen Schiffen entgegenruderte. Von seinem schwankenden Boot aus kaufte er dann den Passagieren und Besatzungen die ausländischen Zeitungen

ab und die Informationen, die aus Zeitgründen nicht mehr in die Zeitungen gekommen waren. Danach ruderte er in rekordverdächtiger Zeit ans Ufer zurück. In seinem Büro hastete er mit dem Schreiber über dünne Blätter weißen Papiers, und damit schickte er die bereits wartenden Botenjungen los.
Als der Ticker im Jahre 1867 erfunden wurde, ging Kiernan dazu über, die Nachrichten auf Wunsch auch durchzutickern. Wer keinen Ticker besaß, erhielt die Meldungen weiterhin durch Boten.
Das Nachrichtenbüro wurde »Kiernan's Corner« genannt, weil es sich an der Ecke Wall und Broad Street befand, übrigens genau an der Stelle, wo heute das Gebäude der »New York Stock Exchange« steht.
Es war nur eine Frage der Zeit, wann Dow und Kiernan sich trafen. Bald nach ihrer ersten Begegnung machte Kiernan dem Jüngeren das Angebot, bei seiner Firma, die jetzt »Kiernan Wall Street Financial News Bureau« hieß, mitzumachen.

Obwohl zu zweit, konnten Kiernan und Dow über den ständig steigenden Nachrichtenfluß kaum Herr werden. Deshalb bat Kiernan seinen Kollegen, nach einem weiteren Reporter Ausschau zu halten. Dow wandte sich an seinen alten Freund Edward David Jones, der Reporter beim *The Providence Evening Press* gewesen war, als auch Dow hin und wieder für dieses Blatt schrieb.
Im Alter von zweiundzwanzig Jahren war Jones (1856–1922) Redakteur bei *The Providence Star* geworden und zwei Jahre später bei *The Sunday Dispatch*, der angeseheneren Zeitung von Providence.
Jones, der aus Worcester, Massachusetts, stammte, war zunächst zur Universität gegangen. Diese hatte er jedoch ohne Abschluß verlassen, weil er Journalist werden wollte. Dow und er waren ein gutes Team. Während Dow vor Ideen sprühte, sezierte Jones Finanzberichte »mit der Geschwindigkeit und der Genauigkeit eines geschickten Chirurgen«.

Um über Finanzen zu schreiben, braucht man einen tiefen Einblick in die Welt des Geldes. Da Manipulationen damals gang und gäbe waren, wurden häufig falsche Finanzberichte geschrieben, zum Teil aus Unkenntnis, zum Teil gegen Bezahlung. Dow und Jones nahmen sich vor, »ohne Furcht und Gefälligkeiten« zu schreiben.

Dow schrieb später zu diesem Thema: »Der Manipulator ist allmächtig für eine gewisse Zeit. Er kann Kurse nach oben oder unten manipulieren. Er kann Investoren täuschen, indem er sie veranlaßt zu kaufen, wenn er selbst verkaufen will, und zu verkaufen, wenn er selbst kaufen will. Bei einer Aktie kann aber nicht auf Dauer manipuliert werden. Zum Schluß erfährt der Anleger – jedenfalls in etwa – die Wahrheit. Seine Entscheidung, dann die Aktie zu behalten oder zu verkaufen, führt zu einem Kurs, der frei von Spekulation ist und der – im weitesten Sinn – auf den wahren Wert der Aktie schließen läßt.«

Im selben Jahr, in dem Dow das schrieb, faßte er den Bankier John Pierpont Morgan mit Samthandschuhen an. Morgan und der Großindustrielle Andrew Carnegie hatten den Aktionären von sieben Stahlfirmen mitgeteilt, daß ihre Gesellschaften zur »United States Steel Corporation« zusammengeschlossen würden. Dow vertrat die Ansicht, daß die Wirtschaft des Landes – durch das Fehlen des Wettbewerbs und die einheitlichen Preise – in Zukunft weniger störanfällig wäre.

Und noch etwas anderes sah Dow bei diesem Zusammenschluß in einem milden Licht. Morgan hatte für die neue Gesellschaft Aktien im Wert von einer Milliarde Dollar drukken lassen. Eine spätere Untersuchung durch den Kongreß ergab, daß die Gesellschaft nur 271 Millionen Dollar wert gewesen war. Während eine andere Zeitung schrieb, daß »Morgan alle anderen Firmengründer darin übertroffen hätte, die Zukunft zu kapitalisieren«, fand Dow die »Tendenz der neuen Stahlgesellschaft zu einer Überkapitalisierung« lediglich »unglücklich«. Zu den Verlusten der Aktionäre durch die

Verwässerung der Aktien aber schwieg er sich aus. Allerdings war zu dem Zeitpunkt auch noch nicht das Ausmaß der Verwässerung bekannt.

Kiernan verließ sich immer mehr auf den »Baptisten aus New England und den Yankee aus Connecticut« (so nannte Jones sich selbst und Dow). Er wirbelte in der Politik herum und wollte schließlich lieber Schlagzeilen machen als solche schreiben. Während Dow und Jones mit beiden Händen im Nachrichtenbüro zupackten, gedachte der aufstrebende Politiker Kiernan, seinen Teil der Arbeit mit linker Hand zu erledigen. Da aber spielten Dow und Jones nicht mit. Im November 1882 verließen sie Kiernan und machten ihre eigene Firma auf.

Als dritter stieß der vierundzwanzigjährige Charles Milford Bergstresser zu ihnen, bis dahin Angestellter bei Kiernan. Seine Stärke war das Interviewen. Jones über ihn: »Er kann nicht nur einen hölzernen Indianer zum Sprechen bringen, sondern den dann auch noch veranlassen, die Wahrheit zu sagen.«

Die drei Partner nannten ihre Gesellschaft »Dow, Jones & Company« (das Komma verschwand sechsundsechzig Jahre später). Das »Company« stand für Bergstresser, dessen Namen man für zu schwerfällig hielt, um ihn in den Firmennamen aufzunehmen.

Das erste Büro der Nachrichtenagentur befand sich in einem Hinterzimmer in 15 Wall Street, direkt neben der New Yorker Börse. Während sich Dow und Bergstresser draußen auf die Jagd nach Nachrichten machten, verarbeitete Jones die Meldungen zu Mitteilungsblättern. Um einen riesigen Tisch herum saßen »vielseitige Schreiber«, die auf hauchdünnem Papier notierten, was aus Jones' Mund unter dem Walroßschnurrbart kam. Durch die Verwendung von Kohlepapier schaffte jeder Schreiber bis zu vierundzwanzig Kopien in einem Arbeitsgang. Die fertigen »Dünnlinge« *(flimsies)* wurden den Botenjungen in die Hände gedrückt, die dann in alle Richtungen davonstoben. Wenn sie zurückkamen, war meist schon der nächste Haufen mit neuen Nachrichten fertig. Der Wochenlohn dieser Laufburschen betrug fünf Dollar.

Einer von ihnen erinnerte sich später an die Anfangstage der »Dow, Jones & Company«: »Das war wirklich ein kleiner, dunkler Raum (Lampen brannten den ganzen Tag über), keine Farbe an der Wand, kein Bodenbelag. Auf der einen Seite des Raumes war ein kleiner Teil durch ein paar einfache Bretter aus Kiefernholz abgeteilt, um den Schreibtischen von Mr. Dow und von seinem Assistenten, Mr. Henderson, ein bißchen Abgeschlossenheit zu geben. Der Schreibtisch von Mr. Jones stand ganz am Ende des Raumes. Falls Mr. Bergstresser überhaupt einen Schreibtisch hatte, dann habe ich nie gewußt, wo der stand. Die Mitte des Raumes war voller Schreiber. Und wir Jungen – wir waren eben einfach da.«

Im Jahre 1883 brachte die Gesellschaft den zweiseitigen *Customers' Afternoon Letter* heraus, der die Nachrichten des Tages zusammenfaßte. Dieser »Brief« mußte gesondert abonniert werden. Er wurde zusammen mit dem letzten »Dünnling« des Tages ausgeliefert. Bald gab es über tausend Abonnenten. Die Schreiber kamen mit dem Vervielfältigen kaum noch nach. Da entschloß sich die Gesellschaft, eine handbetriebene Druckmaschine zu kaufen, mit der die Briefe ab 1885 gedruckt wurden. Der Botendienst für die druckfrischen Exemplare lief weiter wie bisher. Erst im Jahre 1948 wurde das letzte Bulletin ausgetragen.

Am 3. Juli 1884 erschien im *Customers' Afternoon Letter* der erste amerikanische Aktienindex. Er bestand aus elf Werten. Ein Jahr später wurde ein Index daraus, der auf vierzehn Aktien basierte. Bezeichnend für die damalige Zeit war, daß zwölf Werte davon Eisenbahnaktien und nur zwei Industrieaktien waren.

Ab 1897 gab es dann zwei *Dow Jones Averages*, und zwar *The Dow-Jones Daily Industrial Average* (der heutige *Dow Jones Industrial Average*) und *The Dow-Jones Daily Rail-*

road Average (der heutige *Dow Jones Transportation Average*).
Dow war davon überzeugt, daß die beiden Indizes zur gleichen Zeit in die gleiche Richtung gehen mußten, da sonst eine Trendumkehr des Marktes zu befürchten war. Nach seiner Meinung war diese Trendumkehr insbesondere dann zu erwarten, wenn der eine Index nicht das Hoch oder Tief des anderen bestätigte. Noch heute schwören manche Investoren auf diese Dow-Theorie. Dow selbst hielt sie nur für einen zusätzlichen Anhaltspunkt zur Einschätzung des Marktes.

Je älter Dow wurde, desto mehr beschäftigte er sich mit dem Funktionieren der Börse. Die Spekulation beschrieb er so: »In dem Spiel, das man Tauziehen nennt, ziehen zig Männer – an jedem Ende des Taus gleich viele –, um zu sehen, welche Seite die stärkere ist. In dem Spiel, das man Aktienspekulation nennt, können die Spekulanten die Seite frei wählen; und die Seite, zu der sie sich begeben, gewinnt unweigerlich, denn in der Sprache der Börse sagt man: Jedermann ist stärker als irgend jemand. Wenn jedermann an der Bullenseite zieht, geht der Markt natürlich nach oben; aber während er nach oben geht, läßt einer nach dem anderen los, bis der Aufstieg zum Stillstand kommt. Inzwischen machen einige von denen, die losgelassen haben, einen Bogen und fassen dann an der anderen Seite an.«
Dow war von den drei Partnern nicht nur der Vordenker, was den Aktienmarkt betraf, sondern auch derjenige, dessen Ideen in der Firma in die Tat umgesetzt wurden. Das betraf nicht nur den Inhalt und die Aufmachung ihrer Publikationen, sondern auch Alltagsdinge. Im Jahre 1882 bestand Dow zum Beispiel darauf, die erste Frau in der Firma einzustellen. Und obwohl die Telefonistin ihren Job zur Zufriedenheit ausführte, erfüllte sich die Hoffnung nicht, die Dow mit ihrer Einstellung verbunden hatte. Er hatte sich nämlich versprochen, daß seine Männer in Gegenwart einer Frau weniger fluchen würden.

Im Jahre 1889 arbeiteten fünfzig Leute für »Dow, Jones & Company«, deren Büro sich inzwischen in größeren Räumen in der Broad Street befand. Die Gesellschafter fanden es jetzt an der Zeit, eine regelmäßige Zeitung herauszubringen. Eine neue Druckerpresse wurde gekauft, und am 8. Juli 1889 erschien das erste *The Wall Street Journal*.
Auf Seite 1 hieß es: »Ziel [der Zeitung] ist es, die täglichen Nachrichten, die in Verbindung mit den Kursschwankungen bei Aktien, Anleihen und einigen Waren stehen, ganz und richtig wiederzugeben. [Die Zeitung] wird ständig darauf bedacht sein, ein Blatt der Nachrichten und nicht ein Blatt der Meinungen zu sein.«

Im Jahre 1899 schied Jones aus der Gesellschaft aus. Dow und Bergstresser arbeiteten härter denn je. Im Jahre 1900 verließ *The Wall Street Journal* das erste Mal den üblichen Beobachterposten und griff massiv zugunsten des amtierenden Präsidenten in den Wahlkampf ein. Bald nach seiner Wiederwahl wurde der republikanische Präsident, William McKinley, im September 1901 von einem Attentäter erschossen. Nach der Verfassung – und zum Entsetzen von Wall Street – wurde der knapp dreiundvierzigjährige Vizepräsident, Theodore Roosevelt, sein Nachfolger. *The Wall Street Journal* zitierte den Führer der Republikaner, Mark Hanna: »Ich sagte William McKinley, daß es ein Fehler sei, diesen wilden Mann als Vizepräsidenten zu nominieren – und jetzt ist dieser verdammte Cowboy Präsident der Vereinigten Staaten.«
Es war Dow, der daraufhin die Wogen zwischen Washington und New York glättete, wenn auch nur für eine gewisse Zeit.
Zeitungsleute sollen eine kurze Lebenserwartung haben. Dow fühlte sich im Alter von fünfzig Jahren verbraucht. Auch Bergstresser war dem Renntempo des Berufs und der Wall Street nicht mehr gewachsen. Deshalb stiegen beide im Februar 1902 aus dem Rennen aus und verkauften ihre Fir-

menanteile an einen alten Freund, an Clarence Walker Barron (1855–1928). Er war lange Zeit ihr Korrespondent in Boston gewesen.

Barron mit »der Figur eines Weihnachtsmannes« und einem dafür etwas zu kurz geratenen weißen Bart platzte fast vor Energie – und Fett. Wie ein lebender Butterball wirbelte er durch die Gegend. Der kleine Mann wog immerhin rund dreihundert amerikanische Pfund (ca. 136 kg). Aber kaum jemand konnte bei der Arbeit mit ihm mithalten. Ganzen Schwärmen von männlichen Sekretären diktierte er bei Tag und Nacht, selbst in der Badewanne und in den »Folies-Bergère« in Paris. Dort diktierte er drei Sekretären während einer Vorstellung ununterbrochen im Wechsel. Die Manager des Revuetheaters schwankten zwischen Bewunderung und Entrüstung.
Mit dem gleichen Elan verteidigte Barron Freunde, bekämpfte er Feinde, glaubte er an Gott. Seine Mitarbeiter überschüttete er mit »Nachrichtenregeln«, die er als Anregungen verstanden wissen wollte. Manchmal landeten hundert Memos am Tag auf ihren Schreibtischen.
Als Barron die »Dow, Jones & Company« übernahm, war *The Wall Street Journal* ein angesehenes Blatt mit allerdings begrenzter Leserzahl. Barron puschte die Auflage auf fünfzigtausend Exemplare hoch. Im Jahre 1921 brachte er noch ein wöchentliches Finanzmagazin heraus, das schlicht *Barron's* hieß – und auch heute noch so heißt.
Barron hatte beschlossen, hundert Jahre alt zu werden. In regelmäßigen Abständen machte er deshalb einen Gesundheitstrip zu Dr. Kellogg's berühmtem »Battle Creek Sanatorium«. Während der Arzt sich bemühte, Barrons Gewicht zumindest von dreihundert auf zweihundertfünfzig Pfund herunterzubringen, ruhte der Zeitungsmann sich aus. Bei seinem letzten Kampf um die Taille erkrankte er im Jahre 1928 an Lungenentzündung und starb.
Bevor er von dannen schied, hauchte er ein letztes »Was gibt's Neues?«

III.

Die Dramen

8 Der Schwarze Freitag von 1869: »Tote erzählen keine Geschichten.«

»Was halten Sie von den Burschen in Wall Street, die in Zeiten wie diesen in Gold spekulieren?« fragte Abraham Lincoln (1809–1865) den Gouverneur Andrew Curtin. »Ich für meinen Teil wünschte, daß jedem von ihnen der verdammte Kopf abgeschossen würde.«

Und das Echo der Spekulanten auf die markigen Worte des US-Präsidenten? Für seine Moral hätten sie jetzt keine Zeit. Geld hatte die größere Überzeugungskraft. Während die Generäle siegten und die Soldaten fielen, machten die Goldspekulanten ihr Glück – dank des Bürgerkrieges (1861–1865).

Die Regierung der Vereinigten Staaten von Amerika hatte im Jahre 1862 auf Dollar lautende Banknoten ausgegeben, deren Rückzahlung in Gold nicht gewährleistet war. Das Geschick dieser *Greenbacks* hing an einem seidenen Faden: dem Ausgang des Krieges. Sollte der Süden gewinnen, würden die Geldscheine wertlos werden und zu bloßen Erinnerungsstükken degradiert. Gold wäre in dem Fall anziehender denn je – auch im Preis. Bei einem Sieg der Nordstaaten dagegen würden die Scheine in Gold honoriert.

Bald nach der Ausgabe der neuen Banknoten wurde das Goldgeld nur noch mit Prämie verkauft. Wer hundert Dollar in Metallgeld kaufen wollte, mußte dafür den jeweiligen Tagespreis in Papiergeld bezahlen. Mit wechselndem Kriegsglück schlug der Preis heftig nach beiden Seiten aus. Die gewieften Spekulanten unterhielten deshalb private Leitungen zu den Schlachtfeldern und Spione in beiden Lagern. Oftmals waren sie früher als der Präsident informiert. Der Preis für 100 Dollar in Gold schwankte in den Jahren 1862 bis 1868 zwischen 122 und 287 Dollar in Papiergeld.

Zunächst fand der Goldhandel in der New Yorker Börse statt, die damals noch »The New York Stock and Exchange Board« hieß und kurz »The Board« genannt wurde. Die Versteigerungen von Gold, die immer kurz vor den Morgen- und Nachmittagssitzungen der Aktienbörse durchgeführt wurden, waren einigen konservativen Mitgliedern des »Board« ein Dorn im Auge. Denn die *Goldbugs* – so wurden die Goldhändler im Volksmund genannt – waren nach ihrer Überzeugung unpatriotische Gesellen, die von dem blutenden Land profitieren wollten. Trotz vieler Proteste: Im Jahre 1862 setzten sich die »blaunäsigen« *(bluenosed)* Mitglieder des »Board« durch, deren Leben sich nach streng puritanischen Grundsätzen richtete. Der Goldhandel flog auf die Straße und den »zweitklassigen« Brokern direkt vor die Füße. Zu diesen *Curbstone Brokers* (Bordsteinbrokern) gesellten sich auch einige Mitglieder des »Board«, die das vibrierende Potential des Metalls erkannt hatten.
»Es fischt sich gut in unruhigen Gewässern«, beschrieb der Spekulant Daniel Drew die damalige Zeit.
Die *Goldbugs* trafen sich zunächst in einem muffigen, düsteren Keller in 23 William Street und organisierten dort einen Goldmarkt. *Coal Hole* (Kohlenloch) wurde der Keller genannt. Wer ein Gentleman sein wollte, konnte – zumindest in New York – nur auf einen Sieg der Nordstaaten setzen und damit auf einen fallenden Goldpreis. Solche Überlegungen spielten im Kohlenloch jedoch keine Rolle. Hier war Geld zu machen wichtiger, als ein Gentleman zu sein.
Bald wurde das Coal Hole für den Goldhandel zu klein. Die *Goldbugs* kamen ans Tageslicht und ließen sich ein paar Schritte weiter an der Ecke Exchange Place und William Street nieder. Der goldene Schnitt wurde jetzt in »Gilpin's News Room« gemacht, der später »Gilpin's Gold Room« genannt wurde. Wer dieser Gilpin war, ist nicht überliefert. Man vermutet aber, daß er ein Bordsteinbroker war.
Bei »Gilpin's« konnte jeder Mitglied werden, der den Jahresbeitrag in Höhe von fünfundzwanzig Dollar bezahlte. Zu-

nächst ging es dort zu wie auf einem orientalischen Markt. Jeder feilschte mit jedem. Bald wurden die ersten Auktionen durchgeführt, und das lenkte den Goldhandel in etwas geregeltere Bahnen.
Das Goldfieber war eine ansteckende Krankheit. Erst hatte die Stadt, dann das ganze Land das Fieber im Blut. Für die Broker war es eine goldene Zeit: Viele verdienten bis zu zehntausend Dollar am Tag. Aus dem ganzen Land gingen telegrafische Aufträge ein. In manchen hieß es nur »Kaufen« oder »Verkaufen«, ohne Angabe von Menge und Preis. Die Umsätze in Gold stiegen daher auch schon bald auf über hundert Millionen Dollar am Tag.
Goldene Zeiten waren das auch für die New Yorker Geschäftsleute. Sie lieferten Moden, Juwelen und Pelze, von allem das Teuerste und das Beste.
Jede Medaille hat jedoch ihre zwei Seiten. Die eine Seite der Goldspekulation war golden. Die andere: Wer Gold auf Kredit kaufte, konnte durch einen einzigen *big Swing* ruiniert sein. Bei großen Kursausschlägen kamen immer wieder schemenhafte Scharen von Opfern in die Wall Street gelaufen. Ihre Vorwürfe prallten jedoch an den zugeknöpften Gesichtern der Broker ab. Je einfacher die Leute waren, desto wütender konnten sie werden. Bei ihnen wurden Emotionen nicht durch Konventionen gebremst. Teilweise mit Fäusten forderten sie von den Brokern ihren Einsatz zurück.
Im Jahre 1863 wurden die Kreditmöglichkeiten für Goldgeschäfte gesetzlich beschränkt, und im darauffolgenden Jahr wurde die Goldspekulation ganz verboten. »Gilpin's Gold Room« wurde geschlossen. Die Spekulation ging allerdings weiter – im Untergrund. Außerdem in privaten Büros, wo Goldtransaktionen für geschäftliche Zwecke weiterhin erlaubt waren. Wie Pilze schossen Minigoldbörsen in den Büros aus dem Boden. An ihnen nahmen verbotenerweise auch Spekulanten teil. Für das Risiko, das die Händler damit eingingen, verlangten sie einen besonderen Zuschlag.

Amerikas Importe und Exporte wurden damals in Gold bezahlt. Weil der ganze Außenhandel praktisch über New Yorker Kaufleute lief, mußten die sich ständig mit Gold eindecken. Um Kursverluste zu vermeiden, veräußerten Exporteure gleich bei Vertragsabschluß Gold auf Termin. Das lieferten sie, sobald die ausländischen Kunden in Gold bezahlten. Durch diese – *Hedging* genannte – Absicherung waren die Exporteure immer eine gewisse Zeitspanne *short* in Gold. Das heißt, sie hatten Gold verkauft, was sie jetzt noch nicht besaßen. Das war der Grund, warum auch sie in den Strudel des »Schwarzen Freitag« gerieten.

Während die Goldspekulanten den Risikozuschlag der Händler ohne Murren bezahlten, war er für die Geschäftsleute ein ärgerlicher Kostenfaktor. Jedenfalls war das Goldhandelsverbot der Regierung nach hinten losgegangen und hatte die Geschäftsleute und nicht die Spekulanten getroffen. Deshalb wurde das Verbot nach nur fünfzehn Tagen wieder aufgehoben.

Es war ungefähr zu dieser Zeit, daß Präsident Lincoln sagte: »Ich wollte immer Präsident werden. Doch nun, wo ich es bin, ... wünschte ich, ich wäre nie geboren. Ein weißer Elefant steht mir zur Verfügung, doch der ist schwer zu beherrschen. Feuer vorn und Feuer hinten ... Meine Stellung ist alles andere als ein Bett von Rosen.«

»Gilpin's Gold Room« wurde allmählich zu klein. Ein paar »bessere« Goldhändler taten sich deshalb zusammen und gründeten im Jahre 1864 die »New York Gold Exchange«, kurz »Gold Room« genannt. Die Börse hatte ihren Sitz zunächst an der Ecke William und Beaver Street und dann in der New Street. Jeder konnte Mitglied werden, der den Beitrag bezahlte. Auf diese Weise wollte man eine Konkurrenz verhindern. Der schnell von zweihundert über tausend auf zweitausendfünfhundert Dollar steigende Jahresbeitrag schien niemanden zu stören. Zu den Gründungsmitgliedern der »New York Gold Exchange« zählten auch honorige Firmen vom »Board«. Der Goldhandel war respektabel geworden.

Man konnte sich nichts Trostloseres und Unscheinbareres vorstellen als den »Gold Room« in der New Street. Schon der Eingang des Gebäudes und der Flur strotzten vor Dreck. Die Möblierung des Börsensaales bestand im wesentlichen aus zwei eisernen Gittern und einem Anzeigegerät, ähnlich einer alten holländischen Standuhr. Statt der Zeit zeigte es den jeweiligen Goldpreis an.

An dem halbkreisförmigen Gitter an der Seite standen während der Börsensitzung die »lahmen und toten Enten«. Das waren Spekulanten, die so ausgenommen worden waren, daß sie nicht mehr mitspielen konnten. Das zweite Gitter umringte einen Springbrunnen von bemerkenswerter Häßlichkeit. Im perlig fliegenden Wasser spielte ein Cupido mit einem Delphin. Manche meinten, ein hungriger König Midas wäre im »Gold Room« passender gewesen. Sie übersahen allerdings, daß »Cupido« auch »Begierde« bedeutet. Für manche Verlierer war das fließende Wasser des Brunnens daher auch ein Symbol für das im »Gold Room« zerrinnende Vermögen. Als der Raum im Jahre 1877 von der »New York Stock Exchange« übernommen und abgerissen wurde, verschwanden der Cupido und der Delphin spurlos. Sie wurden niemals wieder gesehen.

Auf dem »Ehrensessel« *(seat of honor)* im Saal saß der Präsident der Goldbörse und leitete von dort die Menagerie der Bullen und Bären. Unterstützt wurde er von einem Sekretär und einem Telegrafen. Von einer freien Galerie aus konnten Zuschauer die lauten, zappelnden Menschen beobachten. Die beste Übersicht hatte man jedoch von einem »Adlerhorst«, auf den man nur mit Ticket durfte. Von dort wirkten die Händler mit ihren Zylindern wie ein schwarzes, brodelndes Meer von kleinen Schornsteinfegern.

Selbst im kapitalistischen Biedermeier hinterließ die Goldspekulation ihre Spuren. Man setzte auf und gegen das Gold,

und zwar in Form von Wetten. Zum Beispiel »sechs Cent gegen Cocktails für vier«, daß der Goldpreis innerhalb von fünf Minuten um drei Prozent steigen würde.
Derart große Sprünge machte der Goldpreis jedoch nur selten. Wenn allerdings die Nachricht vom Ende einer Schlacht in die Börsensitzung platzte, dann wurden die Bullen und Bären zu wahren Bestien. Sie schrien und tobten und trampelten herum, daß das ganze Gebäude bebte und der Lärm in den angrenzenden Straßen widerhallte. So muß die Stimmung im alten Rom gewesen sein, wenn die wilden Bestien aus ihren unterirdischen Käfigen in die Arena gelassen wurden.
Bei einem Sieg der Südstaaten grölten die Bullen im »Gold Room« »Dixie«, sonst sangen die Bären »John Brown«. »Dixie« wurde als Ausdruck für die Südstaaten durch das gleichnamige Lied von Daniel D. Emmett aus dem Jahre 1859 bekannt. John Brown war ein fanatischer Sklavenbefreier, der Andersdenkende schon mal eigenhändig umbrachte. Im Jahre 1859 wurde der Finsterling selbst hingerichtet und Held eines populären Songs.
Ende 1864 war der Goldboom zu einer Stampede geworden. Die Leute waren so wild entschlossen zu spekulieren, daß sie es schließlich auch nachts taten. Scharen von übermüdeten Händlern drängten sich zu abendlicher Stunde in den Fluren des »Fifth Avenue Hotel« und handelten dort mit der gleichen Intensität wie am Tag. Ein Mister R. A. Gallagher erkannte die Marktlücke und eröffnete in einem Raum gleich hinter dem Hotel eine Abendbörse. Tagsüber dienten die Räumlichkeiten an der Ecke 23rd Street und Broadway weiterhin als Hauptquartier der Republikaner, nachts wurden dort Gold, Öl- und Eisenbahnaktien gehandelt. Bald hatte Gallagher so viel Geld verdient, daß er im Jahre 1865 an der Ecke 24th Street und Fifth Avenue ein eigenes Gebäude für seine Nachtbörse kaufen konnte. Ein knallrotes Transparent machte draußen für die »New York Evening Exchange« Reklame.

Bis gegen Mitternacht summte es nun in den Straßen, und in der Börse flogen die Angebote bis spät in der Nacht hin und her. Die Broker fanden kaum noch Schlaf. Fahl die Gesichter und zitternd vor Müdigkeit, wirkten sie wie ihre eigenen Geister.
Zunächst wurde das an den Börsen verkaufte Gold noch am gleichen Tag ausgeliefert. Jeden Mittag liefen Botenjungen mit kleinen Säckchen aus Segeltuch zwischen den Büros hin und her und übergaben die Beutel mit den genau abgezählten Goldmengen. Außen auf dem Stoff eines jeden Säckchens war die Menge vermerkt, die sich darin befinden sollte. Wegen Fehlbeständen gerieten sich die beteiligten Parteien jedoch ständig in die Haare. Mißlich und kostspielig war außerdem, daß Diebe Jagd auf die rasenden Boten machten. Sie warfen den »Goldjungen« roten Pfeffer in die Augen und stoben dann mit den erbeuteten Beuteln davon.
Das ging den *Goldbugs* zu weit. Sie führten Goldzertifikate und Scheckbücher für die Händler ein. Außerdem wurde die »Gold Exchange Bank« gegründet, deren Clearingstelle die tägliche Abrechnung übernahm.
Das System galt als sicher. Es war es nicht. Denn bald kam es zu Scheckbetrug, insbesondere an Gallaghers Börse. Wall Street beschloß, dem nächtlichen Spuk ein Ende zu bereiten. Wer weiterhin an Gallaghers Börse handelte, durfte nicht mehr in den »Gold Room«. Die Wirkung war prompt. Das blutrote Transparent von der Nachtbörse wurde abgenommen und verschwand im Abfalleimer der Geschichte.

Im Jahre 1865 war der Wahnsinn der Waffen vorbei. Der Norden hatte den Süden besiegt. Die Stürme im »Gold Room« verebbten. Nur noch leichte Brisen schaukelten den Goldpreis hin und her. Das aber sollte sich bald schon ändern.
Einer der herausragenden Charaktere an Wall Street war Jay Gould (1836–1892). »Mephistopheles der Wall Street« wurde er genannt. Er brütete aus, was den 24. September 1869 zum »Schwarzen Freitag« machte.

Ein hoher Goldpreis, so argumentierte Gould, wäre im nationalen Interesse. Denn wenn Ausländer mit weniger Gold mehr Dollar kaufen könnten, wären die amerikanischen Waren im Ausland billiger und wären leichter zu exportieren. Ein niedriger Goldpreis dagegen bedeutete teures Getreide für die Ausländer und wäre deshalb schlecht für die exportabhängigen Farmer.
Henry Adams, der 1918 die Geschichte der Goldpanik untersuchte, kam über Goulds Motive zu folgendem Schluß: »Von allen Finanzgeschäften ist die Beherrschung des Goldmarktes das brillanteste und gefährlichste. Möglicherweise waren es das Hazardspiel und die Großartigkeit des Versuchs, was Mr. Jay Gould faszinierte.«
Der Versuch, den Goldmarkt zu beherrschen, ist, als wolle man Luft fangen. Schnell entgleitet einem die Kontrolle. Denn Gold kann von überallher gebracht werden. Es braucht nur eine gewisse Zeit. – Und Gould wußte, daß er zur Ausführung seines Plans nur eine begrenzte Zeit hatte.
Jay Gould war ein kleiner und schmächtiger Mann, der nachts vor seinem Haus auf und ab ging, damit niemand seine Hustenanfälle mitbekam und niemand sah, wie er Blut spuckte. Der schmalgesichtige Bartträger hatte keine Freunde und keine Vertrauten. »Einer gegen alle« war die Rolle, die ihm am meisten lag.
Für seinen Plan, den Goldmarkt zu beherrschen, brauchte er allerdings Verbündete. Als Partner suchte er sich einen Mann aus, der das genaue Gegenteil von ihm selbst war: Jim Fisk. Seine Aufgabe sollte es sein, die Menge zu manipulieren.

Jim Fisk (1834–1872) war ein Mann, der vor Selbstbewußtsein strotzte. Geboren an einem 1. April, sah er das Leben als einen einzigen Witz an. Er war ein Impresario, ein Showman, ein Clown – und alles im wirklichen Leben. Mal spielte er Prinz, mal kreuzte er als »Admiral« auf seinem Schiff vor Manhattan herum. »Wenn Vanderbilt ein Commodore ist, dann bin ich zumindest ein Admiral«, erklärte er seinen Aufzug.

Einen Titel bekam Fisk tatsächlich verliehen: den eines Colonel. An der Spitze »seines« Neunten Regiments paradierte er durch die Straßen von New York. Während die Band spielte, flogen die Tressen seiner Uniform mit den Fahnen um die Wette, und sein Schnurrbart wippte im Takt. Als Fisk einmal gefragt wurde, ob das Neunte Regiment ein Motto hätte, antwortete er: »›Zuletzt auf dem Schlachtfeld und zuerst wieder weg‹, das würde mir als Motto gefallen.«
Der Vater von Jim Fisk war Hausierer gewesen. Bevor der Sohn das »Geschäft« übernehmen konnte, brannte er zum Zirkus durch. Als »Meister der Manege« lernte er schnell, sich in Positur zu werfen und die Leute in Bann zu schlagen. Mit dieser Erfahrung zog Fisk jr. das Geschäft, das einst seinem Vater gehörte – und der jetzt sein Angestellter war –, wie eine Show auf. Vier Schimmel in bronzenem Geschirr zogen einen roten Wagen mit gelben Rädern. Auf dem thronte Jim Fisk, einen Zylinder auf dem Kopf, gestreift seine Hosen. So verkaufte der Charmeur den Damen und der Armee bald »alles, was er wollte«. Der große Coup gelang ihm kurz vor Ende des Bürgerkriegs. Mit einem schnellen Schiff schickte er Anleihen der Konföderierten zur Londoner Börse und ließ sie dort für fünf Millionen Dollar verkaufen. Fünf Tage später – nach dem Fall des Südens – waren die Papiere nur noch gut genug zum Feuer anmachen.
Im Kopf von Jim Fisk tanzten ständig Visionen. Er lachte, er scherzte – aber Geschäft war Geschäft. Mit einem Teil seines Geldes versuchte er sich nach dem Krieg in der Kurzwarenbranche. Doch das ging schief. Mit dem restlichen Geld machte er sich auf zur Wall Street. In 38 Broad Street, direkt gegenüber dem Gebäude der »New York Stock Exchange«, eröffnete der »Junge von den grünen Bergen« – so nannte er sich selbst – ein Brokerbüro. Bei der Einrichtung hatte er den Handwerkern und Künstlern freie Hand gelassen. Das Ergebnis war das extravaganteste Büro, das je ein Bulle oder Bär zu sehen bekam. Die Schaulustigen kamen in Scharen. Sie aßen sein Essen und tranken seinen Champagner. Und

– so R.W. McAlpine in seinem Buch *The Life and Times of Col. James Fisk* –: »Er wurde unbarmherzig von den Bären umarmt und von den Bullen ohne Umschweife auf die Hörner genommen, aber mit unerschütterlichem Mut und blindem Vertrauen in die Möglichkeiten der Zukunft hielt er stand, bis die Straße jeden Cent aus seiner Tasche geschluckt hatte und er pleite war.«

Im Schnellverfahren hatte Jim Fisk die Freßordnung der Wall Street begriffen. Er schwor einen heiligen Eid: Wall Street würde ihm dafür bezahlen. »Die werden Jim Fisk noch kennenlernen«, sagte er beim Abschied. Und das taten sie auch.

Fisk bestieg einen Zug nach Boston, in dem er den Sohn eines Erfinders kennenlernte, der ein Patent seines Vaters verkaufen wollte. Kurzentschlossen griffen Fisk und ein paar Freunde aus Boston zu. Langfristig entpuppte sich das Patent als eine Geldmaschine. Für seine kurzfristige Rache an Wall Street brauchte Fisk allerdings kurzfristig Geld. Das liehen ihm seine Freunde aus der Kurzwarenbranche.

Spekulanten brauchen feine Ohren und ein dickes Fell. Beides besaß Jim Fisk. Als er in Boston flüstern hörte, daß jemand die »Stoningtone Line« kaufen wollte, fuhr er sofort nach New York. Denn dort hatte er flüstern hören, daß Daniel Drew die Gesellschaft mit den verlustbringenden Dampfschiffen verkaufen wollte. Fisk vermittelte den Deal für 2 300 000 Dollar – und wurde so das Ziehkind von Drew. Denn auch der war in seiner Jugend beim Zirkus gewesen. Und das verband.

Im Jahre 1869 schließlich gaben sich Gould und Fisk den goldenen Handschlag. Rund siebzig Millionen Dollar in Gold wurden zu der Zeit täglich gehandelt. Das meiste davon, so Fisk, war »Phantomgold«. Mit einem Eigengeld von hunderttausend Dollar und einem Kredit konnte man Gold im Wert von zwanzig Millionen Dollar auf Termin kaufen. Im Vergleich dazu: In ganz Amerika liefen nur vierzehn Millionen in Goldzertifikaten und drei bis vier Millionen in Goldmünzen um. Die enorme Hebelwirkung der Kontrakte erkannte Gould als seine Chance. Mit wenig Geld konnte er so viele Kontrakte kaufen, wie die Verkäufer niemals erfüllen konnten. Schon bei steigendem Goldpreis würden die meisten Leerverkäufer in die Enge getrieben. Denn sie würden immer höhere Einschüsse aufbringen müssen.

Hinter dem patriotischen Gerede, daß ein hoher Goldpreis gut für Amerika wäre, verbargen Gould und Fisk ihre massiven finanziellen Interessen. Sie wollten Gold in großen Mengen kaufen und dann von einem himmelwärts schießenden Goldpreis profitieren. Natürlich würden auch die Exporteure bessere Geschäfte machen, genau wie die Eisenbahn von Jay Gould, die dann mehr Getreide zu den Häfen im Osten transportieren konnte.

Nach der Amtseinführung von Präsident Ulysses S. Grant (1822–1885) im März 1869 fing die Clique um Gould und Fisk an, das Edelmetall zu ständig steigenden Preisen zu kaufen. Obwohl Gould in den folgenden sechs Monaten die entscheidende Macht am Goldmarkt war, betrat er aber niemals persönlich den »Gold Room«.

Das größte Problem für ihn waren die hundert Millionen Dollar in Gold, die in Stahlkammern in der Broad Street, einer Nebenstraße der Wall Street, lagerten und dem amerikanischen Schatzamt gehörten. Sie durften nicht verkauft werden, sollte sein Plan gelingen.

Zunächst gelang es Gould und Fisk, die Bekanntschaft des Präsidenten mit den stets traurigen Augen zu machen. Der Präsident hatte die Verfügungsgewalt über das staatliche Gold. Ulysses S. Grant galt als »verständiger Geldmann«, aber auch als überforderter Präsident. Im Bürgerkrieg hatte Lincoln den umstrittenen Haudegen zum Oberkommandierenden seiner Truppen gemacht. Denn: »Ich kann auf den Mann nicht verzichten – er kämpft.«

Später stellte ein Besucher im Weißen Haus ein »verdutztes Pathos« an Präsident Grant fest, »wie bei einem Mann, der

vor einem Problem steht, bei dem er nicht einmal weiß, worum es geht«. Obwohl er als honoriger Mann galt, nahm er noble Geschenke an und zeigte sich – was ihm besonders übelgenommen wurde – in aller Öffentlichkeit mit dem »Schweinehund der Wall Street« *(Skunk of Wall Street)*. Damit war Jay Gould gemeint.
Gould und Grant lernten sich im Haus von Abel Rathbone Corbin kennen, der den unbezahlbaren Vorzug hatte, Grants Schwager zu sein. Gould hatte Corbin schon vor seiner ersten Begegnung mit dem Präsidenten von seiner Sache überzeugt. In der Wahl seiner Mittel nie wählerisch, hatte er dabei auch zu Bestechung gegriffen. Ohne daß die Corbins Einschüsse leisten mußten, erhielt Mrs. Corbin als Altersvorsorge Goldkontrakte im Wert von eineinhalb Millionen Dollar. Mit jedem Dollar, den der Goldpreis stieg, wurde Mrs. Corbin also um fünfzehntausend Dollar reicher.
Nachdem Grant und Gould sich bei den Corbins kennengelernt hatten, fuhren sie gemeinsam in einer Kutsche zum Pier, wo die »Providence« lag, die den Präsidenten und seine Frau nach Fall River bringen sollte. Bei dem Dampfschiff wartete bereits »Admiral« Jim Fisk. In seiner Phantasieuniform sah er aus wie ein Wesen von einem anderen Stern: blau die Uniform, silberne Sterne an den Ärmeln des Mantels, Gold an der Mütze und ein kirschgroßer Diamant an der Krawattennadel als Clou.
Bei einem üppigen Dinner auf dem Schiff trug Gould dem Präsidenten seine patriotischen Gedanken vor, daß nämlich der Goldpreis zum Wohle der Exporteure und des ganzen Landes steigen müsse. Grant bezeichnete Goulds Gedanken als etwas »fiktiv« und meinte, daß »die Blase auf die eine oder andere Weise angestochen werden könne«. Später beklagte sich der Präsident bei seiner Frau: »Gould versuchte ständig, aus mir etwas herauszubekommen.«
Gould empfand die erste Reaktion des Präsidenten auf seine »diplomatischen Fragen« wie »einen Schlag mit einem nassen Lappen«.

Jay Gould gehörte jedoch zu den Männern, die schufen, was sie schaffen wollten. Auch jetzt war er nicht zu entmutigen. Wenn er den Präsidenten schon nicht auf seine Seite ziehen konnte, dann sollten die anderen wenigstens denken, daß es so war. Deshalb nutzten Gould und Fisk jede Gelegenheit, mit dem Präsidenten in der Öffentlichkeit gesehen zu werden. Fisk streute außerdem aus, daß die »großen Tiere« *(big wigs)* auf ihrer Seite wären, angefangen bei Präsident Grant.

Zu der Zeit wurde in New York die Stelle des *Assistant Treasurer* frei. Zu dessen Aufgaben gehörte es, die New Yorker *Subtreasury* zu leiten. Das bedeutete auch: Der Amtsinhaber war derjenige, der Gold aus Staatsbesitz verkaufen mußte, wenn entsprechende Befehle aus Washington kamen. Gould lancierte General Daniel Butterfield, der Grant im Bürgerkrieg so treu gedient hatte. In seinem neuen Amt diente er genauso treu Jay Gould. Als Gegenleistung traf Gould großzügige Arrangements für den Exgeneral. Als Fisk später gefragt wurde, ob sie die Regierungsleitungen angezapft hätten, um immer über die Absichten der Regierung informiert zu sein, rief der lachend aus: »Unsinn! Wir mußten nur Butterfield anzapfen, um alles zu erfahren, was wir wollten.«

Der Himmel meinte es gut mit Gould. Das schöne Wetter brachte den Farmern im Mittleren Westen eine goldene Ernte. Jetzt brauchten sie Abnehmer für das viele Getreide. Deshalb folgte Grant endlich Goulds Logik, daß nämlich ein höherer Goldpreis zu höheren Exporten führen würde. Am 1. September 1869 ließ der Präsident die regelmäßigen Goldversteigerungen des Schatzamtes einstellen.

Gould hatte geduldig gewartet. Jetzt war seine Stunde gekommen. Der Goldring überbot jeden Kaufwilligen. Bald hatte er mehr Gold gekauft, als jemals in Amerika gekauft worden war. Damit der Clique nicht das Geld ausging, hatten Gould, Fisk und ein paar Kumpane die kleine »Tenth National

Bank« gekauft; die sollte ihnen im Notfall mit Geld aushelfen. Am Tag vor dem »Schwarzen Freitag« lagen bei der Bank für fünfundzwanzig Millionen Dollar bankbestätigte Schecks bereit. Die Sparer, die ihr Geld bei der Bank deponiert hatten, spekulierten auf diese Weise mit, ohne es zu ahnen.
Je höher der Goldpreis stieg, desto tiefer sank die Stimmung der »Leerverkäufer«. Sie hatten Gold verkauft, ohne es zu besitzen. Nicht nur der Verlust des Vermögens drohte ihnen, sondern auch Gefängnis, wenn sie ihren Verpflichtungen nicht nachkommen konnten. Deshalb verkauften sie, was sie besaßen. Bei Aktien war das bald nur noch zu Schleuderpreisen möglich.
Fisk war in seinem Element. Mit dem Zartgefühl einer Dampfwalze bot er Wetten an: »Ich setze fünfzigtausend Dollar, daß der Goldpreis heute höher sein wird als gestern.« Und stetig kletterte der Preis nach oben. Mitte September lag er bei 138. Als er danach ein wenig fiel, beschlich die Bullen Angst. Gould saß mit brennenden Augen in seinem Büro und zerriß lauter Papier in immer kleinere Fetzen. Das tat er immer, wenn er nervös war. Jetzt war er nervös, denn er befürchtete einen Gegenschlag der Bären.
Eilends ließ er Corbin einen Brief an den Präsidenten schreiben, in dem nochmals alle »patriotischen« Gründe für einen hohen Goldpreis angeführt wurden. In dem Schreiben gestand Corbin seinem Schwager auch ein, daß er über Goldpositionen verfügte. Er flehte den Präsidenten an, schon aus Rücksicht auf seine Verwandten kein Gold verkaufen zu lassen. Durch einen Boten wurde der Brief nach Washington geschickt.
Grant hatte als Politiker Schwierigkeiten, Winkelzüge anderer zu erkennen. Jetzt begriff er jedoch, daß er benutzt werden sollte. Er vermutete Gould hinter dem Brief, denn schließlich kannte er seinen Schwager. Der hätte niemals das Geld für einen Extraboten ausgegeben. Als der Präsident gefragt wurde, ob er eine Antwort mitgeben wollte, sagte er: »Nein!« Verabredungsgemäß telegrafierte der Überbringer

des Briefes nach New York: *»Letter delivered all right«* (»Brief ordnungsgemäß abgegeben«). Die Nachricht wurde unterwegs verstümmelt. Bei der Ankunft las sie sich so: *»Letter delivered. All right«* (»Brief abgegeben. Alles in Ordnung«).
Während man in New York über die Nachricht jubelte, diktierte Mr. Grant seiner Frau an Mrs. Corbin: »Sagen Sie Ihrem Mann, daß mein Mann sehr verärgert über Ihre Spekulationen ist. Sie müssen da raus, so schnell Sie können.«
Steingesichtig saßen Corbin und Gould am Mittwoch über dem Brief. »Ich bin pleite, wenn das bekannt wird«, erkannte Gould. Der vor Angst bis in die Zehen gelähmte Corbin verlangte nun die sofortige Auflösung seiner Goldpositionen und die Auszahlung des Gewinns in Höhe von hunderttausend Dollar. Gould beschwor Corbin leidenschaftlich, keine Goldkontrakte auf den Markt zu werfen. Lieber solle er einen Scheck über hunderttausend Dollar von ihm, Gould, akzeptieren. Auf jeden Fall müsse Corbin den Mund halten. Das tat der Anwalt schon im eigenen Interesse. Niemand durfte von seinen Goldspekulationen erfahren. Denn sonst wäre er beruflich erledigt gewesen.
Gould bewegte sich ab jetzt auf einem Minenfeld. Er mußte aus seinen Goldpositionen heraus, ohne daß er eine Mine lostrat. Niemand durfte merken, daß sich der Bulle klammheimlich in einen Bären verwandelt hatte. Ob Fisk davon wußte, ist umstritten. Vielleicht war es ein abgekartetes Spiel, daß Fisk den Goldring weiter kaufen ließ, während Gould in aller Heimlichkeit verkaufte. Am Donnerstag, dem 23. September 1869, stieg der Goldpreis auf 143, was bei der Hebelwirkung der Kontrakte ein enormer Sprung war.

Freitag, der 24. September 1869, war ein schöner und klarer Tag. Und genauso klar wie das Wetter war denen, die auch nur im entferntesten mit Wall Street zu tun hatten, daß es auch ein denkwürdiger Tag werden würde.
»Gold«, hatte Jim Fisk noch vor kurzem getönt, »verkaufen Sie es, und laden Sie mich gleich zu Ihrer Beerdigung ein!«

In einer offenen Kutsche fuhr er am Freitagmorgen vor, umrahmt von zwei Schauspielerinnen, die der versammelten Menge Kußhände zuwarfen. Jay Gould schlich durch den Hintereingang ins Gebäude. Ohne um Erlaubnis zu fragen, okkupierten die beiden das Büro der Brokerfirma »William Heath & Company«. Vor der Tür standen Leibwächter – für den Fall, daß Muskeln gebraucht würden.

Der Handel eröffnete mit einem Feuerwerk. Raketengleich schoß der Goldpreis nach oben.

»Ich wette fünfzigtausend Dollar«, heizte Fisk die Panik an, »daß der Goldpreis heute über zweihundert gehen wird.«

Grauen breitete sich aus.

Scheinbar unaufhaltsam stieg der Goldpreis, und höher stieg die Stimmung von Jim Fisk. Immer wieder war sein glucksendes Lachen zu hören. Er feuerte die Broker an, zu kaufen, zu kaufen, weiter zu kaufen... Insbesondere sein eigener Broker Albert Speyer peitschte den Goldpreis durch immer höhere Gebote nach oben. Er wurde ständig von wütenden Bären umringt und auch angegriffen. Doch standhaft schrie Speyer: »Ich kaufe... Ich kaufe...«

Jede Wiederholung hatte die Wirkung einer explodierenden Granate. Markerschütternde Schreie verloren sich im Lärm der Menge, ehe sie ganz verstummten. Etliche Goldkönige stürzten krachend von ihren Podesten und landeten im beruflichen Nichts. Kalkig und verzerrt die Gesichter, schrien sie manchmal noch sinnlose Aufträge und Preise.

Und heimlich verkaufte Jay Gould...

Auf dem Boden des »Gold Room« standen rund dreihundert schweißnasse Männer. Die Luft stank bestialisch nach ihren Ausdünstungen. Sie stießen den schweren Atem von Verlierern aus. Ihre Herzen und Schläfen dröhnten.

Der Goldpreis schoß weiter nach oben: 146, 147, 149. Und dann übersprang er die 150. Die Schreie im »Gold Room« verloren jetzt jede Ähnlichkeit mit menschlichen Stimmen. Goldmillionen, Goldmillionen, alles Gold wurde gekauft.

Und heimlich verkaufte Jay Gould.
Wie ein führerloser Zug raste der Goldpreis auf die 155er-Marke zu. Der Schmerz im »Gold Room« erreichte neue Dimensionen. Tausendmal schlimmer als das gemeinsame Leid war für den einzelnen das eigene Schicksal. Nur raus aus den Positionen, nur raus. Egal mit welchen Verlusten.
Jay Gould verkaufte zu Höchstpreisen.
Eine Panikwelle nach der anderen brach sich am Gitter des Springbrunnens, dessen Geplätscher in all dem Lärm nicht mehr zu hören war. Die Männer drängten mit zittrigen Händen zum Wasser, um sich damit das Gesicht zu benetzen. Fast brach das Gitter um den Brunnen unter ihrem Ansturm zusammen.
Nichts, so schrieb der *New York Herald* am nächsten Tag, seien das Kriegsgebrüll von wilden Indianern und die unheimlichen Rufe in einer Irrenanstalt gegen das gestrige Schreien im »Gold Room«.
Einige Spekulanten fielen in Ohnmacht. Mit Ambulanzen wurden sie in nahe gelegene Krankenhäuser gebracht. Sie konnten noch von Glück reden. Denn andere, auch solche aus den besten Familien, waren so verzweifelt, daß sie sich schließlich das Leben nahmen.
Ein Crash ist für Leute da, die anders nicht hören können. Dazu zählten im September 1869 auch große Broker und Banker, die ihre Baisse-Positionen in Gold nicht eingedeckt hatten. Sie waren der Meinung gewesen, daß niemand so verrückt sein könne, die Beherrschung des Goldmarktes zu versuchen. Mit Telegrammen bombardierten sie jetzt die Regierung und forderten ein sofortiges Eingreifen.
Draußen kamen immer mehr Leute in die New Street gelaufen, darunter auch Geschäftsleute ohne Mantel, ohne Kragen, ohne Hut. Ihre Köpfe dampften vor Schweiß, und die Verheerung war ihnen in die Gesichter geschrieben. Sekunden wurden zu Stunden, ehe eine neue Nachricht aus dem »Gold Room« auf die Straße gelangte. Für jede Menge Gold hatte Albert Speyer jetzt hundertsechzig geboten.

Die Panik fraß sich durch das ganze Land. Überall zwischen Boston und San Francisco hingen Menschentrauben an den Telegrafen und warteten auf die nächste Hiobsbotschaft. Das Tempo der Goldpreisänderungen war so hektisch und schnell, daß die Anzeigegeräte nicht mehr mithalten konnten. An der Börse in Philadelphia warf schließlich jemand eine schwarze Fahne mit einem Totenkopf über das Gerät. Unter dem Emblem des Todes handelte man dann weiter.

Während »Jubilee Jim« im »Gold Room« wirbelte, war der immer rastlose Gould schon bei seinem nächsten Coup. Sein Büro war wie ein Taubenschlag. Boten kamen gelaufen und liefen davon. Von einem erhielt Gould schließlich die erwartete Nachricht: Butterfield hatte den Befehl erhalten, staatliches Gold zu verkaufen. Gould, dessen Magen inzwischen heftig revoltierte, ging sofort Baisse-Positionen ein. Jede der vierzehn Minuten, die Gould die Nachricht früher bekam als die anderen, soll ihm hunderttausend Dollar gebracht haben. Auf seinen Gemütszustand wies das viele zerrissene Papier hin, das um ihn herum auf dem Boden lag. Fisk stellte später spöttisch fest, daß von Gould nichts mehr übriggeblieben wäre als ein Haufen Kleider und ein Paar Augen.

Wie ein Glockenschlag, der die Geisterstunde beendet, machte ein einziges Wort Schluß mit dem gespenstischen Treiben im »Gold Room«: »Verkauft!«

Unter Aufbietung all seines Mutes hatte James Brown von »James Brown & Company« mit diesem Ausruf Gold verkauft, das er gar nicht besaß. Abrupt kam der Markt zur Besinnung. Und just in dem Moment traf im Börsensaal die Nachricht ein, auf die so viele verzweifelt gewartet hatten: Die amerikanische Regierung hatte beschlossen, Gold zu verkaufen.

Für viele kam die Nachricht zu spät.

Genauso schnell, wie der Goldpreis am Morgen gestiegen war, fiel er jetzt wieder zusammen. Als er bei hundertdreißig war, lief immer noch ein wirrer Albert Speyer herum und

schrie: »Ich kaufe, ich kaufe... zu hundertsechzig.« Am Nachmittag sagte er mit ausgebreiteten Armen: »Ich bin Albert Speyer. Man hat gedroht, mich zu erschießen. Ich bin bereit, erschossen zu werden.« Doch niemand machte von seinem Angebot Gebrauch.
Allmählich breitete sich Stille über dem Schauplatz aus. Hier und da ein Flüstern – und alle paar Minuten der Hammer. Nach den Regeln der Börse wurden Positionen von bankrotten Marktteilnehmern liquidiert. Das Blut der Verlierer schrie nach Rache. Denn hätten sie ihre Positionen nicht hochpreisig eingedeckt, wären sie am Abend vermögende Leute gewesen.
Jim Fisk sollte später über diesen Tag sagen: »Man kann nicht mal ein kleines, unschuldiges Vergnügen haben, ohne daß alle anderen Zeter und Mordio schreien und durchdrehen.«
Gould sprach sein Bedauern über die Vorfälle aus, fühlte sich aber nicht verantwortlich. Er hätte nur alles vorhergesehen.
Gould und Fisk waren am Nachmittag gegangen. Für ein paar Tage verbarrikadierten sie sich aus Furcht vor dem Zorn der empörten Menge in der Oper, die Jim Fisk gehörte. »Wie in guten alten Zeiten«, ulkte der. Als die beiden schließlich unter dem Schutz von Leibwächtern ihr Versteck verließen, stießen sie gleich auf eines ihrer Opfer, Henry S. Smith.
Kochend vor Wut, sprang der Broker auf Gould zu und schrie: »Ich warte auf den Tag, Sir, wo Sie Ihren Lebensunterhalt damit verdienen müssen, daß Sie mit einer Drehorgel und einem Affen durch die Gegend ziehen.«
»Vielleicht werden Sie das erleben, Henry, vielleicht«, antwortete Gould. »Und wenn ich den Affen brauche, Henry, dann werde ich nach Ihnen schicken.«
Als der »Gold Room« am »Schwarzen Freitag« schloß, brodelte es weiter von Gerüchten: Gould sollte dreißig Millionen Dollar verloren haben und Fisk erschossen worden sein. Wer

sich daraufhin vor Freude betrank, tat das aufgrund einer »Ente«.
Viele hätten gern das Leben aus dem kleinen Körper von Jay Gould geschossen. Manche wollten ihn und Fisk lieber an Telegrafenmasten hängen sehen. Die Volksmenge formierte sich, um das eine oder andere in die Tat umzusetzen. Um das zu verhindern, erschien die Polizei auf der Szene. Und in Brooklyn standen Truppen bereit, um notfalls in Wall Street einzumarschieren.
Nachts wölbte sich gewöhnlich Stille und Dunkelheit über Wall Street. Am »Schwarzen Freitag« gellten immer wieder Schreie durch die Nacht, und bis nach Mitternacht warfen Gaslampen ihr bleiches, gespenstisches Licht aus den Fenstern. Erst als die Glocken der Trinity Church den nächsten Tag einläuteten, verließen die letzten Männer den Distrikt. »Jeder mußte seine eigene Leiche wegziehen«, kommentierte Jim Fisk.

An den Nachwehen und bitteren Folgen der Ereignisse hatte das ganze Land zu leiden. Die »Gold Exchange Bank«, deren Clearingstelle für die Abrechnung zuständig war, konnte erst am 22. November 1869 wieder eröffnen.
Das Ansehen von Wall Street hatte schweren Schaden genommen. Eine Lawine von Prozessen folgte dem Beben. Der letzte, an dem Gould beteiligt war, wurde erst im Jahre 1877 entschieden.
Fisk konnte nicht zur Verantwortung gezogen werden, denn er bewies durch Vorlage von Dokumenten, daß die Broker nur für sich selbst gekauft hatten und nicht für ihn. Albert Speyer soll von Gould später eine Leibrente erhalten haben.
Im Kongreß wurde ein Ausschuß eingesetzt, der die Ereignisse vom Schwarzen Freitag untersuchen sollte. Er kam zu dem Schluß, daß Gould der »schuldige Verschwörer bei all diesen kriminellen Vorgängen« gewesen wäre – entschlossen, selbst seine eigenen Partner zu betrügen. Fisk erklärte

vor dem Ausschuß, daß er ein unschuldiges Werkzeug dieses »sonderbaren Mannes« Gould gewesen und irregeführt worden sei. Als Fisk gefragt wurde, wo denn das ganze Geld geblieben wäre, das andere verloren hätten, antwortete er: »Dort, wo das Geißblatt wächst.« Mit dieser Antwort erntete er einmal mehr einen Heiterkeitserfolg. Denn das Geißblatt wurde gern um die »kleinen Seitenhäuser« gepflanzt, um den von dort ausgehenden Gestank zu übertünchen.

Auf Betreiben des späteren Präsidenten James A. Garfield kehrte Amerika zum Goldstandard zurück. Garfields Argumentation: »Solange wir zwei Wertmaßstäbe haben, die beide gesetzlich anerkannt sind, aber im Verhältnis zueinander schwanken, wird die Spekulation in Gold Versuchungen bieten, die zu groß sind, um ihnen zu widerstehen.«

Corbin gehörte zu den großen Verlierern. Für seine Bemühungen erhielt er keinen Cent. Goulds Scheck über hunderttausend Dollar war bei Fisk hängengeblieben. Nach dem Schwarzen Freitag zerriß der ihn einfach. Denn Corbin war zu nichts mehr nutze. Die Corbins mußten New York verlassen, denn dort war Corbin als Anwalt erledigt. So zogen sie nach Jersey City.

Butterfield trat von seinem Posten zurück, bevor man ihn zum Rücktritt zwingen konnte. Dadurch rettete er sein – wenn auch angekratztes – Ansehen. Immerhin, später erhielt er noch einen Orden, die »Congressional Medal of Honor«. Den bekam er allerdings für seine Tapferkeit in der Schlacht von Gaines's Mill.

Auch der *New York Herald* fragte nach dem Verbleib des Geldes. Er kam zu dem Schluß: »Der Satan sitzt selbstgefällig auf der unheiligen Beute.« Zumindest seinem Waffenbruder Fisk gab Gould etwas ab. Vom Goldring waren die meisten Mitspekulanten pleite gegangen. Sie wurden sich selbst überlassen.

Jay Gould spielte noch lange eine bedeutende Rolle an Wall Street. Sobald er an irgend etwas Interesse bekundete, liefen wahre Schockwellen durch den Finanzdistrikt. Er wurde respektiert und gefürchtet. Aber auch er lebte in Furcht. Aus Angst vor Attentätern und Schlägern flitzte er in Wall Street von einem Gebäude zum anderen, wenn er irgendwohin wollte. Nur wenige kannten seine Adresse. Eine Tür, an der sein Name angebracht war, führte in eine Besenkammer. Spuren deuteten darauf hin, daß die Tür öfter eingetreten worden war.

Ruinierte Leute trachteten Gould nach dem Leben. Eines Tages mußte ein Partner ihn drei Tage lang unter einem Boot auf Long Island verbergen und ihm dorthin Essen und Trinken bringen, denn seine Opfer fahndeten überall nach ihm.

Mit »Opfer« unterzeichnete auch ein Mann, der Gould schriftlich empfahl, seinen Frieden mit Gott zu machen. Weitere Briefe machten die Angelegenheit immer dringlicher. Während die Polizei das Postamt beobachtete, wo die Briefe eingeliefert worden waren, gab Gould mehrere Kleinanzeigen auf und versprach »Opfer« finanzielle Hilfe. Schließlich wurde »Opfer« gefaßt. Er bezeichnete sich als ruinierter Spekulant, der nur Aktientips von Gould haben wollte, um sein Schicksal zu wenden.

»Seine Berührung bedeutet Tod.« Das hatte Daniel Drew schon früh über Gould gesagt. Der *New York Herald* sprach aus, was viele nach dem Schwarzen Freitag dachten: »Um eine neue Panik an Wall Street zu vermeiden, wäre es sicherlich das beste, Jay Gould auf ein Schiff zu verfrachten, ihn nach Europa zu schicken und ihn dort festzuhalten – auch unter Einsatz von Gewalt.«

George Crouch, ein Reporter beim *New York Herald*, hatte sich besonders auf »den großen Gorilla der Wall Street, den goldgrapschenden Gould« und »den amphibischen ›Was ist das?‹, den ›ring‹schwänzigen Finanz-Orang-Utan, den Naturforschern und der Welt auch als ›der unverwüstliche Jim Fisk, Junior‹ bekannt« eingeschossen. Er freute sich vor allem darüber, daß Fisk durch »das redliche Bellen des treuesten aller Wachhunde, nämlich der öffentlichen Meinung«, zunehmend nervöser wurde.

Wegen all dieser Angriffe engagierte sich das formidable Paar schließlich einen »Public-Relations-Experten«. Ihre Wahl fiel wohlweislich auf George Crouch, der seiner Zeitung nichts von seinem neuen Job erzählte.
Fisk amüsierte sich mit seiner Oper, den Dampfschiffen und seiner Geliebten. Doch leider hatte seine Josie noch einen anderen Geliebten – und der erschoß Jim Fisk, als er mit schwingendem Cape die Treppe des »Grand Central Hotel« emporschritt. Den Schatten des Todes schon in den Augen, machte Jim Fisk sein Testament. Haupterbin wurde seine Frau Lucy, die – fern von ihrem Mann und seinen vielen *Queens* – in Boston hatte leben müssen. Im Alter von neunzehn Jahren hatte Fisk die plumpe, großherzige Lucy geheiratet. »Nie, nie überrascht sie mich mit einem Besuch. Gott segne sie!« pflegte Fisk zu sagen.
Häufig trifft zu: Man stirbt, wie man lebt, und so wird man auch begraben. Die Beerdigung von Jim Fisk war so glanzvoll wie sein Leben. Als das Neunte Regiment zu seinen Ehren paradierte und eine Zweihundert-Mann-Kapelle dazu spielte, säumten mehr als hunderttausend New Yorker die Straßen. Am nächsten Tag erschien eine Karikatur in der Zeitung: Bekannte Männer, darunter Jay Gould, trauerten am Grab von Jim Fisk. Unter der Zeichnung stand: »Tote erzählen keine Geschichten.«

9 Der Börsenkrach von 1929: »Wenn Sie verrückt sind, bin ich es auch.«

Strahlend blau war der Himmel über Wall Street Ende der zwanziger Jahre. Und entsprechend heiter war die Stimmung der Aktionäre. Wer dieses Idyll störte und auf in der Ferne heraufziehende Wolken hinwies, wurde für nicht ganz richtig im Kopf erklärt. So erging es auch Charles E. Merrill, einem der Gründer der Brokerfirma »Merrill Lynch«. Besorgte Freunde legten ihm nahe, einen Psychiater aufzusuchen. Und das tat er dann auch. Als er dem Arzt seine Argumente vorgetragen hatte, diagnostizierte der: »Charlie, wenn Sie verrückt sind, bin ich es auch.«

An der Börse folgen Aufstieg und Abschwung aufeinander, wie das Ausatmen dem Einatmen folgt. Je tiefer man einatmet, desto mehr Luft muß auch wieder ausgeatmet werden. Aktion und Reaktion... In seinem Buch *The Great Depression* schreibt Lionel Robbins von der angesehenen »London School of Economics«: »Es besteht Einigkeit darüber, daß das einzige Mittel, eine Depression zu verhindern, die Vermeidung eines Booms ist.«
Der Boom der zwanziger Jahre geht auf den Ersten Weltkrieg zurück. Im Jahre 1914 war Amerika das größte Schuldnerland. Aus dem Krieg ging es als Gläubigerland hervor – und als der eigentliche Sieger. Denn die Vereinigten Staaten übernahmen von Großbritannien die Stellung als führende Supermacht. Wirtschaftswissenschaftler hatten erwartet, daß Amerika durch den Beitritt zum Krieg seine Exportmärkte verlieren und daß Ausländer ihr Gold aus New York abziehen würden. Das Gegenteil war der Fall. Die amerikanischen Exporte – insbesondere Waffen und Nahrungsmittel –

stiegen steil an, und europäisches Gold wurde nach Amerika gebracht. Das geschah zum einen aus Sicherheitsüberlegungen, zum anderen, um die von dort gelieferten Waren zu bezahlen.
Nach dem Krieg wurde von den Ökonomen eine Rezession oder gar eine Depression für Amerika erwartet. Doch der Rückgang im Waffengeschäft wurde durch die Käufe von Konsumwaren und durch die Nachfrage nach Produktionsgütern aus dem am Boden liegenden Europa ausgeglichen.
Auch das Heer arbeitsloser Soldaten, das man befürchtet hatte, gab es nicht. Statt dessen waren nicht genügend Arbeitskräfte vorhanden. Deshalb warb die Industrie auch auf dem Land Mitarbeiter an. Infolgedessen lebten im Jahre 1920 zum ersten Mal mehr Amerikaner in der Stadt als auf dem Land.
Der Optimismus im Geschäftsleben spiegelte sich auch an Wall Street wider. Während der *Dow Jones Industrial Average* in den Jahren von 1917 bis 1918 von 99,18 auf 73,38 gefallen war, stieg er bis zum November 1919 auf 119,62. Ein Indexstand, der erst im Dezember 1924 wieder erreicht werden sollte.
Während man im Jahre 1919 noch an eine überschäumende Konjunktur und stark steigende Preise glaubte, fing der Aktienmarkt schon im Dezember 1919 an, in sich zusammenzufallen. Im August 1921 erreichte der *Dow Jones Industrial Average* bei 63,90 seinen tiefsten Stand für die Dekade. Zwischen Mai 1919 und Mai 1920 fielen auch die Großhandelspreise um 42 Prozent. Und über vier Millionen Amerikaner verloren ihre Arbeit.
In so einer Situation sucht man natürlich nach einem Sündenbock, und der wurde in der amerikanischen Notenbank gefunden. Die »Federal Reserve« hatte von November 1919 an den Diskontsatz in schnellen Schritten von vier auf sieben Prozent erhöht. Zwischen Mai und November 1920 ging es dann mit dem Diskontsatz im gleichen Tempo wieder nach unten, zurück auf viereinhalb Prozent. Genau wie die Schuld

an der – kurzen und tiefen – Depression den hohen Zinsen gegeben worden war, führte man die Erholung der Wirtschaft nun auf die Senkung der Zinsen zurück. Damit war ein Mythos der zwanziger Jahre geboren: Niedrige Zinsen sind ein Garant für Wachstum und Wohlstand.

Die »Federal Reserve« hat mit ihrer Zinspolitik in den zwanziger Jahren eine unglückliche Rolle gespielt. Denn als die Spekulation an Wall Street schon lichterloh brannte, schüttete die Notenbank Öl in die Flammen. Im Jahre 1927 senkte sie den Diskontsatz von vier auf dreieinhalb Prozent.

Der Grund für diese Zinssenkung war Winston Churchill gewesen. In Erinnerung an die glorreichen Tage des britischen Weltreichs hatte er als britischer Schatzkanzler (1924 bis 1929) wieder den Goldstandard eingeführt, und zwar zu der völlig unrealistischen Parität von 1914. Deshalb war das britische Pfund im Verhältnis zum Dollar und zum Gold überbewertet, und die britischen Waren waren zu teuer und auf dem Weltmarkt nicht mehr konkurrenzfähig.

In dieser Situation konnten die Briten nicht auch noch hohe Zinsen verkraften. Deshalb baten sie die Amerikaner, auf keinen Fall ihre Zinsen zu erhöhen. Denn so einem Schritt hätten sie trotz ihrer schlechten Wirtschaftslage folgen müssen, um das Geld der Anleger im Lande zu halten. Dennoch floß immer mehr Geld von Europa nach Amerika. Im Jahre 1927 pilgerten deshalb Montagu Norman (der Präsident der »Bank of England«), Hjalmar Schacht (der deutsche Reichsbankpräsident) und Charles Rist (der Vizepräsident der »Banque de France«) gemeinsam nach Amerika und beschworen die »Federal Reserve«, nochmals die Zinsen zu senken. Diesem vereinten Druck gab die amerikanische Notenbank schließlich nach.

Adolph C. Miller, ein Mitglied des »Federal Reserve Board«, trug diese Entscheidung nicht mit. Er nannte die Zinssenkung die »größte und gewagteste Operation, die je von der amerikanischen Notenbank vorgenommen worden ist«. Und Professor Lionel Robbins von der »London School of Eco-

nomics« kam später zu dem Ergebnis: »Von diesem Zeitpunkt an geriet die Entwicklung außer Kontrolle.«
Die Europäer hatten gehofft, daß die Anleger nach der Zinssenkung in Amerika ihr Geld nach Europa bringen würden, wo es attraktivere Zinsen gab. Doch die Anleger dachten gar nicht daran. Sie benutzten das leichte Geld, um noch mehr Aktien auf Kredit zu kaufen.

Leverage hieß das Zauberwort an Wall Street in den zwanziger Jahren, also »Hebelwirkung«. Schon mit zehn Prozent Eigenkapital war man mit Aktien dabei. Aus zehntausend Dollar im Jahre 1921 konnten so bis zum Höhepunkt des Marktes im September 1929 rund sechshunderttausend Dollar geworden sein (wenn man den *Dow Jones Industrial Average* zugrunde legt und die Dividenden auf der einen Seite und die Kreditzinsen auf der anderen Seite unberücksichtigt läßt).
Die Nachfrage nach Krediten wurde immer größer. Schließlich war sie so groß, daß die Zinsen für Tagesgeld auf acht, zehn, zwölf und dann sogar auf zwanzig Prozent stiegen. Bei Kursgewinnen von hundert Prozent spielte das für die Spekulanten keine Rolle. Sie bezahlten die Zinsen mit links.
»Fünfzehn Prozent Zinsen für Spekulationszwecke zu bezahlen, ist keine Spekulation mehr, sondern Irrsinn«, schrieb die *New York Times* dazu.
Selbst in Zeitschriften wie dem *Ladies' Home Journal* wurde für die Börse geworben. »Jeder sollte reich sein«, war da im Jahre 1928 zu lesen. Und dann folgte der Rat, wie das zu erreichen war. Man sollte jeden Monat fünfzehn Dollar sparen und dafür Aktien kaufen. In zwanzig Jahren hätte man dann achtzigtausend Dollar. Das war der langsame Weg.
Um schneller zu Wohlstand zu kommen, konnte man eine Investmentgruppe für *little fellows* gründen. Jeder sollte dort zweihundert Dollar einzahlen und noch dreihundert Dollar Schulden machen. Die Schulden sollten in monatlichen Raten von fünfundzwanzig Dollar abbezahlt werden. Auf die-

se Weise würde jeder Aktien im Wert von fünfhundert Dollar besitzen, obwohl er dafür nur zweihundert Dollar in bar bezahlt hätte.
Zu jeder anderen Zeit hätte man so eine Milchmädchenrechnung lächerlich gefunden, aber das waren eben die zwanziger Jahre in ihrer vollen Blüte – und dann stammte der Rat auch noch von John Jacob Raskob, dem Direktor von »General Motors«.

Was hochgeht, muß höhergehen. Das schien in den zwanziger Jahren nicht nur für die Aktienkurse, sondern auch für die Hebelwirkung zu gelten. Um sie noch wirksamer einzusetzen, bediente man sich der Investment-Trusts. Deren Anteile konnten ebenfalls mit nur zehn Prozent Eigengeld gekauft werden. Die Trusts durften ihrerseits wiederum den Kauf von Aktien und Anteilen an anderen Trusts zu neunzig Prozent finanzieren. Wer bei einem Trust einstieg, brauchte deshalb nur noch einen Tropfen Eigengeld in einem Meer von Kredit.
Manche Gründer von Trusts strichen schon dadurch gewaltige Gewinne ein, daß sie zunächst Aktien für sich selbst kauften, um sie dann zu höheren Kursen an Trusts weiterzureichen. Etliche Trusts wurden von Brokerhäusern ins Leben gerufen. Sie waren für die Wertpapierhändler nicht nur eine ständig sprudelnde Quelle von Kommissionen, sondern oft auch ein Platz, wo Aktien abgeladen werden konnten, die trotz des Booms nicht anderweitig unterzubringen waren.
Die Nachfrage nach neuen Aktien war groß. Jeder wollte bei Neuemissionen dabei sein. Reißerische Anzeigen stimulierten die Nachfrage zusätzlich. Clarence Saunders, Inhaber der »Piggly-Wiggly Company«, gab zum Beispiel eine ganzseitige Zeitungsanzeige auf:

> »Gelegenheit! Gelegenheit!
> Sie klopft! Sie klopft! Sie klopft!
> Hören Sie? Lauschen Sie? Verstehen Sie?

Warten Sie? Handeln Sie jetzt?
Warum eigentlich, fragt der Skeptiker,
kann Clarence Saunders
so großzügig zum Publikum sein?«

Meist stiegen die Kurse der neuen Aktien schon bald nach der Emission. Die Versuchung lag nahe, daraus ein besonderes Geschäft zu machen und gleichzeitig wichtige Leute zu schmieren. Aus diesem Grund wurde das »Zwei-Preise-System« eingeführt. Danach konnten zum Beispiel im Jahre 1927 Anleger, die auf der bevorzugten Liste standen, neue Aktien von »Johns-Manville« zu Kursen zwischen 47,50 und 57,50 Dollar kaufen, während der »kleine Mann« 79 Dollar bezahlen mußte.

Pool operators (Pool-Manager) standen beim Publikum seltsamerweise in hohem Ansehen. Dabei waren gerade sie es, die die Kleinen hereinlegten. Zu Pools schlossen sich reiche Leute zusammen, die häufig zig Millionen Dollar zusammenbrachten. Ein Mann mit dem richtigen Gespür für den Markt kaufte dann behutsam Aktien einer Gesellschaft auf. Waren die geplanten Käufe abgeschlossen, brach bei der Aktie die Hölle los. Der Aktienkurs sprang in heftigen Sätzen in die Höhe. Als Käufer und Verkäufer waren über verschiedene Broker Mitglieder des Pools auf dem Markt. Sie machten weder Gewinn noch Verlust bei diesen *»wash sales«*, wie sie es nannten; aber sie lenkten die Aufmerksamkeit des Publikums auf ihre Aktie und trieben deren Kurs in die Höhe. Häufig wurden durch *tipster* (meist bezahlte Tipverteiler) auch noch Gerüchte verbreitet, um dem Aktienkurs zusätzlich Auftrieb zu geben. Während sich das Publikum um die so manipulierten *whisper stocks* (Flüster-Aktien) riß, machte der *pool operator* den Stöpsel auf, und durch den Verkauf ihrer jetzt teuren Aktien floß den Mitgliedern viel Geld in die Taschen.
Einer der berühmtesten *pool operators* war William Crapo

Durant. Im Jahre 1886 hatte er eine gutgehende Kutschenfabrik in Michigan gekauft und im Jahre 1905 die angeschlagene Automobilfabrik »Buick Motor Company«. Anfang des zwanzigsten Jahrhunderts gab es fast fünfzig Autohersteller in Amerika. Das waren, so fand Durant, entschieden zu viele. Deshalb fing seine Gruppe an, andere Autofirmen aufzukaufen, darunter die »Cadillac Motor Company«, die »Olds Motor Company«, die »Marquette Company«... Alle diese Einzelfirmen wurden unter Durants Leitung zu einer Superfirma zusammengefaßt, zur »General Motors Company«.
Als der Autoabsatz im Jahre 1920 ins Stocken geriet, mußte Durant den Chefsessel von »General Motors« räumen. Da er wegen seiner vielen Akquisitionen hochverschuldet war, mußte er den Banken auch noch den größten Teil seiner »General-Motors«-Aktien überlassen.
Bereits im Jahre 1921 gründete er wieder eine neue Gesellschaft, die »Durant Motor Company«. Nach einem Jahr hatte die Gesellschaft mehr Aktionäre als jedes andere amerikanische Unternehmen – mit Ausnahme des Telefongiganten »American Telephone & Telegraph« (ATT).
Nur wenige Autos verließen das Fließband der neuen Fabrik. Denn Durant beschäftigte sich lieber mit der Börse. Dabei benutzte er die Automobilgesellschaft als gigantische Geldsammelstelle. Es gab Zeiten, in denen er über eine Milliarde Dollar verwaltete und sein eigenes Vermögen Monat für Monat verdoppelte. Anfang 1929 besaß er rund hundert Millionen Dollar – Ende 1930 besaß er nichts mehr. Im Jahre 1939 wurde er in Flint, Michigan, gesehen, als er ein Bowling-Zentrum mit achtzehn Bahnen eröffnete. »Ich bin der reichste Mann der Welt«, sagte er, »an Freunden.«

Ivar Kreuger kam damals extra aus Schweden, um die Amerikaner hereinzulegen. In seinem Heimatland war er der Zündholzkönig. Seine Fabriken produzierten damals weltweit zwei Drittel aller Zündhölzer. Das Sicherheitsstreichholz war in Schweden erfunden worden, wo Kreugers Vater drei Zündholzfabriken besessen hatte. Die internationalen Gesellschaften des Sohnes wurden von der »Kreuger & Toll« kontrolliert, deren bedeutendste Tochtergesellschaft die »International Match« war.

Im Boom der zwanziger Jahre erklärte Kreuger sich bereit, ein paar Aktien dieser beiden Gesellschaften zu verkaufen. Die Amerikaner rissen sich um diese Exoten. Zwischen 1923 und 1929 verkaufte Kreuger ihnen Aktien im Wert von 148,5 Millionen Dollar. 144 Millionen Dollar davon transferierte er nach Europa, wo das Geld auf Nimmerwiedersehen verschwand.

Kreuger hatte drei Prinzipien: schweigen, noch mehr schweigen und noch viel mehr schweigen. Auskunftsverlangen von Investoren beantwortete Kreuger mit kurzen Telegrammen. Zum Beispiel: »Bezüglich Atlas: Eine persönliche Überprüfung der Bücher hat ergeben, daß wir dort im Augenblick einen Überschuß von hundertfünfzigtausend Dollar haben.« Niemandem war es erlaubt, einen Blick in Kreugers Bücher zu werfen. Das beunruhigte die amerikanischen Anleger jedoch nicht, denn sie konnten ständig Erfolgsgeschichten über ihn in den Zeitungen lesen. Diese Geschichten lancierte Kreuger selbst in die Presse, denn er fand das billiger als jede Werbung.

»Wir haben so viel Geld hier«, schrieb er einmal an seine New Yorker Banken und überwies das Geld für die Dividenden ein paar Tage zu früh. Selbst im Jahre 1931 schien er noch im Geld zu rudern, denn »aus Versehen« bezahlte er hundertfünfzigtausend Dollar zuviel ans Finanzamt. Auch das konnte man natürlich in der Zeitung lesen.

In Wirklichkeit aber brauchte Kreuger damals selbst Geld. Denn er mußte das Geld für die wahrscheinlich zu großzügig bemessene Dividende von elf Prozent aufbringen, und die Länder, in denen er das Zündholzmonopol hatte, erwarteten als Gegenleistung Darlehen.

Um die Maschinerie in Gang zu halten, griff Kreuger schließlich zu Urkundenfälschung und Betrug. Dabei ging er so

schludrig vor, daß zum Beispiel bei italienischen Anleihen im Wert von 143 Millionen Dollar die Unterschrift des Finanzdirektors Giovanni Boselli immer wieder anders ausfiel.
Selbst ein Strohhalm kann ein Kamel in die Knie zwingen, wenn es vorher schon stark beladen war. So erging es auch Ivar Kreuger, als einer seiner Deals im Wert von elf Millionen Dollar platzte. »Ich kann nicht mehr denken«, stöhnte er. »Ich werde verrückt.«
Ehe das aber passierte, erschoß er sich in seinem Pariser Appartement. Es war am 12. März 1932, einem Sonnabendmorgen, um elf Uhr. Wirtschaftsprüfer setzten die Mosaiksteine von Kreugers Imperium zusammen. Das vollständige Bild ergab Erschütterndes: »Kreuger & Toll« und »International Match« waren pleite, und gegen Kreuger persönlich bestanden Forderungen in Höhe von über einer Milliarde Dollar.

Der Traum von endlos steigenden Aktienkursen schien auch einen realen Hintergrund zu haben. Denn nicht nur die Aktienkurse an Wall Street stiegen, sondern auch die Gewinne der amerikanischen Gesellschaften. Mit ein Grund dafür war, daß in den Jahren 1918 bis 1928 die Produktivität wesentlich schneller stieg als die Löhne. Das schlug sich in besseren Bilanzen nieder, und das wiederum zog immer neues Geld an die Börse. Gelegentliche Streiks der »vergessenen« Arbeiter wurden als Teufelswerk der Kommunistischen Partei angeprangert: »Rotes Russentum erhebt seine blutbesudelten Hände...« Entsprechend hart ging man gegen die »verabscheuungswürdigen Köter und Schlangen aus den Kaschemmen« vor. Arbeitnehmer russischer Abstammung wurden teilweise ohne viel Federlesens nach Rußland abgeschoben.
Für den Durchschnittsamerikaner waren die wilden zwanziger Jahre eine Zeit der Gesetzlosigkeit, der Ausgelassenheit, der Vergnügungen. Anfang des Jahrzehnts, als plötzlich die Knöchel der Frauen unter ihren sackartigen Kleidern zu

sehen waren, hatte sich die Kirche noch gegen diese »übermäßige Nacktheit« gestemmt. Doch je höher der Rocksaum beim Charleston-Look stieg, desto mehr verschlug es der Kirche die Sprache. Ohne Rücksicht auf die Gottesmänner zu nehmen, lebten die Menschen ihre zügellose Zeit aus.
Der Dramatiker Ben Hecht schrieb: »Die Leute sangen lauter, tranken mehr, tanzten länger und verausgabten sich in jeder Hinsicht. Sie trieben es in Badehütten, auf Bedientensitzen, unter Bretterpromenaden am Strand ...«
Und überall trällerte man Irving Berlins Lied *»Everybody's Doing It«* (»Jedermann tut es«).
Paradoxerweise gab es damals eine besonders spießige Zensur in Amerika. Mißmutig schrieb der Schriftsteller Ernest Hemingway an seinen Lektor: »Wenn Sie meinen, daß ›Eier‹ nicht druckfähig ist; wie wär's denn dann mit ›Ei.r‹?«
Die zwanziger Jahre waren eben eine Zeit voller Widersprüche. Alkohol zum Beispiel war von 1919 bis 1933 streng verboten. In den sogenannten *speakeasies* (Flüsterkneipen) pumpten sich die Leute trotzdem mit dem Fusel voll, der »Rauch« oder »Weißes Maultier« genannt wurde. Wegen der vielen Schnapsleichen hatte der oberste Leichenbeschauer der Stadt bereits gewarnt, daß es »heutzutage keinen sicheren Drink gibt«.
Gesetze, deren Sinn die Menschen nicht begreifen, werden umgangen. Eindeutiger Gewinner der Prohibition war das organisierte Verbrechertum und dabei allen voran Alfonso (»Al«) Capone (1899–1947). Das »Narbengesicht« empfand sich als Wohltäter der Menschheit. Denn schließlich, so sagte er, nähme er es auf sich, das Leben eines Gehetzten zu führen, nur um den Leuten die leichten Freuden des Lebens zu verschaffen.
Der Gangsterboß befehligte rund tausend »Soldaten«. Außerdem hörten etliche Kriminalbeamte und Politiker auf sein Kommando. Er besaß Spielhöllen, Flüsterkneipen, Rennbahnen, Bordelle, Gewerkschaften, Unternehmen ... fast alles hatte er – nur keine Lebensversicherung. Sämtliche

Gesellschaften hatten sich geweigert, ihn zu versichern. Capone besaß auch keine Aktien. »Das ist doch eine einzige Gaunerei«, war seine Meinung über Wall Street. »Diese Typen dort sind doch alle link.«
Chicago war damals eine vollkommen korrupte Stadt. Vom Vorort Cicero aus leitete der wie ein Gorilla auf seine Zeitgenossen wirkende Capone sein Imperium. Sein Überlebensgeheimnis war wahrscheinlich, daß er schneller und präziser mordete als andere. Zum Beispiel lud er drei sizilianische Partner zum Dinner ein, von denen er wußte, daß sie ein Komplott gegen ihn geplant hatten. Nachdem er sie königlich bewirtet hatte, ließ er die verdutzten Gäste blitzschnell mit Drähten an die Stühle fesseln und knebeln. Dann griff er mit seinen großen Händen nach einem Baseballschläger und schlug einen nach dem anderen tot. Zur Sicherheit ließ er ihnen noch den traditionellen Fangschuß in den Kopf geben.
Präsident Herbert Hoover (1874–1964) hatte einen besonderen Pik auf Capone. Sogar beim morgendlichen Medizinballwerfen beschäftigte er sich noch in Gedanken mit ihm. Manchmal tat der Gangster dem Präsidenten den Gefallen und ließ sich von der Polizei »fangen«. Das war immer dann der Fall, wenn er sich in einer staatlich bewachten Gefängniszelle sicherer fühlte als draußen. Nachweisen konnte man ihm in so einem Fall aber immer nur Vergehen wie das »verborgene Tragen einer Waffe«.
Im Jahre 1931 jedoch wurde er wegen Steuerhinterziehung zu elf Jahren Gefängnis und zu einer Geldstrafe von fünfzigtausend Dollar verurteilt. Das war die bis dahin höchste Geldstrafe für einen Steuersünder in Amerika. Nach einer Gehirnblutung trat Capone im Alter von achtundvierzig Jahren dann vor seinen letzten Richter.

In den zwanziger Jahren erfuhr der Lebensstil der Amerikaner eine grundlegende Änderung. Denn damals wurde die moderne Werbung erfunden. Die Folge waren Massenkonsum und Massenproduktion.

Die Werbefachleute verstanden es, immer neue Bedürfnisse bei den Menschen zu wecken, zum Beispiel nach Kosmetika, Vitaminen und Zigaretten.
Ein großer Verführer war auch die Filmindustrie. In den Filmen mit Rudolph Valentino und Gloria Swanson wurde den abgearbeiteten Leuten im dunklen Saal ein Leben gezeigt, das soviel mehr bot als ihr eigenes. Das Ergebnis war, daß auch die Verbraucher sich hoch verschuldeten. *»God Bless America«* hieß damals ein vielgesungenes Lied von Irving Berlin.
Vorreiter in der Werbung war Bruce Barton gewesen. Im Jahre 1924 war er durch sein Buch *The Man Nobody Knows* (»Der Mann, den keiner kennt«) bekanntgeworden. In den Jahren 1925 und 1926 wurde das Buch zum absoluten Bestseller. In ihm heißt es: »Eines Tages wird jemand ein Buch über Jesus schreiben. Jeder Geschäftsmann wird es lesen und seinen Partnern und Verkäufern schenken. Denn es wird die Geschichte des Gründers des modernen Geschäftslebens sein.«
In Bartons Augen war Jesus »kein Schwächling und Träumer, der nur an das Jenseits dachte«, sondern ein Mann, der »zwölf Männer von den untersten Schichten des Geschäftslebens aufgelesen und sie dann zu einer Organisation zusammengeschmiedet hat, die die Welt eroberte«.
Obwohl das Buch nicht das spezielle Timbre der zwanziger Jahre widergab, war es doch typisch für den damaligen Zeitgeist. Unbesorgt sollten die Menschen ihr irdisches Leben genießen – und dabei würde ihnen die Wirtschaft helfen.
Seit dem Ende des Bürgerkriegs im Jahre 1865 herrschte in Amerika das Prinzip der Gleichheit. Damit war nicht die Gleichheit des Besitzes oder des sozialen Status gemeint, sondern die Gleichheit der Chancen. Jeder sollte die gleiche Möglichkeit haben, das Beste aus seinem Leben zu machen. Das wäre dann auch das Beste für Amerika.
Die Maxime des Laissez-faire entsprach damals den Vorstellungen der meisten Amerikaner. Die gleiche Auffassung fand

sich in den Erklärungen der damaligen Präsidenten. Warren Harding forderte *»less government in business and more business in government«*. Sein Nachfolger, Calvin Coolidge, machte deutlich: *»The business of America is business«*. Und Herbert Hoover proklamierte die *»New Era«*, »in der die geschäftliche Zusammenarbeit, unterstützt von der Regierung und geleitet von wissenschaftlichen Prinzipien, zu Wohlstand für die Nation und zu größerer Freiheit in allen Lebensbereichen führen würde«.

Seine Wahl hatte Hoover damit gewonnen, daß er die Zukunft als »strahlend vor Hoffnung« bezeichnete. Tief in seinem Innersten scheint er davon nicht überzeugt gewesen zu sein, denn Anfang 1929 verkaufte er alle seine Aktien und kaufte dafür »goldgeränderte Anleihen«.

Manchen Spekulanten war durchaus bewußt, daß das verrückte Kaufen von A.O.T. (*Any Old Thing* – Jedes alte Ding) nicht endlos weitergehen konnte. Und trotzdem wurden warnende Stimmen überhört. Insbesondere Alexander Dana Noyes, Wirtschaftsredakteur bei der *New York Times*, wies wieder und wieder auf die zunehmenden Schwachstellen in der Wirtschaft hin. Doch damit schrieb er ins Leere.

Dafür hörten die Leute auf diejenigen, die auf Newton Plummers »Scheckliste« standen. Der Werbefachmann wurde von Pools engagiert, um »Geschichten« in die Zeitungen zu lancieren. Unter denen, die auf Plummers Liste standen, waren Mitarbeiter von *The Wall Street Journal*, der *New York Times* und der *New York Herald Tribune*. Als später alles aufflog, wurden diejenigen, die Schecks von Plummer bekommen hatten, entlassen, aber nicht angeklagt.

Das Jahr 1928 wurde mit einem Konfettiregen verabschiedet. Es war ein gutes Jahr für Börsianer gewesen. Der *Dow Jones Industrial Average* war von 202,40 auf 300,00 gestiegen.

Am Neujahrstag blieb die Börse geschlossen. Die Zeitungen waren voller Geschichten über Polizeirazzien, die in der Sylvesternacht in den *speakeasies* durchgeführt worden waren.

Wall Street während des Crashs von 1884.
Im Hintergrund die Trinity Church.
(Archive Photos)

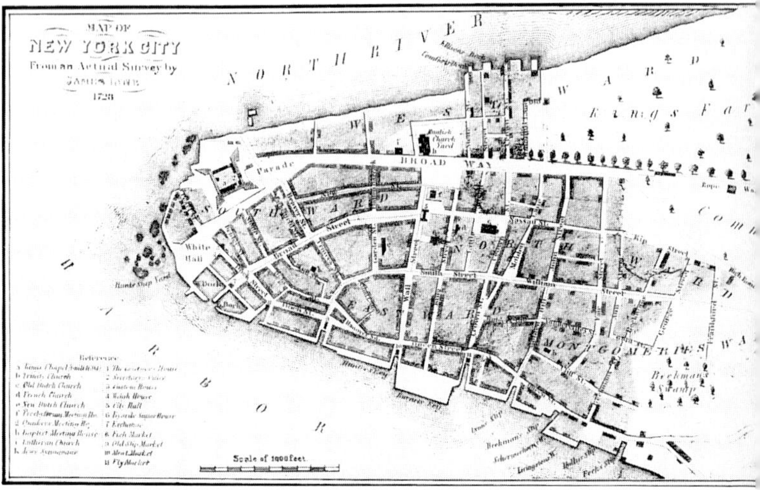

New York 1728.
(Archive Photos)

Die Anfänge der Wall Street im 17. Jahrhundert:
Gouverneur Peter Stuyvesant (mit Holzbein).
(Archive Photos)

Börsensaal im 19. Jahrhundert: Damals konnte man noch von einem Sitz aus das Geschehen verfolgen – oder auch beeinflussen. (Archive Photos/American Stock)

Broker, die mit »Seifenblasen« handelten, verschwanden oft über Nacht.
(Archive Photos/American Stock)

Spekulanten drängen sich am Ticker,
um neueste Informationen in Profite zu verwandeln.
(Archive Photos/American Stock)

Kunden lösen Coupons in einem Brokerbüro ein.
(Archive Photos/American Stock)

Einer von vielen, die Wall-Street-Geschichte machten:
Jesse Livermore, der Mann, der »Kühe bei Mondlicht kaufte«.
(Archive Photos)

Im Ersten Weltkrieg ging es an der Börse oft beschaulich zu.
(Archive Photos/Edwin Levick)

Blick in die Wall Street während der »Roaring Twenties«.
(Archiv für Kunst und Geschichte)

Oktober 1929: Während des Schwarzen Montags kommt es zu Zusammenrottungen vor der Börse ...
(Archive Photos)

... die erst durch massive Polizeieinsätze aufgelöst werden können.
(Archiv für Kunst und Geschichte)

Hektik in der Börse, Foto vom Oktober 1987. (dpa-Bild)

Wall Street am Ende?
Noch lange nicht – Totgesagte leben bekanntlich länger.
(dpa-Bild)

In Gruppen von jeweils zehn Mann hatten Polizisten Tausende dieser Kneipen gestürmt, um vor allem nach Alkohol zu forschen. »So lange die Aktienkurse steigen, zählt nichts anderes«, schrieb die Tageszeitung *New York World.*
Nichts deutete darauf hin, daß 1929 ein besonderes Jahr werden würde. *Im Westen nichts Neues* hieß auch das Buch von Erich Maria Remarque, das zum Romanerfolg des Jahres werden sollte. Es ist die Geschichte einer Generation von Männern, »die vom Krieg zerstört wurde – auch wenn sie seinen Granaten entkam«.
In den ersten fünf Monaten des Jahres 1929 machten nur einzelne Aktien größere Bewegungen, nicht aber die Indizes. Doch dann ging es auch bei ihnen mit dem alten Feuer weiter, das jetzt höher und schöner brannte als jemals zuvor. Der *Dow Jones Industrial Average* stieg von 290,02 am 31. Mai 1929 bis auf 386,10 am 3. September 1929. Das war ein Anstieg um dreiunddreißig Prozent innerhalb von fünfundneunzig Tagen.

Große Bewegungen beginnen meist mit kleinen. Und so begann der Fall von Wall Street mit dem sogenannten *Babson Break* vom 5. September 1929. Roger Babson, der sich für Statistik und die Börse interessierte, hatte am Tag zuvor einen Crash an Wall Street vorhergesagt. »Er könnte sagenhaft werden.« Nach Babsons Meinung würde der *Dow Jones Industrial Average* um sechzig bis achtzig Punkte fallen, und als Folge davon »werden Fabriken schließen... Männer arbeitslos werden... der ganze Teufelskreis wird in freien Lauf geraten, und das Ergebnis wird eine schwere Depression sein.«
Im nachhinein betrachtet, war Babsons Prognose noch moderat; denn von seinem Höhepunkt im Jahre 1929 bis zu seinem Tiefpunkt im Jahre 1932 verlor der *Dow Jones Industrial Average* insgesamt 345,54 Punkte.
Im Herbst 1929 wurde Babson für den Börsenkrach verantwortlich gemacht. Er wurde als unpatriotischer Geselle

beschimpft und bedroht. Erst als die Kurse immer tiefer sackten, wurde den Menschen klar, daß niemand allein einen solchen Kurssturz verursachen konnte.
Das Magazin *Barron's* versuchte, die nach dem Break von Panik erfüllten Anleger zu beruhigen. Wem Babsons Fehlprognosen aus der Vergangenheit bekannt wären, so argumentierte das Blatt, könnte ihn unmöglich ernst nehmen. Tatsächlich hatte Babson schon mehrfach einen Zusammenbruch an Wall Street vorhergesagt. Keine der früheren Vorhersagen hatte jedoch Schlagzeilen gemacht. Seine Prognose, die zur Schlagzeile geworden war, führte jedenfalls zu einem unmittelbaren Kursrückgang von 2,6 Prozent.
Der nächste größere Schlag folgte am 3. Oktober 1929. Der Markt fiel ohne jede Vorwarnung um 4,2 Prozent. *Margin calls* gingen heraus: Verschuldete Anleger wurden gebeten, Geld nachzuschießen. Doch zu der Zeit folgten noch gute Tage den schlechten. Und das veranlaßte Professor Irving Fisher (1867–1947) von der Yale University am 15. Oktober 1929 zu der Feststellung, daß der Markt nun wohl auf einem dauerhaft hohen Niveau bleiben würde.
Das Dauerhaft dauerte genau zwei Tage.

Manche Wall Streeter glauben, daß die Aktienkurse steigen, wenn es in New York für die Jahreszeit überdurchschnittlich warm ist. Vorsicht ist dagegen bei extremer Kälte geboten. Am Abend des 17. Oktober 1929 fegte ein eisiger Sturm über die Stadt, und Böen mit einer Geschwindigkeit von rund hundert Stundenkilometern entwurzelten Bäume. In den Straßenschlitzen zwischen den Wolkenkratzern wirbelte Schnee, und die Temperaturen sanken auf ein Rekordtief. Am nächsten Tag, dem 18. Oktober 1929, brach der Markt ein – und mit ihm die ganze Spekulation, die sich, schwer beladen mit Schuld, auf dünnem Eis bewegt hatte.
Daß der Markt ernsthaft angeschlagen war, wurde auch den größten Optimisten am 24. Oktober 1929, dem »Schwarzen Donnerstag«, bewußt. Als die Börse um zehn Uhr öffnete,

brach ein Unwetter über dem Börsensaal los. Von überall her regnete es Aktien. Gute Aktien, schlechte Aktien – alle sollten verkauft werden.
»Verkaufen! Verkaufen!« schallte es nicht nur im Finanzdistrikt, sondern im ganzen Land. Durch den schwindelerregenden Fall wurden auch immer mehr Stop-Loss-Aufträge ausgelöst, die zu immer neuen Verkaufswellen führten. Einigen Verzweifelten in der Börse blieb der Entsetzensschrei in der Kehle stecken; andere stießen markerschütternde Laute aus, wobei dem einen oder anderen auch das Gebiß aus dem Mund geflogen sein soll.
Draußen waren Einsatzfahrzeuge der Polizei aufgefahren, die notfalls den Zugang zur Wall Street blockieren sollten. Hilflose Menschen mit leeren Gesichtern liefen ziellos auf den Straßen herum.
Winston Churchill war wohl der prominenteste Beobachter des Debakels. Als er an dem Tag zufällig durch die Wall Street schlenderte, wurde er erkannt und mit auf die Zuschauergalerie der »New York Stock Exchange« genommen. Als er dort ankam, war Ohnmacht in der Börse eingekehrt. Aktien ließen sich überhaupt nicht mehr verkaufen, zu keinem Preis. Darüber schrieb Churchill in seinen *Amerikanischen Impressionen*: »Das Schauspiel, das sich mir bot, war von überraschender Ruhe und Ordnung. Diesen Herren ist es strengstens verboten, sich ungebührlich zu benehmen. So gingen sie denn von einem zum anderen – es war wie ein Zeitlupenfilm von einem aufgescheuchten Ameisenhaufen – und boten sich gegenseitig Berge von Aktien an, zu einem Drittel der alten Kurse und zur Hälfte ihres tatsächlichen Wertes.«
Daß seine Politik als britischer Schatzkanzler mitverantwortlich gewesen war für den Boom an Wall Street und den anschließenden Fall, ist ihm wahrscheinlich gar nicht bewußt geworden. Als Anleger an der Börse traf Churchill sehr eigenwillige Entscheidungen. »Simmons«-Aktien kaufte er zum Beispiel, weil er sich vom Werbeslogan dieser Firma so

sehr angesprochen fühlte: »Auf einer Simmons-Matratze kann dir nichts schiefgehen!«
Als die Zuschauergalerie um halb ein Uhr geschlossen wurde, gerieten die Spekulanten in Panik. Sie dachten an das Jahr 1914 zurück, wo die »New York Stock Exchange« nach dem Ausbruch des Ersten Weltkriegs erst einmal dichtgemacht wurde. Tatsächlich hatte man die Schließung der Börse auch am »Schwarzen Donnerstag« erwogen, sich nach reiflicher Überlegung aber dagegen entschieden. Denn die Börse sollte beweisen, daß sie auch an Krisentagen funktionsfähig ist.

Noch einmal gelang es, das Schicksal aufzuhalten. Richard Whitney, Broker bei »J. P. Morgan and Company« und Vizepräsident der »New York Stock Exchange«, kaufte gegen Mittag im Auftrag eines Bankenkonsortiums Aktien, wobei er die Kurse nach oben bot. Der hochgewachsene und aristokratisch aussehende Whitney wurde später Präsident der »New York Stock Exchange« – und dann Häftling in Sing-Sing. Das erste wegen seines heroischen Auftretens während des Crashs, das zweite wegen Betrugs.
Am Abend des 24. Oktober 1929 wurde zufällig das Lied *»Happy Days Are Here Again«* uraufgeführt. »Ein Lied für Leichen«, sagte der Sänger George Olson, als er die Noten verteilte. Nach ein paar Refrains fielen die »Leichen« jedoch ein, und bald hallte das ganze Foyer des »Pennsylvania Hotels« von dem Song wider. Man sagt, der eine oder andere hätte das Lied noch auf den Lippen gehabt, als er sich umbrachte.
Durch die Einführung der *Talkies* (Tonfilme) war der Broadway in eine schwere Krise geraten. Die Leute gingen lieber ins Kino, um sich die Tonfilme anzusehen, als ins Theater zu gehen. Durch den Börsenkrach war die Situation für die Theater noch schwieriger geworden. Nur das »Palace Theatre« florierte. Dort sang man Abend für Abend: »Geld zum Verbrennen, Geld zum Verdienen, Geld zum Wegwerfen, Geld

für dich und Geld für sie. *Hurra*...« Und dann wurde Theatergeld im »Wert« von Hunderttausenden von Dollar ins Publikum geworfen. Die Leute fanden's herrlich. »Endlich wieder Geld in den Taschen.«

Churchill, der damals gerade im »Savoy-Plaza Hotel« wohnte, »entdeckte genau unter seinem Fenster einen Mann, der aus dem fünfzehnten Stock gesprungen war und... der jetzt wie ein Fladen auf der Straße lag. Etliche Leute scheinen auf die gleiche Art und Weise das Gleichgewicht verloren zu haben.«

Der Wirtschaftswissenschaftler John K. Galbraith weist in seinem Buch *The Great Crash 1929* darauf hin, daß es sich bei den Fensterstürzen um einen Teil der Legende handelt, die sich um den Börsenkrach von 1929 gebildet hat. Niemand stand im Herbst 1929 an den Fenstern Schlange, um herauszuspringen, und Fußgänger mußten nicht ständig nach oben sehen aus Angst, von einem herunterfliegenden Finanzier getroffen zu werden.

Einige Spekulanten brachten sich tatsächlich um. Zwei Männer sprangen zum Beispiel Hand in Hand vom »Ritz« (sie hatten ein Gemeinschaftskonto). Ein Selbstmordkandidat warf sich in den Schuylkill River. Als er gurgelnd im Wasser verschwand, überlegte er es sich jedoch anders und beschloß, sich doch retten zu lassen. Einige Spekulanten schossen sich wegen »extremer Erschöpfung« in den Kopf, eine Frau sich ins Herz. Die beliebteste Selbstmordmethode war jedoch die Gasvergiftung. Den Gashahn drehte unter anderem der Direktor der »Rochester Gas and Electric Company« auf. Ein Mann schrieb, bevor er sich umbrachte, auf einen Zettel: »Ich hinterlasse meinen Körper der Wissenschaft, meine Seele Andrew W. Mellon (dem damaligen Finanzminister) und mein Mitgefühl meinen Gläubigern.«

Im Oktober und November 1929 starben 2675 Amerikaner durch Selbstmord. Diese Zahl lag im Normalbereich. Erst im Verlauf der Depression nahm die Selbstmordquote zu. Im Jahre 1932 erreichte sie einen Höhepunkt.

Am Freitag, dem 25. Oktober 1929, stieg der *Dow Jones Industrial Average* um fast zwei Punkte. Dieser Tag wird fälschlicherweise oft als »Schwarzer Freitag« bezeichnet. Im Jahre 1929 hat es an Wall Street eine Reihe schwarzer Tage gegeben; ein »Schwarzer Freitag« war aber nicht dabei.
Am Wochenende schien sich die ganze Aktion verlagert zu haben. Wahrscheinlich haben niemals zuvor so viele Leute in so kurzer Zeit erklärt, wie gesund die Wirtschaft sei. Am rührigsten waren die Brokerhäuser. Sie hatten mit ihren Tips dafür gesorgt, daß die Leute Aktien gekauft hatten. Jetzt war nicht nur die Lage der Kunden prekär, sondern auch ihre eigene. Denn sie fürchteten um die Rückzahlung der Kredite. Um den Fall der Aktienkurse zu stoppen, wurde von den Brokerfirmen eine konzertierte Anzeigenkampagne beschlossen.
Die Anzeigen erschienen am Montag, dem 28. Oktober 1929 – an dem Tag, als das Desaster erst richtig begann und der als »Schwarzer Montag« in die Annalen von Wall Street einging. Der *Dow Jones Industrial Average* stürzte geradezu senkrecht ab. Er schloß bei 260,64 nach 298,97 am Sonnabend.
»Lest und weint!« riefen die Zeitungsjungen auf den Straßen; und *Variety*, das Wochenmagazin der Unterhaltungsbranche, brachte die despektierliche Schlagzeile: *»Wall Street legt ein Ei.«*
Wall Street legte noch weitere Eier. Am nächsten Tag, dem »Schwarzen Dienstag«, fiel der *Dow Jones Industrial Average* auf 230,07. In aller Eile beschlossen etliche Gesellschaften eine Erhöhung ihrer Dividende und die Zahlung eines Bonus. Und am Mittwoch gaben die Rockefellers bekannt, daß sie die günstigen Kurse zu Anschaffungen nutzten.
»Kein Wunder«, sagte man an Wall Street. »Wer außer ihnen hat jetzt noch Geld?« Innerhalb von zwei Tagen stieg der Index um neunzehn Prozent.
Doch damit war das Debakel noch nicht beendet. Erst am 13. November 1929 erreichte der *Dow Jones Industrial Average* beim Stand von 195,35 einen vorläufigen Tiefpunkt.
»Wahrscheinlich wird niemand von dieser Generation in der

Lage sein«, schrieb die *New York Times*, »jemals wieder den Ausdruck ›gesunde Reaktion‹ in den Mund zu nehmen.«

Einige wenige hatten ihre Träume festhalten können. Zu ihnen gehörte der Charakterkomiker Charlie Chaplin, der Anfang 1929 alle seine Aktien verkaufte. Er hatte zufällig in einem Buch gelesen, daß die Arbeitslosigkeit der entscheidende Gradmesser für die Wirtschaft wäre. Und da er wußte, daß Amerika vier Millionen Arbeitslose hatte, stieg er aus seinen Aktien aus.
Einer der größten Baisse-Spekulanten in der damaligen Zeit soll Joseph P. Kennedy, der Vater des Präsidenten John F. Kennedy, gewesen sein. Nach Aussagen seiner Geliebten Gloria Swanson soll er sich im November 1929 vor Freude auf die Schenkel gehauen haben, während er darauf wartete, die vorher verkauften Aktien zu Spottpreisen zurückzukaufen.
Obwohl Kennedy in einem der besten Internate Bostons erzogen worden war und Harvard besucht hatte, wurde er sein ganzes Leben lang von Minderwertigkeitskomplexen wegen seiner irischen Herkunft geplagt. Das trieb ihn aber auch, es den »elitären Yankees von Neuengland« zu zeigen. »Hier stehe ich, der Junge aus Ost-Boston, und habe sie geschlagen«, soll er seinen Söhnen gesagt haben.
Seine Devise an der Börse war: »Nur ein Narr wartet auf den Super-Dollar.« Getreu diesem Spruch hatte er alle seine Aktien verkauft.

Viele Spekulanten jedoch waren durch den Crash arm geworden, weitere fürchteten, es zu werden. Nicht ohne Grund, denn der Crash vom Oktober 1929 sollte sich als bloßes Vorspiel erweisen. Bis zum 16. April 1930 glich der *Dow Jones Industrial Average* die Hälfte der Talfahrt aus. Bei einem Indexstand von 297,25 fing der horrende Bärenmarkt jedoch wieder an. Weniger spektakulär war das dieses Mal, aber im Endergebnis um vieles schlimmer. Spiralförmig trieben die Aktienkurse nach unten.

Am 8. Juli 1932 erreichte der *Dow Jones Industrial Average* bei 40,56 seinen tiefsten Stand. Seit dem Rekord vom 3. September 1929, der erst im November 1954 überboten werden sollte, war der Index um fast neunzig Prozent gefallen – etwa gleich viel wie der Kurs der »South Sea Company« im Jahre 1720 in England und der Preis für eine Tulpenzwiebel der Sorte »Semper Augustus« im Jahre 1637 in Holland.

10 Der Börsenkrach von 1987: »Alles ist möglich!«

»Manchmal, bevor ich einschlafe, lache ich laut und strample mit den Beinen – wegen der Absurdität all diesen Glücks –, über Nacht vom Anfängerphilosophen zum Schlitzohr der wirklichen Welt zu werden. Wann sonst in der Geschichte der Menschheit konnte ein junger Mann, der gerade ein paar Jahre aus der Schule ist, wirklich reich werden, ohne ein persönliches Risiko einzugehen oder besondere Talente zu besitzen? Kein Zweifel, eines Tages wird das für ungesetzlich erklärt werden. Aber für den Augenblick werde ich mich über das gelegentliche starke Gefühl freuen, eine Art großes Los gezogen zu haben.«
So beschrieb ein fünfundzwanzigjähriger diplomierter Philosoph, der zum Wertpapierhändler wurde, im Jahre 1987 gegenüber dem *Business Magazine* sein Hochgefühl während des Booms an Wall Street.

Die Hausse der achtziger Jahre hatte im August 1982 begonnen, als ein Mann namens Jesus nach Washington kam und – so ein Beamter des amerikanischen Finanzministeriums – »seine Hosentaschen von innen nach außen kehrte«. Die Offenbarung des mexikanischen Außenministers Jesus de Silva Herzog zeigte in Amerika Wirkung. Umgehend wurden die Geldschleusen geöffnet.
Paul Volcker – in Wall Street wegen seiner Körpergröße »Tall Paul« (Langer Paul) genannt – war damals Chairman des »Federal Reserve Board«. Schon im Jahre 1981 hatte man ihn gewarnt, daß er durch seine Politik der hohen Zinsen die Länder der Dritten Welt an den Rand des Ruins und die europäischen Länder in wirtschaftliche Schwierigkeiten bringen

würde. Seine Reaktion damals: »Sie haben ihre Probleme, wir haben unsere. Ich werde dafür bezahlt, mich um unsere Probleme zu kümmern.«
Das Hauptproblem Amerikas war zu der Zeit die Inflation. Die Bürger waren es leid, für immer weniger Ware immer mehr Geld zu bezahlen. Nach der amerikanischen Verfassung ist allein der Kongreß dafür zuständig, den Geldwert stabil zu halten. Diese Aufgabe wurde jedoch an die Notenbank delegiert. Um zu Beginn der achtziger Jahre die Geldmenge am Steigen und die Zinsen am Fallen zu hindern, schöpfte die »Federal Reserve« die aus dem Ausland nach Amerika strömenden Gelder ab, indem sie eigene Bestände an Staatspapieren verkaufte.
Die hohen Zinsen führten in Amerika zu einer Rezession und in den Schuldnerländern zu einer kritischen Lage. Die Dritte Welt konnte die hohen Zinsen für die Kredite nicht mehr bezahlen, die sie von Amerika und anderen Staaten bekommen hatte. Als im August 1982 der mexikanische Außenminister mit den leeren Taschen vor den Amerikanern stand, erkannte Volcker, daß er die Zinsen nicht länger oben halten konnte. Sonst würden die Schuldner pleite gehen und Amerika – damals noch ein Gläubigerland – seine Forderungen verlieren. Deshalb pumpte die Notenbank Geld in das System. Und das versetzte Wall Street in Ekstase.

Aus dem Stand heraus sprang der Aktienmarkt an. In den fünf Jahren zwischen dem 12. August 1982 und dem 25. August 1987 stieg der *Dow Jones Industrial Average* – auf Tagesschlußbasis – von 776,92 auf 2 722,40 Punkte. (In den dreiundfünfzig Jahren davor hatte sich der Index nur verdoppelt, während sich die Preise in der Zeit in etwa vervierfachten. Inflationsbereinigt waren die Aktien deshalb im August 1982 wesentlich billiger als Anfang September 1929 vor dem großen Crash.)
Im Jahre 1987 bekam Wall Street einen zusätzlichen »Kick« von den Japanern. Nur der amerikanische Markt war nämlich groß genug, um die japanischen Sparmilliarden aufzu-

nehmen. Bis 1986 hatten die Anleger aus dem »Sonnenursprungsland« *Bonds* (Anleihen) bevorzugt. Durch die steigenden Zinsen – und die dementsprechend fallenden Kurse der amerikanischen Anleihen – mußten sie jedoch ab September 1986 herbe Kursverluste hinnehmen. Dazu kamen Währungsverluste durch den fallenden Dollarkurs. Im März 1987 kauften die Japaner in Amerika erstmals mehr Aktien als Anleihen.

Wenn ausländische Anleger im großen Stil kaufen, dann – so sagt man an Wall Street – wird es gefährlich. Denn nach Meinung der Wall Streeter kaufen und verkaufen die meisten Ausländer zum falschen Zeitpunkt.

Leverage war der Hauptgrund für den Aufstieg und Fall der Börse in den zwanziger Jahren. Als *Leveraged Buyouts* (LBO) kehrte die Hebelwirkung in den achtziger Jahren zurück. Darunter versteht man den Kauf eines Unternehmens unter Ausnutzung des Leverage-Effektes (durch Leihgeld finanzierter Aufkauf). Als Sicherheit für den Kredit dient das Vermögen der übernommenen Gesellschaft, die im Endergebnis auch die Schulden und Zinsen bezahlen muß. Um diesen Verpflichtungen nachzukommen, werden Teile des eigenen Unternehmens verkauft und Zahlungen aus den laufenden Einnahmen geleistet.

Übernahmen waren der letzte Schrei der achtziger Jahre. Gesunde Unternehmen, die den *Raidern* (Plünderern) in die Hände fielen, hatten plötzlich Berge von Schulden und nur noch wenig Eigenkapital. »Übernahmen«, sagte der Finanzier Sir James Goldsmith, »sind gut für die Öffentlichkeit. Aber das ist nicht der Grund, warum ich es mache. Ich mache es wegen des Geldes.«

Schon der Versuch einer Übernahme brachte Goldsmith Mitte der achtziger Jahre 93 Millionen Dollar ein. Als der Kurs der »Goodyear Tire & Rubber Company« bei etwa 30 Dollar lag, machte Goldsmith ein Übernahmeangebot von 49,50 Dollar je Aktie – ein Preis, den die Gesellschaft später als

»Nichtangebot« bezeichnete. Die Manager wehrten sich und zahlten Goldsmith aus. Zu dem Zeitpunkt lag der Aktienkurs bei rund 56 Dollar.
Robert Mercer, der Chairman der Gesellschaft, sagte am 1. April 1987 bei einer Anhörung vor dem amerikanischen Kongreß aus: »Wir haben einen furchtbaren Preis bezahlt. Im Zuge der drastischen Umorganisation, zu der wir wegen des Übernahmeangebots gezwungen waren, haben wir zwei Tochtergesellschaften verkauft, und eine dritte steht jetzt zum Verkauf ... Wir haben viertausend Jobs eliminiert und vier Milliarden Dollar Schulden auf uns geladen. Das bedeutet Schulden in noch nie dagewesener Höhe von achtzig Prozent des Unternehmenswertes ... Ich bin für alle Freiheiten ..., aber mit einer Einschränkung: Ich glaube nicht, daß die Freiheiten jemals als Genehmigung zur Ausplünderung gedacht waren.«
Raider stürzten sich in den achtziger Jahren mit Vorliebe auf *Sleeping Beauties* (Dornröschen). Das waren alte, etablierte Gesellschaften, die Bewunderer anzogen und die man zu neuem Leben erwecken wollte. Auf diese Weise wurden die *Glamour Stocks* längst vergangener Tage auch die Glanzaktien der achtziger Jahre. Spekulanten hielten nicht mehr Ausschau nach einer neuen – kometenhaft steigenden – IBM, sondern sie überlegten, ob eine alte IBM sich nicht zum Ausschlachten eignete.
Die Übernahmen (*takeovers*) liefen immer nach dem gleichen Schema ab. Die »Haie« (*sharks*) verbissen sich in Gesellschaften, die zerstückelt mehr wert waren als im Ganzen. Die Suche nach solchen Gesellschaften nahm teilweise groteske Formen an. Asher Edelmann, der im Herbst 1987 eine Vorlesung an der »Columbia University Graduate School of Business« über »Corporate Raiding: The Art of War« hielt, setzte einen Finderlohn von hunderttausend Dollar aus, falls einer der Studenten ihm eine Gesellschaft namhaft machen konnte, bei der sich ein Übernahmeversuch lohnte. Die Universität zwang Edelmann, das Angebot zurückzunehmen. Bei einer

Umfrage sprachen sich alle Studenten bis auf einen gegen die Entscheidung ihrer Universität aus.

Manche Anleger, die keine der Aktien besaßen, die im Spiel waren, haben von der Hausse der achtziger Jahre nichts gemerkt. Denn nicht wenige Aktien dümpelten damals einfach vor sich hin.

Wenn *Raider* eine große, unterbewertete Gesellschaft ausgemacht hatten, dann gaben sie ein Angebot ab und übernahmen – falls ihr Angebot angenommen wurde – die Firma. Die aufgenommenen Kredite zahlten sie zurück, indem sie mal hier und mal da etwas von der Firma verkauften und dann die Firma bis unters Dach verschuldeten. Die im Zuge dieser Finanzierung von der Gesellschaft ausgegebenen Anleihen – mit hohem Risiko und hohen Zinsen – wurden als das bezeichnet, was sie in der Regel auch waren: *Junk Bonds* (Ramschanleihen).

Im Idealfall gelang es den Übernahmeartisten, auf diese Weise die meisten Kredite zurückzuzahlen und einen erheblichen Anteil des zerschlagenen Unternehmens für sich zu behalten. Der konnte dann wiederum zu Geld gemacht werden.

Greenmailers kürzten das Verfahren ab. Sie kauften in großen Mengen Aktien eines »Ziels« (*target*) und ließen sich diese von der bedrohten Gesellschaft mit einer Prämie wieder abkaufen. Um den »Abschiedskuß« (*goodbye kiss*) finanzieren zu können, mußten sich die attackierten Gesellschaften meist hoch verschulden. (*Greenmail* ist eine Wortschöpfung der achtziger Jahre. Es wurde von dem Wort *Blackmail* [Erpressung] abgeleitet, wobei das *Green* für *Greenback* [Dollarschein] steht.)

Bevor die Ziele das »Lösegeld zahlten« (*to pay ransom*), versuchten sie die Pläne der Haie durch »haiabstoßende« (*shark repellent*) Maßnahmen zu stoppen. Zu ihrem Arsenal gehörten »Giftpillen« (*poison pills*), die dem Angreifer den Appetit auf die Gesellschaft verderben sollten. Zum Beispiel wurde den Aktionären das Recht eingeräumt, ganz billig Aktien der Gesellschaft zu beziehen, wenn ein aggressiver Aufkäufer einen bestimmten Prozentsatz der Aktien an sich gebracht hatte. Eine andere Abwehrmethode bestand darin, daß die Gesellschaft eigene Aktien aufkaufte, um den Aktien in »freundlichen Händen« mehr Gewicht zu verleihen.

In besonders heftigen Übernahmekämpfen wurde auch zu »Selbstmordpillen« (*suicide pills*) gegriffen. Das waren so stark wirkende Mittel, daß die »unfreundlich« übernommenen Gesellschaften an ihnen bankrott gehen konnten. Zum Beispiel wurde den Aktionären das Recht eingeräumt, ihre Aktien in Forderungen umzuwandeln, wenn ein »Pirat« (*pirate*) einen bestimmten Prozentsatz der Aktien aufgekauft hatte. Dadurch wurde das Eigenkapital der Gesellschaft verringert, und die horrend angestiegenen Schulden ließen das Ziel nicht mehr attraktiv erscheinen.

Manchmal kam ein »Weißer Ritter« (*white knight*) daher, der dem »Schwarzen Ritter« (*black knight*) die Gesellschaft vor der Nase wegschnappte. Das konnte das Management der Gesellschaft oder ein freundlich gesinnter Anbieter sein. Der »Weiße Ritter« mußte sich meist sehr schnell entscheiden, denn der Kontrahent hielt dem Ziel bereits das Gewehr an die Schläfe. So kam es zu überstürzten Verbindungen, die man in Wall Street »Mußheirat« (*shotgun marriage*) nannte.

Als Ergebnis der Übernahmeaktivitäten wurden immer mehr *Junk Bonds* produziert, die teilweise – wie Zeitbomben tickend – in den Depots von Fonds verschwanden. Auf der anderen Seite nahm die Anzahl der Aktien ab. Allein deshalb, so argumentierten manche Analysten, müßten die Aktienkurse immer weiter steigen. Den gleichen Effekt auf den Markt hatten die Zusammenschlüsse von Firmen (*corporate mergers*). Denn wenn zwei Gesellschaften – oft mit Hilfe eines *Corporate Marriage Brokers* – »zum Altar gebracht worden waren« (*brought to the altar*), dann nahm die Zahl der Aktiengesellschaften ab. »Sex ohne Heirat« (*sex without marriage*) fand allerdings statt, wenn freundschaftliche Verhandlungen nicht zu einer Fusion führten.

Arbitrageure (*Arbs*) brauchten Nerven aus Eisen und ein Herz aus Stahl. Ihre Spezialität war es, Aktien einer unterbewerteten Gesellschaft zu kaufen, bei der ein Übernahmeangebot erwartet wurde. Manchmal lockten jedoch erst die Käufe der *Arbs* die Übernahmespezialisten an. Denen oder der Gesellschaft verkauften die Arbitragehändler dann ihre billig erworbenen Aktien zu einem höheren Preis. Da sie die Aktien in der Regel auf Kredit gekauft hatten, war Zeit ein wichtiger Faktor. Wegen der hohen Zinsen hielten sich die *Arbs* meist nicht länger als drei Monate bei einem Deal auf.

Einer der erfolgreichsten Arbitrageure war Ivan F. Boesky. »Ivan der Schreckliche« wurde er an Wall Street genannt. Mitverdienende Partner informierten den schillernden Lebemann über bevorstehende Firmenzusammenschlüsse. So wußte er, bei welchen Aktien mit starken Kurssteigerungen zu rechnen war. Ein Tip machte den »Wachhund der Wall Street« – die staatliche Kontrollbehörde des Wertpapierhandels (»Securities and Exchange Commission«, kurz SEC genannt) – auf Boeskys illegale Insidergeschäfte aufmerksam. Im November 1986 legte er ein Geständnis ab, zahlte hundert Millionen Dollar Strafe und lieferte den Behörden ein halbes Dutzend Mittäter ans Messer. Diese Reue stimmte den Richter milde. Boesky kam mit einer Strafe von drei Jahren Haft im Lompoc-Gefängnis davon, das mit seinem Golfkurs und den Fitneßräumen eher an einen Country Club erinnert. Dort bekam er für seine Arbeit rund zehn Cent die Stunde, während er durch seine Börsenmanöver 280 Millionen Dollar zusammenjongliert haben soll. Das Auspacken von Boesky war ein Schock für alle Übernahmekünstler. Manche ließen ihre augenblicklichen Ziele wie glühende Kohlenstücke fallen, wodurch deren Aktienkurse schlagartig in den Keller purzelten.

Auf dem Gebiet der *Junk Bonds* war Michael Milken von »Drexel Burnham Lambert« unübertroffen. Die Konferenz, auf der im Jahre 1985 die Methoden zur Finanzierung feindlicher Übernahmen vorgestellt wurden, wurde bald *Preda-*

tors' Ball (Räuberball) genannt – und die Konferenzen in den Jahren danach ebenso. 550 Millionen Dollar soll Milken im Jahr verdient haben. Doch dann stolperte er über die Wertpapiergesetze. Im November 1990 wurde er zu zehn Jahren Haft verurteilt. Die Richterin Woods wies darauf hin, »daß jeder, egal, wie reich oder mächtig er ist, die Gesetze befolgen muß« und daß man erwarten könne, »daß unsere Finanzmärkte, wo viele Leute, die nicht reich sind, ihre Ersparnisse anlegen, frei von heimlichen Manipulationen sind. Dies ist ein Gesichtspunkt, der vom Gericht berücksichtigt werden muß.«

Das Wertpapierhaus »Drexel Burnham Lambert«, das wegen der Einführung immer neuer Taktiken im Wertpapierbereich – je nach Standpunkt – berühmt oder berüchtigt war, ging später spektakulär pleite. Kurz davor hatte es seinen leitenden Angestellten noch überaus großzügige Boni als Anerkennung für frühere Leistungen gezahlt.

Das Magazin *Fortune* schrieb dazu: »Das war ein Fall von Selbstmord – und Mord. So mächtig war die Gesellschaft geworden, daß Angestellte tatsächlich glaubten, sie könnten tun, was immer sie wollten, ohne Furcht vor Strafe. Deshalb konnten sie ... Gesellschaften bedrohen, ohne mit einer politischen Vergeltung zu rechnen. Und deshalb konnten sie und ihre Kunden die Hebelwirkung voll ausnutzen, ohne sich auf den Tag gefaßt zu machen, wo Schulden aus der Mode geraten würden. Sagt ein früherer Mitarbeiter: ›Sie sehen, wir dachten: Wir sind unverwundbar.‹«

Das Übernahmekarusell war in den achtziger Jahren nicht das einzige wundervolle Spielzeug an Wall Street. Genauso beliebt war das *Program Trading*. Mitspielen konnten allerdings nur große Institutionen, die das entsprechende Geld und die notwendigen Computeranlagen besaßen. Für sie ist der Programmhandel ein sicheres Geschäft. Auf der einen Seite gehen sie Terminkontrakte auf einen Index ein, auf der anderen Seite kaufen oder verkaufen sie die Wertpapiere, die dem Index zugrunde liegen. Mit dem einen Paket setzen sie auf steigende, mit dem anderen auf fallende Kurse.

Wenn der Terminkontrakt ausläuft, müssen beide Seiten den gleichen Wert haben. In der Zwischenzeit kann es jedoch zu Differenzen kommen. Dann wird beim Programmhandel die »billigere« Seite gekauft und die »teurere« verkauft. Damit sich der ganze Aufwand lohnt, muß das *Program Trading* mehr bringen als eine risikolose Geldanlage. Deshalb sind die Computer so programmiert, daß sie Aufträge erst ausspukken, wenn ein entsprechend hoher Gewinn von ihnen ausgerechnet wurde. Dann allerdings geht es blitzschnell. Wie eine Guillotine fallen die Aufträge auf den Markt nieder, was zu heftigen Kursausschlägen führt.

Die dadurch ausgelösten Turbulenzen spielen sich gleichzeitig an der Börse in New York und an der Terminbörse in Chicago ab. Dort werden die Terminkontrakte wie auf einem alten Basar nach der Methode des »öffentlichen Ausrufens« (*open outcry*) gehandelt, und zwar jeder Kontrakt in einer anderen *Trading Pit*. Im »Chicago Board of Trade« – eine der beiden großen Terminbörsen in Chicago – sind die *Pits* achteckige Plattformen mit nach innen abfallenden Stufen. Auf diese Weise können sich Käufer und Verkäufer besonders gut sehen. Neben dem Ausrufen werden an der Terminbörse noch Handzeichen verwendet. Die Handfläche zum Gesicht bedeutet zum Beispiel »kaufen«, und die Handfläche vom Gesicht weg signalisiert »verkaufen«. Wenn die Aufträge vom Programmhandel in die *Pits* einschlagen, dann geht es dort manchmal so hektisch zu, daß einige Händler schon mal von Handzeichen zu Faustschlägen übergehen.

Ein Hauptgrund für den Börsenkrach von 1929 war, daß man beim Kauf von Aktien nur zehn Prozent Eigengeld benötigte. So lange der Aktienmarkt stieg, brachte das keine Probleme. Doch als die Kurse fielen, riefen die Broker ihre Kunden an und verlangten »*more margin, more margin*« (»mehr Einschuß«). Das waren auch die Worte, die ein verstörter Papa-

gei unentwegt schrie, als ein Polizist ihn im November 1929 in einer Straße von Manhattan fand.
Nach dem Debakel von 1929 wurde beschlossen, daß Aktien nur noch zur Hälfte beliehen werden durften. Das Eigengeld mußte also mindestens fünfzig Prozent betragen. Durch die neuen Finanzinstrumente wurde diese Vorschrift spielend umgangen. Die neuen »Produkte« ließen die in den zwanziger Jahren übliche Eigenkapitalquote von zehn Prozent konservativ erscheinen. Denn bei den Finanzinstrumenten der achtziger Jahre kam man teilweise mit fünf Prozent Eigengeld aus.
Zurück geht dieser Spuk auf den 15. August 1971. An dem Tag entschied der amerikanische Präsident Richard Nixon, daß es keine festen Wechselkurse für den Dollar mehr geben sollte. Ab dann mußten die Währungen ihren Wert auf dem Markt finden. – Doch wo war der Markt?
In Chicago gibt es zwei große Terminbörsen, den »Chicago Board of Trade« (CBOT) und die ursprünglich als Eier- und Butterbörse gestartete »Chicago Mercantile Exchange« (CME oder kurz »Merc«). Früher brachten die Farmer ihr Getreide unmittelbar nach der Ernte in die windige Stadt am Michigansee. Da die dortigen Lagerhäuser schnell überfüllt waren, fielen die Preise nach der Ernte innerhalb kürzester Zeit. Das Getreide, das die Farmer nicht mehr los wurden, kippten sie einfach auf die Straße. In dem Maß, wie die Lagerhäuser sich leerten, stiegen die Getreidepreise wieder an.
Um stabilere Preise zu erreichen, wurde im Jahre 1848 der »Chicago Board of Trade« gegründet. Ab dann konnten Verträge im voraus geschlossen werden. In den sechziger Jahren des vorigen Jahrhunderts kamen übertragbare Terminkontrakte (*futures*) mit standardisierten Bedingungen hinzu. Für ihren Abschluß war nur wenig Eigengeld erforderlich. Deshalb beteiligten sich bald auch Scharen von Spekulanten an diesem Terminhandel. Sie hatten es weder auf Weizen noch auf Schweinebäuche abgesehen, sondern sie wollten nur

mit den Kontrakten jonglieren. Die Spekulation der Spekulanten war auch für die Farmer von Nutzen, denn so fanden sie leichter einen Gegenspieler, wenn sie einen Kontrakt abschließen wollten.

Als der Dollar im Jahre 1971 zu floaten begann, gründete die »Merc« den »International Monetary Market« (IMM). Mit seinem Gutachten über *Die Notwendigkeit von Terminmärkten in Währungen* lieferte der Nobelpreisträger Milton Friedman die wissenschaftliche Rückendeckung. Im Gegensatz dazu fanden New Yorker Banken die Idee »zu lächerlich, um sie zu diskutieren«. Der Devisenhändler einer Bank sagte am Tag der Eröffnung des IMM: »Ich bin verwundert, daß ein Haufen Spieler in Schweinebäuchen die Stirn hat zu glauben, sie könnten einige der besten Händler der Welt bei ihrem ureigenen Spiel schlagen.«

Beim zehnjährigen Jubiläum der »Merc« war Milton Friedman der Ehrengast. Der Chairman der »Merc«, Leo Melamed, erinnerte an den Anfang des »International Monetary Market«: »Wer waren wir? Wir waren Spekulanten, denen es egal war, ob es Eier oder Gold, (Schweine-) Bäuche oder das Britische Pfund, Puten oder Schatzwechsel waren. Wir waren hilflose Lämmchen – unschuldig – in einer Welt, die wir nicht verstanden. Zu dumm, um Angst zu haben. Wir waren verwegene, dreiste, wilde Pioniere ... Hätte der ›International Monetary Market‹ ohne die Rückendeckung von Milton Friedman Erfolg gehabt? Ich bezweifle das ... Sein Name wirkte – und wirkt – Wunder.«

Niemand konnte damals die Jungs von der »Merc« entmutigen. Eine Innovation folgte der anderen. Das war insbesondere der Entschlossenheit von Leo Melamed zu verdanken, der zu der Zeit um die vierzig Jahre alt war und damit der jüngste Chairman in der Geschichte der »Merc«.

Seine Eltern waren polnische Lehrer gewesen, die im Jahre 1939 erkannten, daß Warschau keine gute Stadt für Jiddisch-Lehrer war. Das gleiche galt für russische und ganz beson-

ders auch für japanische Städte. Erst Chicago war keine allzu schlechte Stadt für Jiddisch-Lehrer. Und deshalb ließ die Familie sich dort nieder.
Im Alter von zwanzig Jahren wollte Leo Melamed neben seinem Jurastudium einen Halbtagsjob in einem Anwaltsbüro annehmen. Er bewarb sich auf eine Anzeige von »Merrill Lynch, Pierce, Fenner & Beane« und dachte bei seiner Vorstellung: »Mein Gott, das sieht nicht wir eine Anwaltsfirma aus.« Durch einen Irrtum war er bei der größten Brokerfirma Amerikas gelandet.
Von der Börse zur Terminbörse war es – zumal in Chicago – nur ein kleiner Schritt, und bald spekulierte der Student »in Eiern«. Damit verdiente er mehr als seine Professoren, doch dann ging er pleite. »Wenn man in den zwanziger Jahren ist, wird man damit fertig«, sagte Melamed später. Insgesamt ging er dreimal bankrott. Im Alter von zweiunddreißig Jahren hängte er den Nadelstreifenanzug eines Anwalts an den Nagel und schlüpfte in den Kittel eines Spekulanten.
Denn, so erklärte er seinem Partner im Anwaltsbüro: »Ich werde niemals ein Spekulant und dabei erfolgreich sein, wenn mein Lebensunterhalt nicht davon abhängt. Wenn ich weiß, daß meine Existenz von meinem Können als Spekulant abhängt, dann werde ich ein guter Spekulant sein.« Und das war er dann auch – vor allem in Schweinebäuchen.
Als Melamed im Jahre 1969 die Leitung der »Merc« übernahm, hatte diese einen Jahresetat von 180 000 Dollar. Nach achtzehn Jahren waren es über 75 Millionen Dollar.
Der emsige Chairman warb aber nicht nur in Amerika für seine Ideen, sondern auch in London. Als er in der »Bank of England« gefragt wurde, ob man noch etwas für ihn tun könnte, antwortete er: »Ja, Sie könnten das Pfund floaten lassen.« Mit eisigen Gesichtern geleiteten ihn die Banker zur Tür.
Ein ganz großer Wurf gelang Melamed mit der Einführung des Terminkontraktes auf den *Standard & Poors 500-Index* (S & P 500). Das ist ein Aktienindex, der auf fünfhundert

amerikanischen Aktien basiert. Als Laufbursche bei »Merrill Lynch« hatte er Oldtimer sagen hören: »Am großartigsten wäre es, Terminkontrakte auf Aktien zu handeln – aber das kann man nicht machen, das ist Spiel.«

Das »Spiel« mit den Standard-&-Poors-500-Kontrakten begann am 20. April 1982. »Sie werden's nicht glauben«, sagte Melamed um zehn Uhr zu einem Bekannten, »aber wir haben keine Aufträge.« Deshalb nahm er die Sache selbst in die Hand und stellte sich morgens an die Tür der »Merc«. Dort griff er sich die ankommenden Mitglieder und schleppte sie zur S-&-P-Pit. Fünfzehn Minuten am Tag, beschwor er sie, sollten sie hier handeln. »Das wird dem Markt eine Chance geben.«

Als die Marktteilnehmer die Chance begriffen, die ihnen diese Kontrakte boten, wurden die neuen *Cars* (Wagen) – wertmäßig – bald mehr gehandelt als die ihnen zugrundeliegenden Aktien. Als *Cars* werden von den Insidern in Chicago Terminkontrakte bezeichnet. Ein Kontrakt Fleisch oder Getreide umfaßt nämlich in etwa die Menge, die in einen Güterwaggon paßt. Deshalb werden die landwirtschaftlichen Kontrakte auch *Carload Quantity Lots* genannt – oder kurz »Cars«. Der Einfachheit halber übernahmen die Händler den Ausdruck für den Standard-&-Poors-500-Kontrakt.

Daß bald ganze Züge der neuen *Cars* gehandelt wurden, war dem antrabenden Bullenmarkt der achtziger Jahre zu verdanken, aber auch der Entdeckung von *Program Trading* und *Portfolio Insurance* (Depotabsicherung) und der Entdeckung durch die *Hedgies* (Hedge Funds).

Die langfristig orientierten Pensionsfonds hatten erkannt, daß man sich durch den Verkauf der Kontrakte gegen eine Baisse absichern konnte. Bei einem Kursrückgang wurden die Verluste bei den Aktien durch die Gewinne bei den Terminkontrakten ausgeglichen. Diese Methode der Absicherung war billiger und einfacher, als Teile des Aktienbestandes zu verkaufen. Der eindeutige Verlierer war die »New York Stock Exchange«. Denn ihr gingen erhebliche Umsätze

verloren. Deshalb wurden ab 1982 auch an ihrer Terminbörse, der »New York Future Exchange« (NYFE) unter anderem Terminkontrakte auf den *NYSE Composite Index* gehandelt, ein Aktienindex, der auf allen Aktien basiert, die an der »New York Stock Exchange« gehandelt werden.
Hedge Funds sind Investmentgemeinschaften, die meist aus einer begrenzten Anzahl von sehr reichen Leuten bestehen. Und diese Leute müssen Spaß am Risiko – und an großen Gewinnen – haben. Bei den *Hedgies* sind alle Anlagetechniken erlaubt, die Geld versprechen. Deshalb stürzten sich diese Fonds ebenfalls auf die S-&-P-500-Kontrakte. Im Gegensatz zu anderen Fonds unterliegen die *Hedge Funds* nicht dem »Investment Company Act«. Gemanagt werden sie von Geschäftsführern, die für ihre Tätigkeit eine erfolgsabhängige Vergütung erhalten, zum Beispiel zwanzig Prozent des jährlichen Wertzuwachses des Fondsvermögens.
Im Jahre 1983 schrieb *The Wall Street Journal* über die Spekulation in Terminkontrakten auf Aktienindizes: »Für viele hat der Handel die Faszination eines Investment-Videospiels.« Zu dieser Überzeugung war der Autor gekommen, nachdem er einem Spekulanten vor dem Computer zugesehen – und zugehört hatte. Innerhalb einer Minute klang das so:
»Der Markt ist bei 146,75, O.K. . . . 80, 85, 90, . . . 100 Dollar in 10 Sekunden . . . Jetzt fällt er zurück. Oh, mein Gott! Jetzt macht er neue Hochs . . . Mensch, er hat weitere 200 Dollar zugelegt.«

Was Leo Melamed für die »Merc«, war Richard Sandor für den »Chicago Board of Trade«. Als dessen Volkswirt dachte er sich unter anderem die Terminkontrakte auf *Treasury Bonds* oder kurz *T-Bonds* (Staatsschuldverschreibungen) aus. »Es war eines der besseren Schachspiele«, erinnerte sich Sandor später an die Zeit des Experimentierens. Fünf Jahre nach ihrer Einführung im Jahre 1977 waren die Kontrakte auf die *T-Bonds* die am meisten an der Terminbörse gehandelte Ware.

Manche meinen, daß Chicago zum Casino wurde, als vom »Chicago Board of Trade« Aktienoptionen eingeführt wurden. Ob das erst dann der Fall war, darüber läßt sich sicherlich streiten. Der Käufer einer Option jedenfalls erwirbt gegen Zahlung einer Prämie das Recht, bis zu einem bestimmten Zeitpunkt eine Aktie zu einem vorher festgelegten Kurs, dem Basispreis (*strike price*), zu kaufen (oder zu verkaufen). Der Verkäufer verpflichtet sich demgegenüber, die Aktie zu dem festgelegten Kurs zu liefern (oder abzunehmen). Die Option, die zum Kaufen berechtigt, heißt *Call* (Kaufoption) und diejenige, die zum Verkaufen berechtigt, *Put* (Verkaufsoption).
Im Jahre 1982 führte der »Chicago Board of Trade« auch noch Optionen auf Terminkontrakte ein. Dabei erwirbt der Käufer das bizarre Recht, bis zu einem bestimmten Zeitpunkt einen Terminkontrakt zu einem vorher festgelegten Preis zu kaufen (oder zu verkaufen). Der Verkäufer muß dementsprechend liefern (oder abnehmen).

Je mehr »Produkte« auf den Markt kamen, desto weniger Leute verstanden überhaupt noch, worum es eigentlich ging. Nur den Kennern war klar, daß sich hier eine explosive Mischung zusammenbraute.
James M. Stone, Chairman der »Commodities Futures Trading Commission« unter Präsident Carter, meinte: »Nach 1929 hat unser Land eine Lektion über Einschüsse bekommen. Leider ist es typisch für die Menschen, daß sie mit zunehmendem Abstand von der Vergangenheit immer mehr vergessen. Die Finanzinstrumente öffneten die Hintertür zu Einschüssen von fünf Prozent, fünfzig Jahre nachdem die Vordertür zugeschlagen worden war.«
John Phelan, Chairman der »New York Stock Exchange«, hatte – noch als Vice Chairman – Ende der siebziger Jahre ein automatisiertes Handelssystem in der Börse installieren lassen. Denn wegen der neuen »Produkte« befürchtete er heftige Turbulenzen. Zu der Zeit warnte er auch eindringlich vor

etwas, das er eine »Geldschmelze« (*financial meltdown*) nannte. Durch das gleichzeitige Verkaufen von Aktien und Terminkontrakten »könnten wir einen Dampfwalzeneffekt in einem Bärenmarkt bekommen«. Und er war überzeugt, daß »wir zu irgendeinem Zeitpunkt in eine Katastrophe erster Klasse schliddern würden«.
In die gleiche Kerbe schlug der Wirtschaftswissenschaftler John Galbraith. Anfang 1987 prophezeite er einen »Tag der Abrechnung« (*day of reckoning*), »wo der Markt scheinbar ohne Ende nach unten gehen wird«. »Dann«, so Galbraith, »wird die älteste Regel der Wall Street wieder entdeckt werden: Finanzgenie kommt vor dem Fall.«
In den Chor der Warner stimmte im Herbst 1987 auch Warren Buffett ein, einer der erfolgreichsten Investoren in der Geschichte von Wall Street und Chairman der legendären »Berkshire-Hathaway«-Aktiengesellschaft: »Investoren sollten daran denken: Was gut für den Croupier ist, ist nicht gut für den Besucher.«
Genau wie das Gros der Anleger begriffen die Wertpapierhändler vom Typ »Old Joe« die neuen Finanzmärkte nicht mehr. Sie hatten gelernt, Aktien zu kaufen, wenn die Gewinnaussichten einer Gesellschaft gut waren, und zu verkaufen, wenn sich das Bild eintrübte. In den achtziger Jahren waren solche Ansichten nur noch bedingt gefragt. Jetzt hatten junge Leute mit Feuer im Bauch das Sagen, die blitzschnell neue Methoden des Geldmachens umsetzen konnten. Sie, die es nach kurzer Zeit »sechsstellig« machten, wurden Yuppies (*young urban professionals*) genannt, eine Wortschöpfung aus ihrer Zeit. Ihr Lifestyle prägte die achtziger Jahre – jedenfalls bis zum Crash im Oktober 1987.
Im Umgang mit Geld hatten viele von ihnen den Boden der Realität unter den Füßen verloren. Statt in Monatslöhnen rechneten sie in *Ticks* (Preisbewegungen bei Wertpapieren und Terminkontrakten). Die *Ticks* waren meist in Minuten »verdient«. Und in Minuten gaben die goldenen Jungs das Geld wieder aus, als wären es die letzten in ihrem Leben.

Schief wurden diejenigen angesehen, die das Geld nicht aus dem Fenster eines Sportwagens warfen. Ja, sie machten sich sogar verdächtig. Eine kleinere Brokerfirma engagierte zum Beispiel Detektive, um ihren »Star« observieren zu lassen. Denn der so überaus erfolgreiche Mitarbeiter fuhr immer noch einen Volkswagen, besaß kein Luxusappartement und wollte auch nichts von Kunstwerken wissen. Mit ihm mußte irgend etwas nicht stimmen. Die Detektive fanden schließlich heraus, daß der Broker und seine Frau das Geld sparten, um für den Tag X gerüstet zu sein, an dem die Party endete.

Fallen die Zinsen, dann steigen die Aktienkurse (und umgekehrt). Das ist das erste, was ein Analyst im Wertpapiergeschäft lernt. Doch dabei gibt es zeitliche Verzögerungen. Die amerikanischen Zinsen erreichten im Jahre 1986 einen Tiefpunkt, und trotzdem gingen die Aktienkurse im darauffolgenden Jahr weiter nach oben. Deshalb hielten insbesondere die Jüngeren die Regel »Zinsen rauf, Aktienkurse runter« für einen alten Zopf, an den nur noch verknöcherte Greise glauben konnten.

Der »Verstoß gegen diese Lehrbuchmeinung« hatte einen gewichtigen Grund. Die Gewinne an der Börse waren so spektakulär, daß im Vergleich dazu verzinsliche Geldanlagen uninteressant wurden. Von Ende 1986 bis zum 25. August 1987 stieg der *Dow Jones Industrial Average* um inflationäre 43 Prozent. Bei dieser Konkurrenz konnten verzinsliche Anlagen nur noch untergebracht werden, wenn sie höhere Zinsen brachten.

Die Investoren kauften Aktien oder Anteile an Aktienfonds, soviel ihre Konten hergaben. Es war vorauszusehen, daß es bald keine Käufer mehr geben würde. Denn durch ihre massiven Käufe waren die Anleger voll investiert und deshalb eher zu potentiellen Verkäufern geworden. Es war nur eine Frage der Zeit, wann sie Aktien auf den Markt werfen würden, um Gewinne »mitzunehmen«. Dann würden die Kurse fallen.

Die Traumtänzer auf dem Börsenparkett wollten das nicht wahrhaben. Sie waren wie Schlittschuhläufer, die beim silbrigen Schein des Mondes auf einem verwunschenen See selbstverliebt und weltvergessen Pirouetten drehten. Mit nach oben gestreckten Armen, als wollten sie die Sterne berühren. Bei all dem Zauber merkten sie nicht, daß das Eis dünn und dünner wurde. Bis es brach. Doch da war es zu spät. Die Aktien wurden ihnen nur so um die Ohren geschlagen. Und bei diesem jähen Erwachen wurde ihnen klar: »Zinsen rauf, Aktienkurse runter« sollte man vielleicht doch ein wenig beachten.

Am Freitag, dem 2. Oktober 1987, erreichte der *Dow Jones Industrial Average* mit 2641,00 den höchsten Schlußstand seit dem Höhepunkt vom 25. August 1987. Nach einem Zögern am Montag, dem 5. Oktober 1987, kam es am 6. Oktober 1987 zu einem Verlust von 91,6 Punkten. Seit diesem Tag sah die Kursentwicklung auf dem Chart wie ein Zeigefinger aus, der unerbittlich in die Tiefe zeigte. Das ignorierend, verstreute die Investmentbranche Optimismus. »Drexel Burnham Lambert« zum Beispiel bezeichnete die fundamentalen Daten des Marktes als solide und prophezeite höhere Kurse.
Am Mittwoch, dem 14. Oktober 1987, fiel der *Dow Jones Industrial Average* um 95,5 Punkte. Er schloß bei einem Stand von 2355,10. Am 15. Oktober 1987 ging die Talfahrt weiter. Am Ende des Tages lag der Index bei 2246,70. Der Zeigefinger auf dem Chart hatte sich jetzt zu einem teleskopischen Zeigestock ausgewachsen, der direkt in Richtung Hölle wies.
Den Weg dorthin beschleunigte ein Streit zwischen dem Präsidenten der Deutschen Bundesbank, Karl Otto Pöhl, und dem amerikanischen Finanzminister, James Baker. Anfang der Woche hatte Pöhl die amerikanische Politik ungewöhnlich scharf angegriffen. Baker hob den Fehdehandschuh auf und verkündete, daß der Dollar noch weiter fallen würde,

falls Deutschland nicht die Zinsen senkte. Doch dazu waren die Deutschen – und die Japaner – nicht bereit, denn bei ihnen wuchs die Geldmenge mit einer Jahresrate von über zehn Prozent. Außerdem hatte die amerikanische Notenbank – unter ihrem neuen Chairman Alan Greenspan – Anfang September 1987 selbst den Diskontsatz von fünfeinhalb auf sechs Prozent erhöht.
Freitag, der 16. Oktober 1987: Der Börsentag begann mit leichten Kursgewinnen, dann zitterten die Kurse zwei Stunden lang vor sich hin. In der zweiten Börsenhälfte schlug der horrende Bär wieder zu. Schlimmer war das dieses Mal als an den Tagen zuvor. Der *Dow Jones Industrial Average* verlor 108,4 Punkte. Das war der bis dahin höchste Tagesverlust in der Geschichte von Wall Street.
In dieser labilen Situation zitierte die *New York Times* einen Regierungsbeamten, der nicht namentlich genannt werden wollte. Amerika, so hatte er gesagt, würde den Dollar nicht nur fallen lassen, sondern ihn auch nach unten treiben, falls es nötig wäre. Und Finanzminister Baker meinte am Sonnabend in einem Fernsehinterview, daß die Deutschen »nicht erwarten sollten, daß wir uns hier zurücklehnen und ihre hohen Zinsen akzeptieren«. Spätestens jetzt war erfahrenen Anlegern klar: Der »Urknall« am Montag war nicht mehr zu vermeiden.

Und tatsächlich ging der 19. Oktober 1987 als »Schwarzer Montag« (*Black Monday*) in die Geschichte von Wall Street ein. An dem Tag geschah das, was Alan Greenspan als den »Unfall, der darauf wartet, daß er passiert« bezeichnet hatte.
Die australischen Börsen waren die ersten, die öffneten. Erstaunlicherweise kam es hier nur zu einem Probeknall. Die *Chalkies* von der Melbourner Börse, die ständig die neuen Kurse mit Kreide (*chalk*) an die Tafeln schreiben mußten, hatten einen vergleichsweise ruhigen Tag. Der *All Ordinaries Index* verlor nur 3,9 Prozent. Noch moderater ging es in Tokio zu: im *Nikkei-Index* ein Minus von 2,3 Prozent. Der

Grund: Die Japaner wollten nicht auch noch für das verantwortlich gemacht werden, was sie an Wall Street erwarteten. Ihnen reichten die Attacken wegen ihres Handelsüberschusses – vor allem von seiten der Amerikaner. In Hongkong war man realistischer: Der *Hang Seng Index* brach um 11 Prozent ein.
Die Manager in New York wurden – soweit sie überhaupt geschlafen hatten – morgens zwischen zwei und vier Uhr durch Telefonanrufe aus London geweckt. Dort waren unter anderem amerikanische Fonds am »Geben«, was eher einem Wegwerfen glich. Übers Wochenende waren die Fonds mit Auszahlungsaufträgen bombardiert worden. Um das Geld für die Auszahlungen aufzubringen, mußten sie für Milliarden Dollar Aktien verkaufen. Deshalb kippten sie Berge davon schon in London auf den Markt. Doch dort wollte niemand kaufen. Kam tatsächlich ein Handel zustande, bestimmte der Käufer den Preis.

Spekulanten sind abergläubische Leute. Als Abwehrzauber benutzen sie uralte »Glücksschuhe« oder ebenso alte »Glückshemden«. Manche tragen auch eine abgewetzte Hasenpfote in der Hosentasche. Leo Melamed beispielsweise soll ein ganz billiges »Glücksfeuerzeug« besessen haben.
Als am Freitag, dem 16. Oktober 1987, der schlimmste Hurrikan seit über hundert Jahren über London tobte, fuhr das den dortigen Wertpapierhändlern doppelt in die Glieder. Zum einen kamen die meisten nicht zu ihrem Arbeitsplatz durch, zum anderen war der Sturm ein entsetzliches Omen.
Tausende von Bäumen wurden wie Zahnstocher geknickt und fielen krachend zu Boden. Die gefallenen Riesen versperrten Hunderte von Straßen. Gebäude fielen wie Kartenhäuser zusammen, und reihenweise zerklirrten die Scheiben von Fenstern. In manchen Teilen der Stadt gab es keinen Strom, kein Wasser, kein Gas; viele Telefonleitungen waren unterbrochen. Leere Dosen und Papiere wirbelten durch die ge-

spenstischen Straßen. Unter der Erde fuhren noch einige Bahnen. Niemand wußte jedoch, wann und wohin. Einige Wertpapierhändler kämpften sich bis zur City durch. Doch die Innenstadt war lahmgelegt. Die Börse blieb an diesem Freitag geschlossen.
Deshalb hatte die Londoner Börse am 19. Oktober 1987 Nachholbedarf. Gleich bei der Eröffnung ergoß sich ein rotes Zahlenmeer über die Monitore, ein Minus von sechs Prozent. Rot ist in London die Farbe für fallende Kurse, während Blau für steigende Kurse steht.
Die Telefone der Wertpapierhändler klingelten ununterbrochen. Die meisten Anrufer wollten verkaufen. Als die Händler nachmittags zum Sandwich griffen, verging ihnen gleich wieder der Appetit, als sie auf die Monitore sahen. Eine Eilmeldung flackerte über die Bildschirme: Amerikanische Zerstörer hatten just an dem Tag einen Vergeltungsschlag gegen zwei iranische Ölplattformen geführt. Die Iraner hatten am Freitag den unter amerikanischer Flagge fahrenden Tanker »Sea Isle City«, der den Kuwaitis gehörte, attackiert.
Die Londoner Börse schloß am »Schwarzen Montag« mit einem Verlust von 10,1 Prozent. In Frankfurt waren es 7,1 Prozent, in Zürich 3,05 Prozent und in Paris 4,65 Prozent.

Montag, der 19. Oktober 1987: Schon vor Börsenbeginn war der Börsensaal der »Chicago Mercantile Exchange« gerammelt voll. Ungefähr dreihundertfünfzig Broker und einheimische Spekulanten waren bis zur Explosion gespannt.
»Fünfzig zu achtundseeeechzig!«, »Zweihundert zu sechsundseeeechzig!«, »Sechzig zu siiiiiebzig!« schrie es von hier und von dort. Der Standard-&-Poors-500-Kontrakt, der im Dezember auslaufen würde, hatte am Freitag bei über 282 geschlossen. Jetzt wurden fünfzig *Cars* zu 268, zweihundert zu 266, sechzig zu 270 ... und viele, viele mehr angeboten. Die Depotabsicherer, die Programmhändler, die Spekulanten – alle wollten Kontrakte verkaufen.
Das Anbieten von Kontrakten ist vor Börsenbeginn erlaubt.

Mit den Abschlüssen müssen die Händler allerdings bis zum Eröffnungsgong warten. Wer dagegen verstößt, muß fünfundzwanzigtausend Dollar Strafe zahlen. Die gleiche Strafe wird fällig, wenn jemand nach dem Schlußgong handelt.
Um halb zehn Uhr läutete die Glocke der »Merc« den Börsentag ein. Gleich am Anfang ein Schock: Der Standard-&-Poors-500-Kontrakt eröffnete mit einem Minus von achtzehn Punkten oder sieben Prozent. Die Manager der Institutionen versuchten, Kontrakte gleich tausendstückweise loszuwerden. Das war ein Auftragswert von jeweils weit über hundert Millionen Dollar. Trotz der niedrigen Kurse war jedoch niemand bereit, die andere Seite des Deals einzugehen.
»Auf einmal realisierte man«, sagte ein einheimischer Trader später, »daß etwas ganz anders war. Es herrschte Chaos.«

Als die »New York Stock Exchange« ebenfalls um halb zehn Uhr eröffnete, kam das einem Dammbruch gleich. Eine Springflut von Verkaufsaufträgen brach über die Spezialisten herein. Die Apokalypse begann. Keine der dreißig Aktien, auf denen der *Dow Jones Industrial Average* basiert, wurde zu Beginn der Börse gehandelt.
Je volatiler der Markt, desto später nennen die Spezialisten den ersten Preis. »Gebt den Käufern und Verkäufern Zeit zum Nachdenken«, predigte auch der Chairman der Börse, John Phelan. Er war der Ansicht, daß der Börsentag mit einem »Gleichgewichtspreis« anfangen müsse, »der eine Weile hält«.
Die Spezialisten sind verpflichtet, einen »fairen und geordneten Markt« in den ihnen zugewiesenen Aktien zu gewährleisten – allerdings nur »soweit durchführbar«. In Zeiten von Ungleichgewichten müssen sie in der Regel auf eigene Rechnung kaufen und verkaufen. An diesem Tag sagte einer von ihnen: »Heute sind wir Zeuge der größten Katastrophe aller Zeiten im Markt.«
Die Spezialisten – sie sind die *Market Maker* (Marktmacher) – hatten in der Woche zuvor schon Riesenbestände an Aktien

aufgenommen. Am »Schwarzen Montag« waren sie deshalb nicht mehr in der Lage, sich der Orderflut entgegenzustemmen. Auch eine Stunde nach Eröffnung der Börse war noch kein Handel in Aktien wie »IBM«, »Eastman Kodak« und »Philipp Morris« zustandegekommen.
Da es keine Kurse für die Aktien gab, schwebten in Chicago die Kontrakte auf die Aktienindizes im luftleeren Raum. Ihre Preise wurden von der Panik bestimmt.
Die Spezialisten an der »New York Stock Exchange« waren von gestikulierenden Brokern umgeben, die verzweifelt versuchten, Aktien loszuwerden. Von Minute zu Minute sanken die Kurse. Und trotzdem: Kein Käufer in Sicht. »Machen Sie mir ein Angebot!« wurde gefordert, doch meistens vergeblich. Überall hieß es nur »Brief«.
Hinter sich hatten die Spezialisten Drucker, die unaufhörlich Riesenmengen von Verkaufsaufträgen ausspuckten, die aus dem elektronischen »SuperDot-System« kamen. Die Aufträge erreichten die Spezialisten in so einem Tempo, daß es unmöglich war, ihrer Herr zu werden. Die Zettel flutschten allerdings nicht so schnell aus den Druckern, wie neue Aufträge am anderen Ende eingegeben wurden. So kam es zum Stau. Aus Angst vor einem Zusammenbruch des ganzen Systems wurde die Geschwindigkeit schließlich gedrosselt. Allein das »SuperDot-System« lud am 19. Oktober 1987 Verkaufsaufträge für fast vierhundert Millionen Aktien bei den Spezialisten ab. Erst sehr viel später wurde ihnen bewußt, wie viele Verpflichtungen sie eingegangen waren.
Die Aufträge erhielten einen Zeitstempel, wenn sie in das System eingegeben wurden. Nach den Regeln der Börse hatten die Spezialisten die Verpflichtung, Aufträge über weniger als zweitausend Aktien – gegeben zum bestmöglichen Preis – binnen drei Minuten auszuführen. Fanden sie keinen Käufer, hatten sie selbst der Käufer zu sein. Mit der Eingabe des Auftrags fingen die drei Minuten an, gegen den Spezialisten zu laufen, auch an diesem »Schwarzen Mon-

tag«, an dem der Spezialist den Zettel – häufig erst eine Stunde später! – bekam.
Doch damit noch nicht genug: Aus den oberen Stockwerken, wo normalerweise die Preise für große Aktienpakete ausgehandelt wurden, ergossen sich Massen von Aktien nach unten. Oben fühlte man sich nicht in der Lage, Preise zu machen. Wenn tatsächlich einmal welche genannt wurden, dann waren sie sehr, sehr tief.
Ein wenig Glück im Unglück hatten die unfreiwilligen Käufer. Das »Intermarket Trading System« (ITS), das die anderen amerikanischen Börsen mit der »New York Stock Exchange« verband, brach, äußerst gelegen, zusammen. Den Spezialisten blieb dadurch eine weitere Flutwelle von Verkaufsaufträgen erspart. Unter Tränen lachen mußten die Verlierer vom »Schwarzen Montag« allerdings am Wochenende darauf, als sie in der *New York Times* lasen, was der Präsident der »Philadelphia Stock Exchange« gesagt hatte. Seiner Meinung nach war der Zusammenbruch des »Intermarket Trading Systems« schuld daran, daß »die Spezialisten der anderen Börsen ihren Kollegen an der ›New York Stock Exchange‹ nicht helfen konnten«.
Am 19. Oktober 1987 sprangen die Spezialisten für rund achtzig Prozent des nie zuvor an der »New York Stock Exchange« dagewesenen Tagesumsatzes von 604 Millionen Aktien als Käufer ein. Zwanzig Prozent wurden von anderen gekauft. Die wenigen Kaufinteressenten hatten es schwer. Zum einen waren keine Preise zu bekommen, denn der Ticker lag hoffnungslos zurück. Zum anderen war es schwierig, auf dem Parkett aus der Menge der schreienden und gestikulierenden Anbieter die Aufmerksamkeit der Spezialisten auf sich zu ziehen. Verständlicherweise waren die nur auf Abwehr programmiert. Wer wollte es ihnen verdenken? Sie wußten bei jedem Kauf, den sie tätigten, tätigen mußten, daß sie keine Gewinne machen würden, sondern Verluste. Sie blieben nur noch auf ihrem Posten, weil sie dort bleiben mußten. »Es ist nicht unsere Aufgabe, ganze Gesellschaften zu kaufen«,

stöhnte einer von ihnen, als eine neue Verkaufswelle sie überflutete.
Viele waren zudem wie erstarrt, unfähig, sich zu rühren, selbst wenn völlig unverhofft Käufer vor ihnen standen. Zu denen gehörte Greta Marshall, Investmanager des »California Public Employees' Retirement System«. Sie kaufte für mehr als dreißig Millionen Dollar. »Wir sagen immer, wir wollen kaufen, wenn andere Leute verkaufen.« Und später die Untertreibung des Jahres: »Ich sah Leute verkaufen.«
Manchen Spekulanten machte das Ganze »irgendwie Spaß«. Ihre Gebote für Aktien waren so niedrig, daß die Verkaufswilligen nur mit Groll über das als Brutalität empfundene Vorgehen dem Handel zustimmten. Sie waren zur Einwilligung gezwungen, insbesondere wenn es galt, Bestände aus hochbeliehenen Konten abzustoßen. Unter die Käufer mischten sich auch mehr und mehr Gesellschaften, die ihre eigenen Aktien kauften, zum Beispiel IBM.
Mark Mehl, zuständig für die Großkunden bei »Drexel Burnham Lambert«, tat – wie andere – sein Bestes, um den Fall der Aktienkurse aufzuhalten. »Alle ihr kleinen Wiesel«, schrie er im *Trading Room* der Firma. »Ich will eure Aufträge.« Und zu einem Kollegen gewandt: »Hast du den Urlaub gestrichen? Wir haben diese Woche alle Hände voll zu tun. Wir werden ein paar Millionen Dollar machen.«
In anderen Brokerhäusern war man nicht so optimistisch. Die Firma »Donaldson, Lufkin & Jenrette« hatte vorsorglich Leibwächter vor ihre Tür postiert. Deren Aufgabe war es, im Notfall die Broker vor ausrastenden Kunden zu schützen. Der Manager hatte vor Börsenbeginn die Devise ausgegeben: »Laßt uns die Nerven behalten – und vielleicht werden wir alle lebend aus dieser Geschichte herauskommen.«
Sehr pessimistisch für diesen Tag hatte sich auch Robert Farrell, Chefanalyst vom Brokerhaus »Merrill Lynch«, gezeigt. Er hatte einen Kurzsturz in der Größenordnung von zweihundert Punkten im *Dow Jones Industrial Average* vermutet.

Dreizehn Uhr vier: Die Nachricht schlug wie eine Bombe ein! David Ruder, der Chairman der »Securities and Exchange Commission«, hatte erklärt, daß eine vorübergehende Unterbrechung des Aktienhandels in Betracht gezogen werden könnte. Sein »*Anything ist possible*!« (»Alles ist möglich!«) klang in den Ohren der gereizten und gepeinigten Akteure wie: »Ich schließe die Bank.« Selbst diejenigen, die durch den Schock der Ereignisse bisher unfähig gewesen waren zu handeln, ergriffen jetzt die Initiative und reihten sich in die Schar der um jeden Preis zum Verkauf Entschlossenen ein.

In der »Merc« wurden an diesem Tag auch ungewöhnliche Dinge gehandelt. Zum Beispiel wechselte eine Rolex-Uhr im Wert von zehntausend Dollar für tausend Dollar das Handgelenk. Oder ein neuer Mercedes, der vor einem Monat 62 000 Dollar gekostet hatte, fand für 38 000 Dollar einen neuen Besitzer. Manche Spekulanten machten noch einen extremeren Schnitt. Sie waren entschlossen, ihren Börsensitz zu verkaufen. In dem zuständigen Büro der »Merc« gab man praktisch schon Nummern aus. Im Vergleich zu Anfang Oktober brachte ein Sitz jetzt nur noch die Hälfte.
Einige von den Glücklicheren stürmten zur Bank, die sich im Gebäude der Terminbörse befand, und ließen sich dort ihre teils sechsstelligen Guthaben auszahlen. In der Parkgarage warf zum Beispiel ein junger Mann einen beuligen Sack mit 250 000 Dollar in seinen Porsche und röhrte dann über die Rampe davon.
Nach drei Jahren in der *Pit*, so sagt man in Chicago, ist ein Spekulant entweder reich und verrückt oder pleite und verrückt. Um das Verrücktsein kommt anscheinend niemand herum, besonders nicht an so einem Tag.

Richard Torrenzano ist der Chef der Public-Relations-Abteilung der »New York Stock Exchange«. Am 19. Oktober 1987 schlug er John Phelan am frühen Nachmittag vor, nach Ende der Börse eine Pressekonferenz abzuhalten. Torrenzano erinnerte sich später: »Phelan starrte mich an, als ob ich verrückt wäre.«

Torrenzano war der Meinung, daß in so einer Situation selbst die schlimmsten Tatsachen weniger alarmierend wären als Spekulationen und Gerüchte. Damit überzeugte er Phelan.

Als Marine-Sergeant hatte Phelan gelernt, sich selbst vom Kampfplatz zu überzeugen. Deshalb ging er am »Schwarzen Montag« mehrmals über das Börsenparkett, »um ein Gefühl für den Ort zu bekommen, in die Gesichter der Leute zu sehen und um festzustellen, ob sie in Ordnung waren«.

Bis um dreizehn Uhr dreißig war der *Dow Jones Industrial Average* um zweihundert Punkte gefallen. Er fiel weiter mit einer Geschwindigkeit von mehr als einem Punkt in der Minute. Mehr und mehr Stoppkurse wurden erreicht, die neue und immer neue *Stop Loss Order* auslösten. Wie ein Kartenhaus fiel alles zusammen.

Stop Loss Order sind Verkaufsaufträge, die zum bestmöglichen Preis ausgeführt werden, wenn der vom Anleger festgesetzte Kurs erreicht oder unterschritten wird. Auf diese Weise sollen Gewinne geschützt und Verluste begrenzt werden. Das funktioniert in einem normalen Markt. Am 19. Oktober 1987 zum bestmöglichen Preis zu verkaufen bedeutete jedoch gnadenlose Exekution. Zu spät und zu tief waren die Stoppkurse gesetzt, die erst an diesem Tag erreicht wurden.

Um fünfzehn Uhr hatte der *Dow Jones Industrial Average* rund dreihundert Punkte verloren. Die ersten Gerüchte über finanzielle Schwierigkeiten von Marktteilnehmern tauchten auf. Selbst große Firmen der Wall Street wie das Brokerhaus »E. F. Hutton« gerieten in die Schußlinie. »Sind die Schuldner auch gut?« war jetzt die zusätzliche bange Frage.

Am Nachmittag befanden sich die Kurse im freien Fall. Nichts und niemand konnte sie aufhalten. Nur eines war sicher: Geld wurde gebraucht. Die Notenbank würde für Liquidität sorgen müssen. Deshalb würden die Zinsen fallen und die Bondpreise steigen. Also hinein in die Bonds! Anlei-

hen kaufen! Eine gewaltige Rallye in festverzinslichen Papieren begann.
Im Gegensatz dazu hagelte es weiter Aktienpakete, Riesenberge von Aktien. Nur raus aus diesen Papieren, nur raus! Keiner kannte die Aktienkurse und den Stand der Indizes. Der Ticker blieb immer weiter hinter den Ereignissen zurück.
Monate des Anlaufs hatte der *Dow Jones Industrial Average* im Jahre 1986 benötigt, um die wie eine Schallmauer wirkende Grenze von 1900 von unten nach oben zu durchstoßen. Wie ein Vermeidungszwang mit Namen »1900er-Phobie« war das damals gewesen. Am »Schwarzen Montag«, irgendwann zwischen fünfzehn und fünfzehn Uhr dreißig, brauchte der Index wahrscheinlich nicht einmal eine Sekunde, um die Hürde von 1900 in die andere Richtung zu nehmen, wenn er die Zahl auf dem Weg nach unten nicht gleich ganz übersprang.
Das war jedoch noch keinesfalls das Ende. Die Kurse fielen in immer schnellerem Tempo, rasten gleichsam dem Boden zu. Doch wo war der Boden? War da überhaupt ein Boden? Scheinbar ins Bodenlose stürzten die Kurse. Nochmals hundert Punkte verlor der *Dow Jones Industrial Average* in der letzten halben Stunde. Im freien Fall beendeten die Aktienkurse den Tag.

Als die Börse um sechzehn Uhr schloß, trat eine unheimliche Stille ein. Die Wahnsinnsfahrt der Kurse kam so abrupt zum Stehen wie ein Auto, das mit einer bisher nicht vorstellbaren Geschwindigkeit auf eine Betonwand geprallt war. Entsprechend groß war der Schock. Die Gesichter der Menschen spiegelten das Entsetzen über das Unfaßbare wider. Kaum jemand war imstande, das Ausmaß der Katastrophe zu begreifen. Die gesenkten Köpfe und die nach vorn gebeugten Schultern drückten Ohnmacht und Resignation aus. Geschlagene Männer, von denen etliche mit den Tränen kämpften. Unfähig zu sprechen und sich zu bewegen, saßen sie da wie erstarrt. Ein hysterisches Lachen hier, ein unterdrücktes Schluchzen dort durchbrach vereinzelt die Stille.

Das Gefühl tiefen Elends wich nur allmählich der Erleichterung. Es war vorbei. Dieser furchtbare Tag war vorbei, der entsetzlichste in der Geschichte der Wall Street.
In der Pressekonferenz nach Börsenschluß sagte John Phelan: »Das ist der schlimmste Markt, den ich je erlebt habe.« Und später zu seiner Frau: »Wenn man ein Ereignis aussuchen sollte, von dem man wünschte, daß es nicht passiert wäre, dann ist es dieses.«
Der bis dahin höchste Tagesverlust im *Dow Jones Industrial Average* von 12,8 Prozent am 28. Oktober 1929 – ebenfalls ein »Schwarzer Montag« – nahm sich gegen den heutigen Aderlaß vergleichsweise bescheiden aus. Bis vor einem Tag schien es undenkbar, daß der alte Rekord jemals gebrochen werden würde. Deshalb zögerte der Markt wohl ein wenig, als dieser Rekord bei einem Indexstand von rund 1960 eingestellt wurde. Er legte jedoch nur eine Gedenkminute ein. Die Hoffnung, daß die alte Rekordmarke halten würde, erfüllte sich nicht.
Als die Glocke den Börsentag abläutete, kamen die Aktienkurse ex Hoffnung zur Notiz. Der *Dow Jones Industrial Average* hatte 508 Punkte verloren, 22,6 Prozent an diesem einen Tag. Er schloß bei einem Stand von 1738,70. Über fünfhundert Milliarden Dollar Papiergewinne waren verschwunden.
Ein furchtbarer Tag war vorüber, an Wall Street war es Abend geworden. Ein neues Kapitel in der Geschichte des Finanzdistrikts hatte begonnen.

Waren die Verluste in New York schon gewaltig, so war das noch nichts im Vergleich zu dem Schicksal, das unvorsichtige Spekulanten in Chicago ereilte. Der im Dezember auslaufende Standard-&-Poors-500-Kontrakt fiel an diesem einen Tag um 80,75 Punkte auf 201,50. Mehr als vierzigtausend Dollar Verlust (für die Käufer) oder Gewinn (für die Verkäufer) war das pro Kontrakt. Glücklich wären die Verlierer gewesen, wenn ihr Verlust begrenzt gewesen wäre auf das, was der

Index verlor: 28,6 Prozent. Wegen der Hebelwirkung der Kontrakte war der Schaden jedoch weit größer. Viele verloren alles, was sie besaßen, und etliche noch wesentlich mehr.

Eine furchtbare Höllenfahrt machten auch die Verkäufer von Verkaufsoptionen durch. Es traf sie wie ein Keulenschlag. *Puts*, zu unter einem Dollar verkauft, waren plötzlich über hundert Dollar wert. Das war ein Verlust von über zehntausend Prozent. Selbst diejenigen *Puts*, die erst vor drei Tagen verkauft worden waren, kosteten den Verkäufer beim Rückkauf jetzt das Fünffache, das Zehnfache oder auch mehr. In Chicago hieß es: *Rien ne va plus*! Oder zumindest: Fast nichts geht mehr. Kaum jemand hatte Lust auf ein neues Spiel.

Das Verkaufen von *Puts* war in den vergangenen Jahren zum Renner geworden. Wegen des steigenden Marktes verfielen die meisten dieser Optionen ohne Wert, und der Verkäufer konnte die Prämie für sich behalten. Je länger der Bullenmarkt dauerte, desto sicherer fühlten sich die Verkäufer von *Puts* und desto mehr verkauften sie.

Nicht zu Unrecht sagt man an Wall Street: »Finanzgenie ist ein kurzes Gedächtnis in einem steigenden Markt.« Am 19. Oktober 1987 erwies sich der massenhafte Verkauf von *Puts* als das, was es war: russisches Roulette. Die Kugel war tödlich. Ein Mann allein verlor über fünfzig Millionen Dollar, die er gar nicht besaß. Er war nicht der einzige, der ausgelöscht wurde. *Wiped out* nennt man das an Wall Street.

Am »Schwarzen Montag« flog Alan Greenspan nach Dallas, wo er vor Bankern eine Rede halten sollte. Als er in Texas ankam, galt seine erste Frage dem Schlußstand von Wall Street. »Fünf-Null-Acht runter« war die Antwort. Greenspans Gesicht soll danach filmreif gewesen sein. Denn zunächst dachte er, daß der *Dow Jones Industrial Average* nur um 5,08 Punkte gefallen wäre, bevor er begriff, daß 508 Punkte gemeint waren.

Am nächsten Morgen wurde eine Erklärung abgegeben: »Die ›Federal Reserve‹, in Übereinstimmung mit ihren Verpflich-

tungen als Zentralbank der Nation, bekräftigte heute ihre Bereitschaft, als Liquiditätsquelle zur Verfügung zu stehen, um die Wirtschaft und das Finanzsystem zu stützen.«
Präsident Reagan gab am 22. Oktober 1987 ein Interview, das nicht allein die Anleger – und das weltweit – verunsicherte. Vielleicht waren seine Gedanken mehr bei seiner Frau Nancy, die nach einer Brustoperation gerade aus dem Krankenhaus entlassen worden war. Jedenfalls, als ihn ein Reporter fragte: »Was lief schief?« fragte er zurück: »Was lief schief?« Und auf die Frage nach der Lösung des Defizitproblems antwortete er – und das ging wie ein Feuerball um die Erde: «*But the problem is the – the deficit is – or should I say – wait a minute, the spending, I should say, of gross national product, forgive me – the spending is roughly 23 to 24 per cent. So that it is in – it what is increasing, while the revenues are staying proportionately the same and what would be the proper amount they should, that we should be taking from the private sector.*« Ob des Englischen mächtig oder nicht, den Unsinn verstand keiner. Nachdem Wall Street sich erholt hatte, witzelte man: »Wieviel schlimmer wäre die Krise gewesen, wenn Präsident Reagan zu der Zeit noch am Leben gewesen wäre.«

Dienstag, der 20. Oktober 1987: Der Tag ging als »Schrecklicher Dienstag« (*Terrible Tuesday*) in die Annalen von Wall Street ein.
Das Massaker begann in Australien. Der *Sydney Morning Herald* erschien mit der Schlagzeile: «Verkaufen, verkaufen, verkaufen – die Panik schlägt zu!« Und verkaufen taten die Australier dann auch. Die Kurse sackten um 24,9 Prozent. In Tokio waren es 14,7 Prozent. Und die Hongkonger Börse machte gar nicht erst auf. Die Chinesen hofften, dadurch dem Blutbad zu entgehen. Doch sie sollten sich täuschen. Denn als die Börse am 26. Oktober 1987 wieder öffnete, fiel der *Hang Seng Index* um 33 Prozent.
Der britische Schatzkanzler Nigel Lawson nannte die Ereignisse von Montag eine »absurde Überreaktion«. Er beschwor

die Anleger, Ruhe zu bewahren. Und das taten sie dann auch: Relativ ruhig verkauften sie ihre Aktien. Die Kurse sanken in London um 11,6 Prozent, in Frankfurt um 5,08 Prozent, in Zürich um 11,3 Prozent und in Paris um 5,8 Prozent.

In Wall Street strömte vor Börsenbeginn eine Menschenmenge in die Trinity Church. Beklommenheit und Furcht waren deutlich zu spüren. In der Kirche mit den Buntglasfenstern beteten die Männer im Nadelstreifen, die Schuhe auf Hochglanz poliert und die Aktentasche aus gediegenem Leder neben sich. Sie fürchteten die Hand ihres Chefs auf der Schulter und die Worte: »Es war schön, mit Ihnen zu arbeiten ...«

Die New Yorker Börse eröffnete mit einem Feuerwerk. Private Investoren waren zur Stelle, um die Aktien zu Billigstpreisen zu kaufen. Die Kurse stiegen, und schneller stieg noch die Stimmung. Dieses wunderbare Gefühl, hinter den Aktienkursen her zu den Sternen zu fliegen, endlich war es zurück. Kaufen, Aktien kaufen! Schnell hatte der *Dow Jones Industrial Average* zweihundert Punkte gewonnen. Wie schön war die Welt!

Doch genauso schnell, wie die Kurse gestiegen waren, fielen sie wieder zusammen. Gegen Mittag lagen sie unter dem Vortagstief. »Ist das das Ende der Welt?« hatten die Menschen sich gestern gefragt. Jetzt waren sie sicher: Das war das Ende der Welt.

Die Spezialisten ertranken in Aktien. Das Wasser stand ihnen bis zum Hals. Die »Fed«, warum tat die Notenbank nichts? Alan Greenspan hatte doch versprochen zu helfen. Die »Fed« half auch. Sie versorgte die Banken mit Geld. Nur: Die Banken verliehen es aus Angst vor dem Risiko nicht weiter.

Zu den Verkäufern gehörten wiederum Fonds. Sie hatten inzwischen ihre Anwälte eingeschaltet, um zu klären, ob die Auszahlungswünsche der Kunden nur teilweise erfüllt werden könnten oder ob eine Auszahlung in Form von Aktien möglich wäre.

Ein Spezialist nach dem anderen stellte den Aktienhandel ein. Nichts ging mehr. Nur das Verhängnis nahm seinen Lauf.
Je weniger auf dem Parkett geschah, desto mehr tat sich hinter den Kulissen. Nur der Präsident der Vereinigten Staaten von Amerika und die »New York Stock Exchange« selbst haben das Recht dazu, die Börse zu schließen. Chicago wurde unterrichtet, daß New York kurz davor war, die Pforten dichtzumachen. Dort wurden die Terminkontrakte auf die Aktienindizes blind gehandelt, denn Kurse für die ihnen zugrundeliegenden Aktien gab es nicht mehr. Leo Melamed zog Konsequenzen: Der Handel mit den Kontrakten auf den Standard-&-Poors-500-Index wurde eingestellt.
Die Schließung der New Yorker Börse schien jetzt nur noch eine Frage der Zeit. Die Menschen waren zu Tode erschöpft. Die Anspannung seit der vergangenen Woche, das Wochenende, der gestrige Tag, die gestrige Nacht, all das hatte seine Spuren hinterlassen. Und dennoch: Es wurde gekämpft. Die Börse mußte offen bleiben! Was hinter den Kulissen geschah, war nur auf dieses eine Ziel gerichtet: *The show must go on.* Die Show muß weitergehen.
Die Börse blieb offen. Wie das erreicht wurde, darüber gab es nur Gerüchte. Die Brokerhäuser sollen sich bereit erklärt haben zu kaufen, damit erst einmal wieder ein Handel zustande kam. Große Gesellschaften gaben bekannt, daß sie eigene Aktien kaufen würden. Um das zu bewirken, so munkelte man, soll es dringende Anrufe von Banken und sogar aus Washington gegeben haben.
Noch ein anderes Gerücht ging um. Es betraf die Terminkontrakte auf den *Major Market Index* (MMI), der nur auf zwanzig Aktien basiert. War dieser Index manipulierbar? Wurde er manipuliert? Der Handel bei diesem Index war nicht angehalten worden.
Jedenfalls erhob er sich – ab etwa zwölf Uhr dreißig – wie von Schwingen getragen in die Lüfte. Er hob nicht nur vom Boden ab, sondern er stieg um rund zwanzig Prozent inner-

halb kürzester Zeit. Das brachte die Wende. Jetzt waren Käufer in Sicht. Es waren die Programmhändler, die die Kursunterschiede nutzen wollten. Ein Kauf der billigen Aktien, die dem *Major Market Index* zugrunde lagen, bei gleichzeitigem Verkauf der so plötzlich im Preis gestiegenen Terminkontrakte war ein verlockendes Geschäft.
Wem auch immer der Kontrakt auf diesen Index seine unverhofften Lebensgeister verdankte, die Wirkung war da: Es wurde gekauft. Die Kurse flogen nach oben. Der *Dow Jones Industrial Average* schloß bei 1841 nach einem Tief von 1616,20 während des Tages.
Dem tiefsten Absturz in der Geschichte von Wall Street folgte der größte Anstieg. Zwei Tage hintereinander stellte der *Dow Jones Industrial Average* einen neuen Tagesrekord auf: 102,27 Punkte Gewinn am Dienstag, dem 20. Oktober 1987, und 186,84 Punkte am Mittwoch, dem 21. Oktober 1987.
Die meisten Investoren waren jedoch zu erschöpft, um noch zu fliegen. Sie folgten dem Phönix nicht, als er sich aus der Asche in die Lüfte erhob.

IV.
Kulissengeflüster

11 Die Geschichte der Wall Street vor der Gründung der Börse

Der Schrecken der Entdeckten war riesengroß. Ein paar Delawaren fuhren am 2. September 1609 zum Fischen aufs Meer hinaus, da tauchte aus dem Morgendunst ein Ungetüm auf. Ein Tier, ein Fisch? Die Indianer drehten schleunigst um und verbreiteten die Nachricht von dem Monstrum über die Insel. Als sich die seltsame Erscheinung *Manna-hatin* näherte, kamen die Krieger und Weisen der verschiedenen Stämme zu dem Schluß, daß es sich um ein bunt bemaltes Haus voller Lebewesen handeln mußte. Vorn stand ein Mann in Rot, an dessen Kleidung es in der Sonne blinkte und blitzte. Das mußte der große Manitu sein.

Zunächst legten die Indianer einen Tanz zu Ehren der Ankömmlinge ein. Danach aber wollten sich einige in die Büsche und Wälder schlagen, doch die anderen hielten sie auf. Denn schließlich: Manitu durfte nicht beleidigt werden. Und so bereitete man eilends ein Mahl und hieß die Fremdlinge damit willkommen. Die wiederum revanchierten sich mit einem Getränk. Doch keiner der Indianer wollte davon trinken.

Aus Angst vor Manitus Zorn ergriff schließlich einer den Becher, um sich für sein Volk zu opfern. Er sagte den anderen Lebewohl und leerte den Becher in einem Zug. Schon bald fing er an zu wanken, und dann fiel er schwer zu Boden. Die Indianer brachen in ein lautes Wehklagen aus, weil sie glaubten, ihr Gefährte müßte nun sterben. Doch nach einer Weile stand der wieder auf und behauptete, niemals zuvor so glücklich gewesen zu sein wie nach dem Leeren des Bechers. Jetzt tranken auch die anderen von dem fremden Wasser, bis sie alle sehr fröhlich wurden. Doch danach wurde ihnen sonderbar, und sie wußten nicht, was sie davon halten sollten.

Am 25. März 1609 hatte der achtzig Tonnen große niederländische Zweimaster «Halve Maan« (»Halbmond«) unter dem englischen Kapitän Henry Hudson Amsterdam verlassen, um eine Nordwestpassage nach Fernost zu suchen. Nach der ersten Begegnung mit den Indianern kundschaftete Hudson die Gegend aus und stieß dabei auf die Mündung des Flusses, der später seinen Namen tragen sollte. Diesen »Hudson River« befuhr das Schiff rund zweihundertfünfzig Kilometer weit, vorbei an sich türmenden Ufern, bis auf die Höhe der heutigen Stadt Albany. Von dort aus schickte Hudson noch ein paar Boote weiter stromauf bis zum Gebiet der Indianer, die sich Manhatters nannten. Als die Späher von dort zurückkehrten, wurde Hudson klar: Hier gab es keinen Wasserweg nach Indien. Und mit den fünfundzwanzigtausend Gulden Entdeckerprämie war es auch nichts.

Nur schwach war der Trost, den der Handel mit den Indianern bot. Glasperlen, Beile und Strümpfe gegen Biberpelze und Otternfelle. Allerdings: Wegen dieser Felle wurden später die Kolonie »Nieuw Nederland« und das Fort »Nieuw Amsterdam« gegründet. Dessen Häuser standen im südlichen Teil von Manhattan, genau an der Stelle, wo sich heute der Finanzdistrikt von New York befindet.

Mit der Harmonie zwischen den Ureinwohnern und den Eindringlingen war es bald vorbei. Die »Halve Maan« hatte eine undisziplinierte englisch-holländische Besatzung, die sich köstlich über betrunkene Indianer amüsierte. Und dann floß Blut: Ein paar Indianer wurden erschossen. Dafür wurde John Colman von einem Pfeil in die Kehle getroffen. Man begrub ihn an der Stelle, die später »Sandy Hook« hieß. Der Tod des Besatzungsmitglieds war ein herber Verlust. Denn die Crew der »Halve Maan« wurde dadurch von zwanzig auf neunzehn Mann dezimiert.

Zur ersten »Grundstücksübertragung« von Indianern auf Europäer kam es schon unter Hudsons Regime. Denn die Weißen wünschten sich von ihren neuen Freunden ein Stückchen Land, um Kräuter für ihre Fleischbrühe zu ziehen.

Pelze und Felle wurden im kalten Europa dringend gebraucht. Bis dahin wurden sie ausschließlich in Rußland gekauft. Jetzt sahen niederländische »Pfeffersäcke« die Chance, das russische Monopol zu brechen. Deshalb wurde im Juni 1621 die »West-Indische Compagnie« gegründet, ein Pendant zur erfolgreich operierenden »Ost-Indischen Compagnie«.
Fünf Jahre später »kaufte« der Generaldirektor der neuen Gesellschaft, Peter Minnewit (Minuit), den Indianern Manhattan ab. Der Deutsche in holländischen Diensten »bezahlte« mit Äxten, Perlen und Tand im Wert von sechzig Gulden. Das war auch der damalige Preis für einen abgemagerten Ochsen. Der geschichtsträchtige Handel fand auf einem dreieckigen Stückchen Rasen statt. Das historische Grün, am Ende des heutigen Broadway gelegen, wurde später für ein Pfefferkorn jährlich an Bowler vermietet und heißt seitdem »Bowling Green«.
Im siebzehnten Jahrhundert war kein Platz für Sentimentalitäten. Und so war der »Kauf« von Manhattan auch nur der Anfang von weit größeren und schlimmeren »Käufen«. Torkelnden und lallenden Indianern wurden riesige Ländereien abgeschwatzt. Um den Schein der Rechtmäßigkeit zu wahren, wurde der jeweilige Landraub mit allerlei Schnickschnack besiegelt oder mit Alkohol »bezahlt«.
Peter Minnewit, ein reformierter Geistlicher, hörte sich die Beschwerden der wieder nüchternen Indianer gütig an und segnete wahrscheinlich deren Dummheit. Schließlich beorderte die niederländische Regierung den Pastor zurück, um den weißen Betrug an den roten Indianern zu untersuchen. Minnewit trat später in schwedische Dienste und »reformierte« Delaware nach bewährtem Muster: Aus Indianerland wurde Neu-Schweden.
Generaldirektoren kamen und gingen. Die meisten verließen Nieuw Amsterdam auf vergoldeten Sohlen. Denn der Pelzhandel florierte privat wesentlich besser als über die »West-Indische Compagnie«, die eigentlich das Monopol besaß. Viel

blieb der Gesellschaft nicht vom Geschäft. Deshalb ahnte man in Amsterdam Böses und schickte einen schärferen Mann: Willem Kieft. Dem gefiel gar nicht, was er in Nieuw Amsterdam sah. Die verlotterte Siedlung war eher ein von Schweinen besetzter Kral als ein Fort.

Mit harter Hand und ohne Gespür für die Indianer griff der neue Generaldirektor durch. Als erstes verfügte er eine Steuer für die »Wilden« – so wurden die Indianer von den Holländern genannt. In seinen Augen waren die Ureinwohner eine Gefahr für die Siedler, und deshalb sollten sie für deren Schutz bezahlen. Das allerdings war erst der Anfang von Kiefs ungutem Treiben. Schon bald war der Boden entlang den Flüssen mit Indianerblut getränkt. Der Generaldirektor ließ schießen. Die Truppen aber schossen nicht nur, sondern sie meuchelten auch mit Bajonetten und schleppten gröhlend abgehackte Köpfe herum. Die Beziehungen zwischen Weißen und »Wilden« standen auf Sturm. Sichtbares Zeichen: Nacht für Nacht leuchtete der Himmel vom Widerschein der Brände, die von entfesselten Indianern in Manhattan und Breukelen (heute Brooklyn) gelegt wurden. Die Siedler wurden so grausam zerstückelt und skalpiert, wie vorher die »Wilden« von den Weißen niedergemetzelt worden waren. In Connecticut, wohin sich die ausgezehrten Indianer nach ihrem Rachefeldzug zurückgezogen hatten, kam es zur entscheidenden Schlacht. Die Ureinwohner wurden vernichtend geschlagen und mußten um Frieden bitten. Die damals entstandenen Wunden aber heilten nicht, sie heilten nie.

Der brutale Kieft konnte seinen Sieg nicht lange genießen, denn ein eigens gegründetes Bürgerkomitee riet ihm zu gehen, und selbst seinen Auftraggebern schien er übertrieben zu haben. Sie beriefen ihn ab. Mit Blut gewonnen und aus Tränen gepreßt war seine Beute. Mit ihr schiffte er sich nach Europa ein. Die Indianer hatten die Schlacht gegen ihn verloren; doch er verlor sein Leben, als das Schiff am 27. September 1647 vor der britischen Küste sank.

»Old Silver Nails« war der letzte holländische Generaldirektor der Kolonie. Er war auch derjenige, der am längsten amtierte. Peter Stuyvesant war zuvor Gouverneur von Curaçao gewesen und hatte dort im Kampf gegen die Portugiesen ein Bein verloren. Seitdem stapfte er mit einer Prothese durchs Leben, die mit silbernen Beschlägen verziert war. Daher kam sein Spitzname »Old Silver Nails«. Als Stuyvesant sich zu den Bürgern von Nieuw Amsterdam herabließ, war das ein königlicher Auftritt. Die Samtjacke mit Schlitzärmeln, ein großer, weißer Kragen, prachtvoll gearbeitete Hosen und an dem einen Schuh eine liebevoll gebundene Rosette, so verließ der neue Generaldirektor das Schiff und betrat den mit Schweinekot übersäten Boden. Schnell krempelte Stuyvesant seine samtenen Ärmel hoch und begann mit dem Ausmisten des Augiasstalls.

»Ich werde wie ein Vater für seine Kinder sein«, hatte er bei seiner Ankunft verkündet – und bald steckte er seine Nase überall rein. Wie eine Beißzange ging er dann auf die »Subjekte« von Nieuw Amsterdam los und machte ihnen Beine. Beten tat er allerdings auch für sie.

»Wir erhalten unsere Autorität von Gott und der Compagnie und nicht von ein paar Untertanen ohne Grips«, brüllte er jeden an, der Widerspruch wagte. Despotisch, wie er zweifellos war, wollte er doch nur das Beste für seine »Kinder«. Dabei war er fest davon überzeugt, daß nur er wußte, was gut für sie war. Und das, so ließ er sie wissen, würden sie bekommen, ob sie wollten oder nicht.

Dank der ungeheuren Energie des cholerischen Diktators wurden aus den schlammigen Wegen bald passable Straßen, und die spitzgiebligen Häuser hatten kleine Gärten. Manche Häuser waren aus Holz, andere aus Backstein, die Steine im Schachbrettmuster verlegt. Schmiedeeiserne Zahlen zeigten die Baujahre an, und selbst auf dem windschiefsten Dach drehte sich bald ein dekorativer Wetterhahn.

Hinter den adretten Fassaden probten die Bürger den Aufstand. »Keine Steuern ohne Mitbestimmung«, hatten sie schon zu Anfang von dem selbstherrlichen Mann gefordert. Zähneknirschend mußte Stuyvesant der Bildung eines neunköpfigen Rates zustimmen. Mit dem beriet er sich allerdings nur, wenn es ihm paßte. Zumindest erhielt Nieuw Amsterdamm jetzt ein Rathaus – der frühere Stadtkrug –, in dem unter anderem Strafzettel für zu schnell fahrende Pferdegespanne ausgestellt wurden.

Der Namenspate einer Zigarettenmarke, der Generationen später den »Duft der großen weiten Welt« vermitteln sollte, war alles andere als weltoffen. Juden zum Beispiel wollte er keine in seiner Kolonie haben. Als dennoch die »Sint Carl« mit dreiundzwanzig halbverhungerten Juden an Bord in den Hafen einlief, hätte er die Flüchtlinge aus dem brasilianischen Pernambuco am liebsten gleich wieder hinausgeworfen. Doch das verbot die Zentrale der »Compagnie«, denn sie hatte jüdische Aktionäre.

Niederlande – das klingt wie Wasser, Schiffe, Meer und originelle Leute. Bis zu der Zeit, als das große Schiffeversenken zwischen England und Holland begann, klang es auch wie Weltmacht. Schon der erste Seekrieg zwischen den beiden Nationen (1652–1654) scheuchte den einbeinigen Kriegsbären in Nieuw Amsterdam auf. Stuyvesant wußte: Die Kolonie ragte wie ein Keil in englisches Gebiet. Ein Dorn, den die Engländer am liebsten schon lange gezogen hätten. Außerdem: Der Aufschwung hatte das propere Nieuw Amsterdam zu einem begehrenswerten Ziel für die Engländer gemacht. Segen und Fluch eines Booms liegen eben dicht beieinander.

Der bärbeißige Stuyvesant wünschte sich, daß in Nieuw Amsterdam alles so bliebe, wie es war. Doch er erkannte, daß Änderungen unumgänglich waren. Mit der gleichen Akribie, mit der er holländische Lebensweise in fremdem Boden verankert hatte, machte er sich jetzt daran, diese Lebensart zu erhalten. Sich seiner Schurigelei in der Vergangenheit bewußt, stimmte er zunächst die Bürger von Nieuw Amsterdam versöhnlich. Am 2. Februar 1653 wurden Nieuw Amsterdam zur Stadt proklamiert und die ersten Beamten berufen – mit geringer Machtbefugnis, versteht sich. Ab dann war der Sonntag der Tag der neuernannten Stadtväter. Holländisch wie die Windmühlen am Hudson war ihr Gehabe. Am Sonntagmorgen trafen sie sich im Rathaus, und von dort zogen sie in feierlicher Prozession zur Kirche. Ihnen voran ein Glöckner mit Kissen, die drinnen für die Ratsherren auf die Kirchbänke gelegt wurden.

Die Stimmung in der Kolonie war gedrückt. Mehrfach hatte die »West-Indische Compagnie« davor gewarnt, daß die Zwistigkeiten von Europa über den Ozean schwappen könnten, mit Nieuw Nederland und Nieuw Amsterdam als möglicher Trophäe. Da die Zitadelle von Nieuw Amsterdam nicht groß genug war, um alle Bewohner der Ministadt aufzunehmen, beschloß man, »die Stadt einzumauern«. Herausgeputzt wie immer, das Schwert an der Hüfte, stapfte Stuyvesant durch die Gegend, um den besten Platz für die Mauer zu finden. Dabei stieß er auf die Reste eines alten Zauns – errichtet von Kieft, um das Vieh drinnen und die Indianer draußen zu halten. Ungefähr parallel zu diesem Zaun – vierzig bis fünfzig Fuß südlich davon – sollte schließlich die Mauer entstehen. – Damit war auch die Lage der heutigen Wall Street bestimmt.
Schnell schrieb die Stadt den Bau der Mauer aus, wobei alle Einzelheiten festgelegt waren. Die Länge der Mauer – eigentlich ein Palisadenwall – sollte einhundertachtzig Ruten (etwa achthundert Meter) betragen, und sie sollte sich vom East River quer über die ganze Insel bis zum Hudson erstrecken. Die einzelnen Pfähle sollten rund vier Meter hoch sein und außerdem scharfe Spitzen haben. An der Innenseite der Mauer war eine Brustwehr vorgesehen, davor ein Graben und dann über die volle Länge der Mauer ein breiter Truppenplatz. Dieses Gebiet wurde zum Sperrgebiet erklärt. Keine Gebäude durften dort errichtet werden. Vorgesehen waren außerdem zwei riesige Tore, um die Stadt betreten und verlassen zu können. Das »Land Gate« war an

der Kreuzung von der Mauer und dem heutigen Broadway geplant und das »Water Gate« am Wasser im Westen der Insel.
Vier Männer beteiligten sich an der Ausschreibung. Gewonnen hat sie Thomas Baexter, der später als Pirat von sich reden machte. Und das hat die Mauer im einzelnen gekostet:

1 404 Bretter à 1 1/2 Florin	2106 Florin
340 Pfähle	304 Florin
Nägel	100 Florin
Transportkosten	120 Florin
Arbeitslöhne	500 Florin

Insgesamt waren das 3 130 Florin (Gulden), rund 1 300 Dollar. Bezahlt wurde in *Good Wampum* (Gutes Muschelgeld), auch *Devil's Currency* (Teufelswährung) genannt. Der Wert dieses Geldes hing von der Qualität der Muscheln ab und war gesetzlich geregelt.
Innerhalb von sechs Wochen stand die Mauer. Die spitzen Pfähle warfen spitze Schatten. Die Engländer fühlten sich attackiert. Gerüchte wollten nämlich wissen, daß die sich einigelnden Holländer »Wilde« angeheuert hatten, um alle Engländer massakrieren zu lassen. So kam es zur Panik auf beiden Seiten. Hastig schrieb Stuyvesant einen Brief und erbot sich, nach Boston zu kommen, um seinen Friedenswillen zu beweisen. Just an dem Tag, an dem er das schrieb, löste Oliver Cromwell (1599–1658) in London das Parlament auf. Die Parlamentarier – von ihm als Masochisten, Ehebrecher und Trunkenbolde tituliert – ließ er aus dem Parlamentssaal werfen. Er selbst ging als letzter aus dem Saal, die Schlüssel für die abgesperrten Türen in der Tasche.
Unter dem puritanischen Cromwell, nach seinem Coup *Lord-Protector* in gleichsam monarchischer Stellung, kam es im Jahre 1654 zum Friedensschluß zwischen England und Holland. Und obwohl er von den Engländern jenseits des Atlantik bestürmt worden war, »alle Holländer von der nordameri-

kanischen Küste zu entfernen«, verbot Cromwell alle Feindseligkeiten gegen die Niederländer. Als das erste Schiff diese Nachricht nach Nieuw Amsterdam brachte, ließ man dort die Rathausglocke tanzen, und ein unvorstellbarer Freudentaumel brach unter den Bürgern aus. Man umarmte sich, lachte, weinte, sang. Stuyvesant jedoch rief seine »Kinder« zusammen, »um Gott zu preisen, der die Tore der Stadt beschützt hat, als die bedrohliche Kriegsfackel loderte und uns die Wellen bis zu den Lippen standen«.
Johan Printz war Gouverneur des benachbarten Neu-Schweden. *Big Tub* (»Große Tonne«) wurde er von den Indianern genannt. Er wog über vierhundert – amerikanische – Pfund (ca. 180 kg) und regierte seine winzige Provinz mit eiserner Hand. Als die Bürger sich einmal über seine Brutalität beschwerten, hängte er ihren Sprecher erst einmal auf und stritt dann ihre Vorwürfe ab. Alleingelassen von Schweden, hatte er eines Tages genug von dem Drahtseilakt zwischen den Engländern und den Holländern. Prall in seinen Anzug gepreßt, hievte er sich an Bord eines Schiffes und segelte, reich beladen, Richtung Heimat.
Sein Nachfolger, Johan Rising, machte als erstes einen Fehler. Er besetzte das holländische Fort Casimir, gelegen an Neu-Schwedens Grenze. Auf so eine Dummheit hatte Stuyvesant nicht zu hoffen gewagt. Der alte Kriegsfuchs schickte Kriegsschiffe und Soldaten und schluckte Neu-Schweden.

Man weiß und man kennt es aus Dutzenden Bildern: Eva pflückte einen Apfel und verleitete auch Adam, in einen zu beißen. Man weiß auch: Deshalb wurden die beiden aus dem Paradies vertrieben. Für manche mag es eine bittere Enttäuschung sein, aber bei der Geschichte handelt es sich möglicherweise um einen Übersetzungsfehler. Denn wahrscheinlich machte sich Eva nicht an einem Apfelbaum zu schaffen, sondern am Baum der Erkenntnis des Guten und des Bösen (lateinisch: *lignumque scientiae boni et mali*). Dabei naschte sie auch vom Bösen (lateinisch: *malum*), was mit Apfel (lateinisch: *malum*) übersetzt worden ist (der Genetiv beider lateinischer Wörter ist *mali*). Anders als diese biblische Legende ist dagegen die Geschichte vom »Pfirsichkrieg«, der im Jahre 1655 wegen ein paar gepflückter Pfirsiche in Manhattan entbrannte, historisch belegt. An einem Septembertag schlenderte eine Indianerin den heutigen Broadway entlang, der damals ein Indianerpfad war. Dabei kam sie am Bauernhof eines gewissen Hendrick van Dyck vorbei, der etliche Pfirsichbäume besaß. Als sie ein paar duftig-frische Pfirsiche pflückte, griff der eigentumsbesessene Bauer zur Pistole und schoß. Mit diesem Schuß rief er zweitausend Indianer auf den Plan, denen Eigentumsrechte an der Natur unbekannt waren. Van Dyck wurde von einem Pfeil getroffen, sein Nachbar skalpiert. Daraufhin griffen die Weißen zur Flinte und trieben die »Wilden« über den Hudson. Dort mordeten die Indianer gnadenlos. In Hoboken und Pavonia, dem heutigen Jersey City, stapelten sich die weißen Leichen; die weißen Farmen und Träume gingen in Flammen auf. Drei Tage lang dauerte der Pfirsichkrieg, ehe sich die wütenden Indianer beruhigten. Hellseherisch hielt Stuyvesant die rachsüchtigen Holländer zurück. Denn er wußte: Ohne Frieden mit den Indianern war Nieuw Amsterdam auf Dauer nicht zu halten.

Nach dem Friedensschluß zwischen England und Holland war die Euphorie um den Mauerbau verflogen und hatte einer Ernüchterung Platz gemacht. Da keine Feinde kamen, hatte man sich aus etlichen Pfählen der Mauer schon Feuer gemacht. Und auch sonst war der Palisadenwall in einem traurigen Zustand. Als dann die Indianer im Pfirsichkrieg ihre Wut austobten, hüpfte Stuyvesant besorgt die Mauer entlang und sann auf Verbesserungen. Fünf Bollwerke wurden eilends gebaut, verteilt über die ganze Länge der Mauer. Und auf die spitzen Enden der Pfähle wurden nochmals Bretter gesetzt, um die behenden Indianer am Darüberklettern zu hindern. Doch wieder zeigten sich keine Feinde, und so fing man zaghaft an, die Wall Street zu bebauen, zuerst ein

Wohnhaus, dann die Hütte eines Spinners, die eines Schornsteinfegers, zwei oder drei Bierläden... Grundstücke mit einer Straßenfront von etwa zehn Metern wurden zu Preisen zwischen fünfzig und hundert Dollar gehandelt.
Durch die beiden Tore strömten Waren aller Art, aber auch Kriminelle. Denen erklärte man bald den Kampf. Kleinen Dieben erging es noch relativ gut. Ein Mann zum Beispiel, der sich an Kohlköpfen vergriffen hatte, wurde »nur« an den Pranger gestellt, mit Kohl auf dem Kopf, und dann für fünf Jahre aus der Stadt verbannt. Diebe wurden meistens gebrandmarkt. Sie erhielten ein »T« (für *Thief*) auf der linken Wange nahe der Nase eingebrannt. Einer, der in ein Haus eingedrungen war und sich dort mit Gewalt Nahrungsmittel und Alkohol holen wollte, wurde an einen Pfahl gefesselt, gegeißelt und durch eine tiefe Kerbe in die linke Wange gezeichnet. Außerdem wurde er für fünfundzwanzig Jahre aus der Stadt verbannt. Obwohl auch die Todesstrafe vorgesehen war, wurde bei schweren Vergehen meist die Kombinationsstrafe von Auspeitschen, Brandmarken und Verbannen verhängt.

Noch heute erschauern amerikanische Architekten, wenn sie an das Jahr 1663 denken. In diesem Jahr bebte die Erde von Manhattan. Es war, als versuche die Insel, die Holländer abzuschütteln. Doch die krallten sich am Boden fest und brachten die Mauer wieder auf Vordermann, als die Engländer im Jahre 1664 vor den Toren standen.
Charles II. (1630–1685), König von England, hatte im Jahre 1660 die Macht von Cromwells Sohn übernommen. Vier Jahre danach erklärte er die Holländer wegen der Annexion Neu-Schwedens für Usurpatoren und bestimmte das Land zwischen dem Delaware River und dem Connecticut River für seinen Bruder, den Herzog von York. Dazu zählten auch Nieuw Amsterdam und Nieuw Nederland.
Stuyvesant tobte. Und er tobte noch mehr, als er die Mauer und die Waffen inspizierte. Die Kanonen verrostet, Muni-

tion kaum vorhanden, die Mauer kaputt – das war die Bestandsaufnahme, die der zweiundsiebzigjährige Stuyvesant machte. Noch einmal appellierte er an den Patriotismus der Bürger, und noch einmal konnte er einige bewegen, mit Hand an die Mauer zu legen. Doch viele schickten schon ihre Sklaven.

Langsam näherten sich die Engländer auf dem kräuseligen Wasser mit vier Schiffen und vierhundert Soldaten. Dazu kamen Milizsoldaten aus Neu-England. Stuyvesant dagegen verfügte nur über hundert Männer und zwanzig kleine Kanonen. Mit ihnen wollte er Nieuw Amsterdam verteidigen. Doch im Endergebnis blieben er und die Mauer gegen die englischen Truppen allein. Einer, der Stuyvesant im Stich ließ, war Balthazar, sein eigener Sohn. Zusammen mit zweiundneunzig anderen Bürgern hatte er eine Petition unterschrieben, um seinen Vater zur Kapitulation zu bewegen. Doch der riß die Kapitulationsurkunde in Fetzen und humpelte wie ein Denkmal davon.

Die Zurückgebliebenen fühlten sich der Zukunft näher als der Vergangenheit. In Windeseile sammelten sie die Papierschnitzel auf und legten sie wieder zusammen. Als sie das Versprechen der Engländer lasen, daß keinem Bürger von Nieuw Amsterdam etwas genommen werden sollte, waren sie fest entschlossen, sich zu ergeben. Während die weiße Fahne gehißt wurde, sah ein steinerner Stuyvesant zu. »Ich wäre lieber zu Grabe getragen worden«, sagte er bitter.

Die Engländer kamen von der Wasserseite. Sie nahmen die Stadt und das Land, ohne sich um die Mauer auch nur zu kümmern. Später ging der englische Kommandant, Richard Nicolls, dorthin und sah sich das an, was er als »Kuriosum« bezeichnete.

Und die Indianer? Sie wurden nicht gefragt. Sie waren schon untergegangen, obwohl sie noch am Leben waren.

Peter Stuyvesant erhielt freies Geleit nach Holland. Als er dort zur »West-Indischen Compagnie« ging, flog er im hohen Bogen heraus. Im Jahre 1667 kehrte er auf die Insel zurück, die er so liebte und die jetzt nach dem Herzog von York »New York« hieß. Wo sich heute 13th Street und Third Avenue schneiden, besaß Stuyvesant eine Farm. Für sie hatte er Obstbäume aus Holland mitgebracht. Einer der Birnbäume hielt sich zweihundert Jahre lang, bis ein durchgehendes Pferd im Jahre 1867 einen so schweren Unfall verursachte, daß auch der Baum fiel.

Seine letzten Jahre verbrachte Stuyvesant auf seiner Farm inmitten seiner prächtigen Obstbäume. Abends fiedelte für ihn ein Sklave. Der hieß Oud Mingo.

Wenn es Nacht ist in Wall Street und die Cañons verlassen sind, dann, so sagt die Legende, kann man das Tappen eines Holzbeins hören und einen großen Schatten sehen. Dann inspiziert »Old Silver Nails« seine Wall Street.

Regierungen leiten das Recht zu regieren von der Zustimmung der Regierten ab. Der neue Gouverneur von New York, Richard Nicolls, übernahm von den Holländern zweihundertzwanzig Häuser und gut tausendvierhundert Seelen, die in achtzehn Muttersprachen redeten. Nachdem er festen Boden unter den Füßen gefaßt hatte, rief er alle Bürger der Stadt zusammen und warb um ihre Zustimmung. Seine Ansprache war ein wahres Wunderwerk an Redekunst. Später dann legten tatsächlich alle den Eid auf die britische Krone ab, auch Peter Stuyvesant. Er fand das nicht so schlimm wie das Wahlrecht, das in New York eingeführt wurde.

Zuerst hatten die Bürger Nicolls spüren lassen, daß er wenig Unterstützung zu erwarten hätte und daß die Stadt lieber heute als morgen wieder holländisch wäre.

Und das wurde sie dann auch noch einmal. Im Jahre 1673 fielen die englischen und holländischen Schiffe wieder übereinander her, und New York hatte darunter zu leiden. In aller Eile wurde die Mauer repariert, dieses Mal von den Engländern als Schutz gegen die Holländer. Vier der fünf Bollwerke waren inzwischen verschwunden. Doch das machte nichts. Denn auch die Holländer kamen vom Meer. Ihr Geschwader

tauchte so plötzlich im Hafen auf, daß die Engländer sich nicht einmal formieren konnten. Ehe sie sich versahen, flatterte schon wieder die dreifarbige Fahne Hollands am Mast. New York hieß jetzt Nieuw Oranje.
Sofort wurde von den Holländern das Kriegsrecht verhängt. Und wer ihnen nicht den Treueeid leistete, mußte die Stadt unverzüglich verlassen. Entlang der Mauer und an der Küste wurden Wachen aufgestellt, und bei Todesstrafe war es verboten, die Stadt auf einem anderen Weg als durch eines der beiden Tore in der Mauer zu betreten oder zu verlassen. Abends wurden die Tore geschlossen und erst am nächsten Morgen wieder geöffnet.
Das ging so lange, bis am 10. November 1674 der Beauftragte des Königs von England, Sir Edmund Andros, in Nieuw Oranje landete. Er übernahm die Kolonie, so, wie die beteiligten Länder es in Europa beschlossen hatten.

New York, das am Wasser begann, kroch unaufhaltsam in Richtung Norden, zur Mauer. Als die Engländer die Stadt im Jahre 1674 übernahmen, war sie größer als je zuvor. Inzwischen standen auch siebzehn Häuser am Rand des Paradeplatzes bei der Mauer.
Der Truppenübungsplatz, der sich über die ganze Länge der Mauer hinzog und knapp vierzig Meter breit war, sollte eine großzügige Straße werden, die von einer Seite der Insel bis zu andern führte.
Man weiß jedoch: Die Wall Street ist düster und eng, und kaum ein Sonnenstrahl findet den Weg durch den Schlitz zwischen den Häusern. Schuld daran ist das erste Insidergeschäft von Wall Street. Im Jahre 1685 war Seine Exzellenz Thomas Dongan britischer Gouverneur von New York. Mit Adleraugen entdeckte er eine Chance, schnell und ohne Risiko reich zu werden. Über einen Strohmann, seinen Mitarbeiter Captain John Knight, kaufte er einen Landstreifen direkt an der Mauer, tausend Fuß lang und achtzig Fuß breit; dazu private Rechte, die noch am Paradeplatz bestanden und von

denen kaum jemand etwas wußte. Allgemein war man der Ansicht, der Truppenplatz wäre öffentlicher Besitz.
Einen Tag nach seinem Deal beauftragte Dongan – jetzt in seiner Eigenschaft als britischer Gouverneur – einen gewissen Leonard Beckwith, die neue Straße festzulegen. Der brauchte nur einen einzigen Tag, um die Breite der Straße auf sechsunddreißig Fuß festzulegen – statt der vorher geplanten hundert Fuß. Und siehe da: Durch diese »offizielle« Entscheidung wurde die Straße um vierundsechzig Fuß schmaler und Dongans Grundstücke um vierundsechzig Fuß tiefer. Sie waren plötzlich hundertvierundvierzig Fuß tief statt der ursprünglichen achtzig.
Jetzt mußte nur noch die Mauer weg, um die Grundstücke optimal nutzen zu können. Deshalb gab der geschäftstüchtige Dongan im Jahre 1688 ein Gutachten über den Zustand der Mauer in Auftrag. Das fiel entsprechend den Erwartungen aus: Das eine Tor war zerstört, das andere dabei, zusammenzubrechen, die Mauer war morsch und baufällig, das Land parzelliert und teilweise schon bebaut. Kurzum: Nach dem Gutachten konnte man die Mauer nur noch einreißen.
Doch die Mauer erhielt noch eine Galgenfrist. Denn die glorreiche Revolution in England fraß auch einige überseeische Kinder. Nach der Abdankung von König James II. im Jahre 1688 mußte Gouverneur Dongan gehen. Das Land, das er so billig gekauft hatte, verkaufte er im Jahre 1689 an einen Nicholas Bayard und an Abraham de Peyster, den späteren Bürgermeister von New York.
Der größte Teil von Manhattan war immer noch unberührtes Land, die Mauer das Ende der Zivilisation. Nur ein paar Pfirsichplantagen befanden sich jenseits der Mauer. Ansonsten hüpften klare Bäche über den felsigen Boden und schlängelten sich über die Insel. Gewaltige Wälder rauschten im Wind; und im Frühsommer lag ein betörender Blütenduft über der Erde. Rotwild, Wölfe und Bären, die jenseits der Mauer lebten, wurden nur hin und wieder gejagt. Und hoch über den Baumwipfeln kreisten die Adler.

Die Mauer hatte bisher nur Tiere am Eindringen gehindert. Trotzdem wurde sie im Jahre 1692 noch einmal notdürftig geflickt und mit zwei massigen Bollwerken aus Erde und Steinen versehen, die mit Grassoden bedeckt waren.
Ludwig XIV. (1643–1715), Sonnenkönig von Frankreich, war herrschsüchtig, prunksüchtig und streitsüchtig. Er hatte sich mit halb Europa angelegt und sah sich in seinem dritten Eroberungskrieg (1688–1697) der Großen Allianz gegenüber. Man befürchtete, daß er sich auch an New York versuchen würde. Doch im Jahre 1692 schlug die englische Flotte den französischen Gegner vernichtend bei La Hougue. Mit diesem Sieg waren die Tage der Mauer gezählt.

Bürgermeister Abraham de Peyster war nicht nur ein begabter Realist, sondern auch ein Romantiker. Passend zur Garden Street Church, »weit draußen« am Stadtrand und von einem wunderschönen Garten umgeben, wurde die Garden Alley, später Garden Street, angelegt. Heute befindet sich dort Exchange Place, ein düsterer Platz, eigentlich mehr eine Straße, parallel zur Wall Street gelegen. Ein Haus nach dem anderen wagte sich auf den Boden der Wall Street und auf den der umliegenden Straßen. Herrschaftliche Häuser entstanden, die innen noch weit prächtiger waren als außen. Orientteppiche, Draperien, Silberwaren, fast alles stammte aus Raubzügen. Offiziell wußte natürlich niemand etwas davon, aber alle verdienten daran – die Piraten, die Zöllner, die Hehler und letztendlich auch die Kunden. Denn sie konnten die heiße Ware überaus preiswert kaufen.
Im Jahre 1697 wurde es richtig heimelig in Manhattan. An jedem siebten Haus war eine Stange befestigt, an der eine Lampe hing. Und vier »gute und ehrliche Männer« wurden als Nachtwächter eingestellt, die von neun Uhr abends bis zum nächsten Morgen mit einer Glocke durch die Stadt gingen und dabei das Wetter und die Zeit ausriefen.
Bürgermeister Abraham de Peyster war auch ein kluger Mann. Für ein neues Rathaus schenkte er der Stadt eines sei-

ner vielen Grundstücke in der Wall Street, und zwar das am Kopfende der Broad Street. Er wußte, die Grundstücke neben dem Rathaus würden erheblich im Wert steigen. Außerdem war der Bau des Rathauses ein Grund, endlich die verrottete Mauer zu beseitigen. Denn sie stand einer sinnvollen Nutzung der Wall Street im Wege.
Die Stadt wandte sich deshalb nach de Peysters Schenkung an den britischen Gouverneur und bat Seine Exzellenz darum, die Mauer abreißen und die Steine der Bollwerke für das neue Rathaus verwenden zu dürfen. Der Bitte wurde entsprochen. Im Jahre 1699 war damit das Ende der Mauer gekommen, die manche sowieso als »Monument unserer Verrücktheit« tituliert hatten.
Das neue Rathaus, gebaut für viertausend Pfund, wurde im Jahre 1700 eingeweiht. Dadurch wurde die Wall Street zum Zentrum des Geschäftslebens und de Peyster zu einem Immobilienkönig.
Die neue »City Hall« war ein Vielzweckgebäude. In ihm regierte nicht nur der Bürgermeister, sondern dort befanden sich auch der Gerichtssaal, das Geschworenenzimmer, das Gefängnis, der Schuldnerraum, eine Bibliothek und später auch die Feuerwehr.
Um den Bürgern vor Augen zu halten, was Rechtsbrecher erwartete, wurden vor dem Rathaus ein Käfig, ein Pranger und ein Auspeitschpfosten aufgestellt. Diese Utensilien wurden auch rege benutzt. Sie hatten bis dahin vor dem alten Rathaus am Fluß gestanden, zusammen mit einem Tauchstuhl, der aus einem Sitz auf einem Balken bestand und mit dem Übeltäter unter Wasser getaucht wurden. Der *Ducking Stool* war insbesondere fällig, wenn jemand zuviel redete oder unverblümt seine Meinung äußerte.
Der erste große Prozeß, der im neuen Rathaus stattfand, war das Strafverfahren gegen Colonel Nicholas Bayard, der zusammen mit de Peyster von Gouverneur Dongan das Land an der Mauer gekauft hatte. Die fadenscheinige Anklage lautete auf »Kritik an der Regierung« und war offensichtlich ein

politischer Racheakt. Außerdem spielte Neid eine Rolle, der wohl zweitstärkste Trieb des Menschen nach dem Selbsterhaltungstrieb.
Der Staatsanwalt und die Richter waren entschlossen, eine Verurteilung des prominenten Angeklagten zu erreichen. Entsprechend wählten sie die Schöffen aus. Die erkannten den Angeklagten dann auch pflichtgemäß für schuldig. Und Bayard wurde zum Tode verurteilt. Wall Street blieb es jedoch erspart, einen Justizmord mitzuerleben. Das Ganze endete nämlich als Farce: Dem Verurteilten wurde ein Geständnis abgepreßt, und daraufhin wurde er freigelassen.
Auch mit Politikern mußte sich das Gericht im neuen Rathaus bald befassen. Schon im Vorfeld der Stadtratswahlen von 1701 war es zu Zusammenstößen zwischen den rivalisierenden Parteien gekommen. Nach der Wahl lief zunächst alles nach Plan. Der neue Bürgermeister, Thomas Noell, begab sich mit den Ratsherren zur Trinity Church. In der kleinen hölzernen Kirche mit dem hohen Turm, die im Jahre 1696 am Kopfende der Wall Street errichtet worden war, hörten sie sich erst einmal eine Predigt an und zogen dann unter Glockengeläut in feierlicher Prozession zum Rathaus. Doch als die Stadtväter vom neuen Bürgermeister vereidigt werden sollten, weigerten sich etliche, da sie schon vom alten Bürgermeister vereidigt worden waren. Ein Wort ergab das andere – und plötzlich hing das Wort »Wahlbetrug« in der Luft. Es kam zu Tumulten – und schließlich mußte der Oberste Gerichtshof *(Supreme Court)* entscheiden, was zu geschehen habe. Der fällte dann ein salomonisches Urteil. Jede Partei sollte die Hälfte der Ratsherren stellen, und so mußte die Stadt bis zur nächsten Wahl mit einem Patt in der Regierung leben.
Die erste Ware, die in der Wall Street gehandelt wurde, waren Sklaven, die zunächst »paketweise« und ab 1646 auch schiffsweise importiert wurden. Sie wurden zunächst in einem Auktionshaus und ab 1709 auf dem Sklavenmarkt am östlichen Ende der Wall Street versteigert oder ausgeliehen.

Bei Aufsässigkeit wurden sie die Wall Street hoch und runter getrieben und erhielten an jeder Straßenkreuzung eine bestimmte Anzahl von Schlägen. Mit der Ausführung waren amtlich bestellte »Negerpeitscher« *(negro whipper)* beauftragt.

Im Jahre 1719 wurde westlich vom Rathaus die First Presbyterian Church gebaut, eine imposante Kirche aus Backstein, umgeben von Bäumen, mit einem kleinen Friedhof davor. Die Kirche wurde später abgerissen und wieder aufgebaut, dann brannte sie aus, und wiederum baute man sie auf. Im Jahre 1844 wurde sie verkauft, Stein für Stein abgetragen und in der Washington Street in Jersey City originalgetreu wieder errichtet, wo sie heute noch steht.

Während das Rathaus die Geschäftsleute in die Wall Street zog, baute man in der Gegend auch Wohnhäuser, um in der Nähe der beiden Kirchen zu leben. Die Wall Street wurde so zum Zentrum des Arbeitens als auch des Lebens.

Im Herbst 1734 wurde vor dem Rathaus ein winziges Feuer auf dem Pflaster der Wall Street entzündet. Ein Sklavenjunge steckte die Nummern 7, 47, 48 und 49 des *New York Weekly Journal* an. Das hätte eigentlich der Sheriff tun sollen. Doch der hatte sich geweigert und den Jungen als Ersatz geschickt. Trotz einer Aufforderung des britischen Gouverneurs waren auch die Stadtväter nicht zur Zeitungsverbrennung erschienen. So paffte das Feuer ein paarmal vor sich hin, ehe es erlöschte. Und dennoch sollte es die Welt entzünden.

Die Verbrennung angeordnet hatte Gouverneur Cosby, der damals die britische Krone vertrat. Gedacht war das Ganze als Warnung an den Redakteur der Zeitung, den deutschstämmigen John Peter Zenger, und an alle »anderen bösartigen Personen, die falsche, skandalöse, böswillige und aufrührerische Verleumdungen verbreiten«.

Zenger, ein junger Mann mit viel Mut, hatte in der Zeitung nicht nur den britischen Gouverneur unter Beschuß genommen, sondern die ganze korrupte Gesellschaft, die nach seiner Meinung durch Unfähigkeit und Arroganz brillierte. Kritik an der herrschenden Clique in ihren Rüschenhemden und den seidenen Strümpfen wurde damals als Unverschämtheit empfunden. Und was Zenger in seiner Zeitung bot, war nach Meinung der Betroffenen die Spitze der Unverfrorenheit! Zenger prangerte nämlich nicht nur politische Entscheidungen an, sondern er lieferte auch pikante Enthüllungsgeschichten, die von den Bürgern verschlungen wurden. Zum Beispiel die Geschichte von dem adeligen Mann, der sich gern in Frauenkleider hüllte und dann für Queen Anne gehalten werden wollte.

Zehn Tage nach der Zeitungsverbrennung wurde Zenger ins Gefängnis gesteckt, in einen üblen Bretterverschlag ohne Sitzgelegenheit und Heizung im ersten Stock des Rathauses. Die Kaution für seine Freilassung war so hoch, daß er sie nicht bezahlen konnte, und deshalb mußte er einige Monate im Gefängnis bleiben. Seine beiden Anwälte, James Alexander und William Smith, die das *New York Weekly Journal* gegründet hatten, mobilisierten das Volk. Und tatsächlich: Die Bürger sahen in Zenger ihren Helden, und auf der Straße wurde der Slogan geboren, der später rund um die Erde ging: *»Freedom of the Press!«*

Das Gericht wußte nicht, weswegen es Zenger anklagen sollte. Und so wurde dem Staatsanwalt aufgegeben, einen Anklagegrund gegen den Zeitungsmann zu finden, der inzwischen berühmte Leute auf seiner Seite hatte, darunter den Staatsmann, Erfinder und Schriftsteller Benjamin Franklin.

Zu Beginn des Prozesses lehnten Zengers Anwälte den Vorsitzenden Richter James de Lancey ab, denn sie wußten: Das war ein Mann von Gouverneur Cosby. De Lancey machte kurzen Prozeß mit den Anwälten. Er strich sie einfach aus der Anwaltsliste. Dadurch war der Angeklagte nicht mehr anwaltlich vertreten. Doch schnell fand sich ein anderer Verteidiger, und dann eilte Andrew Hamilton aus Philadelphia herbei, der berühmteste Rechtsanwalt seiner Zeit.

Am 4. August 1735, dem Prozeßtag, strömte die bis dahin größte Menschenmenge zum Rathaus, um beim Prozeß anwesend zu sein. Die ganze Wall Street war ein wabernder Menschenblock. Denn nur wenige fanden Einlaß in den kleinen Gerichtssaal. Der größte Teil des Saales war schon von denen besetzt, die Rang und Namen hatten. Scharf war der Kontrast zwischen den einfach gekleideten Leuten und der aufgeputzten Gesellschaft, einschließlich der Offiziere in Uniform und der Richter mit ihren langen Roben und Perücken.
Andrew Hamilton, obwohl alt und krank, hielt eine flammende Rede. Er kämpfte nicht nur für die Pressefreiheit, sondern für die Freiheit an sich, die ohne unabhängige Presse nicht möglich wäre. Unter Beifallsstürmen beendete er sein Plädoyer, und die zwölf Mitglieder der Jury kamen zu einem schnellen Ergebnis: Freispruch! Die Sieger rannten auf die Straße, um ihren Triumph herauszuschreien. Sie wurden begeistert umringt; man versuchte, Hamilton auf die Schultern zu heben. Am Abend gab es ein großes Bankett.
Als Hamilton nach Philadelphia zurückkehrte, wurde er mit Jubelrufen und Salutschüssen verabschiedet. In einem goldenen Kästchen, verziert mit dem Wappen von New York, erhielt er später die Ehrenbürgerurkunde. Mit der Überreichung endete das Ereignis, das als »Dämmerung der amerikanischen Freiheit« in die Annalen der Geschichte eingehen sollte.
Nach dem Prozeß war die Stellung des britischen Gouverneurs schwierig geworden. Einst war er unumschränkter Herrscher gewesen, jetzt war er auf dem Weg zur Galionsfigur. Zwar wurde jeder neue Gouverneur noch mit dem alten Pomp eingeführt, aber verabschiedet wurde er meist mit Buhrufen und Pfiffen. Dazwischen lag ein Spießrutenlaufen für Ihre Exzellenzen. Die Anfeindungen waren so unerträglich, daß sich Gouverneur Osborne schon nach einer Woche im Amt das Leben nahm.
Die Stadt blühte auf. Selbstbewußt promenierten die Herren in schwarzem Satin, mit Rüschenhemden, Perücken und glit-

zernden Schnallen an den Schuhen die Wall Street entlang, begleitet von den Damen in leuchtenden Seidenkleidern mit Reifrock, pittoreske Hauben auf dem Kopf.
Zu diesen Bürgern mit den erhobenen Köpfen paßten die Folterinstrumente vor dem Rathaus nicht mehr. Der Auspeitschpfosten, der Pranger und der Käfig wurden im Jahre 1762 aus der Wall Street entfernt.

Am 7. Oktober 1765 fand der erste amerikanische Kongreß in der Wall Street statt. Zu diesem sogenannten *Stamp-Act Congress* entsandten neun britische Kolonien ihre Vertreter: Massachusetts, Maryland, South Carolina, Connecticut, Rhode Island, Pennsylvania, Delaware, New Jersey und New York. Die britische Regierung hatte durch Erlaß der »Stamp-Act« die Besteuerung einiger Waren in den Kolonien beschlossen. Während die Abgesandten im New Yorker Rathaus tagten, lief gerade die »Edwards« mit den verhaßten Steuermarken *(stamps)* im New Yorker Hafen ein.
Die Bürger setzten sich zur Wehr. In der Nacht des 7. November 1765 bildeten sie einen Fackelzug, an der Spitze eine Gouverneurspuppe am Galgen. Eine zweite Puppe saß auf einem Stuhl, der von einem kräftigen Neger auf dem Kopf getragen wurde.
Mit Gejohle zogen die Leute erst zum Rathaus und dann die Wall Street entlang zum Fort George, wo die Steuermarken gelagert waren. Mit Knüppeln schlug die aufgebrachte Menge gegen das Tor der Zitadelle. Das aber gab nicht nach. Deshalb wurde von allen Seiten auf die Gouverneurspuppen eingeschossen, bis die Kugeln die Figuren völlig durchsiebt hatten. Schließlich holte man sich die Schlitten und Kutschen des britischen Gouverneurs und zog damit unter Gegröle zum Bowling Green. Dort wurden die Fahrzeuge aufeinandergetürmt und die beiden Puppen oben draufgesetzt. Der Haufen gab ein wunderschönes Freudenfeuer ab, um das mehrere hundert Männer tanzten und sangen.
Für den 5. November 1765 kündigten die entfesselten »Söhne

der Freiheit« *(Sons of Freedom)* – wie die Männer schnell genannt wurden – ein neues Freudenfeuer an, falls bis dahin nicht die Steuermarken herausgegeben wären. Als die Menge dieses Ultimatum verkündete, bestürmten die Zuständigen der Stadt den britischen Gouverneur, dem Bürgermeister die Steuermarken auszuhändigen. Der stimmte zu, weil er angesichts der entschlossenen Gesichter der Leute keine Alternative sah. Als die Stadtväter den Menschen draußen diese Entscheidung mitteilten, wurden sie eingekesselt und zum Tor der Zitadelle geschoben. Dort warteten allerdings bereits ein paar hundert britische Soldaten hinter Schutzwällen. Schweigend standen sich beide Seiten gegenüber. Doch dann öffnete sich das Tor, und die Steuermarken wurden unter starker Bewachung herausgebracht. Im Triumphzug wurden sie zum Rathaus geleitet, wo sie dem bereits wartenden Bürgermeister ausgehändigt wurden. Vier Monate später hob die britische Regierung die *»Stamp-Act«* auf. Zu Ehren des Mannes, der das erreicht hatte, wurde an der Kreuzung Wall und William Street (damals Smith Street) eine Statue aufgestellt. Der marmorne William Pitt, mit der marmornen Schriftrolle in der Hand, steht heute im Refektorium der »New York Historical Society«.
Bis zum Jahre 1773 wurden bei den Auseinandersetzungen zwischen dem Mutterland und der Kolonie nur Stimmen und Fäuste erhoben, ab dann auch die Waffen. Schuld daran war die Teesteuer, die sich die Briten für ihre Kolonien ausgedacht hatten. Als dieser Beschluß in Boston bekannt wurde, stürmten die Leute am 16. Dezember 1763 ein Schiff und warfen dreihundertvierzig Kisten Tee über die Reling. Am nächsten Tag kamen die New Yorker Stadtväter zu einem »Teetreffen« im Rathaus zusammen. Als gefragt wurde, ob die Steuer gezahlt werden sollte, hallte das inzwischen betagte Gebäude von *»No! No! No!«*-Rufen wider.
Wegen des harten Winters liefen zunächst in New York keine Teeschiffe ein. Deshalb hatte die Stadt erst im nächsten Jahr ihre *Tea Time*.

Als der Frühling begann, schlich sich als erstes die »Nancy« mit Tee in den Hafen. Der Kapitän wurde aufgefordert, sofort umzudrehen und dahin zurückzukehren, woher er gekommen war. Böllerschüsse und Glockengeläut begleiteten das Schiff beim Verlassen des Hafens. Der Kapitän des nächsten Schiffes, der »London«, stritt ab, Tee geladen zu haben, und machte die Leinen fest. Am 22. April 1774 enterten die mißtrauischen New Yorker das Schiff und stellten es völlig auf den Kopf. Die dabei gefundenen achtzehn Kisten Tee wuchteten sie über Bord. Das aber war der eigentliche Anfang des amerikanischen Unabhängigkeitskrieges, denn ab dann rüsteten beide Seiten auf.

New York zählte damals rund fünfundzwanzigtausend Einwohner. Jeder dieser Einwohner mußte jetzt Farbe bekennen, auf welcher Seite er stand. Drei Gruppen hatten sich gebildet: die Patrioten, die Loyalisten und die Neutralen. Etwa zwanzig Prozent der weißen Bevölkerung hielt zu den Briten – insbesondere Kaufleute, die mit den Engländern Geschäfte machten, die anglikanische Trinity Church, Angehörige der britischen Armee und ethnische Minderheiten. Vierzig Prozent der weißen Bevölkerung waren Patrioten. Und der Rest wollte mit all dem nichts zu tun haben. Dazu zählten zum Beispiel die Quäker. Die Schwarzen wußten nicht, welche Seite für sie besser war. Einige Weiße, die Patrioten im Herzen waren, stellten sich dennoch auf die Seite der Loyalisten. Denn ohne die starke Hand der Briten befürchteten sie eine Anarchie.

Für die Loyalisten wurde die Luft in New York immer »ungesunder«. Denn hin und wieder wurden Britenfreunde bis auf die Haut ausgezogen und in ihrem nackten Elend – wie ein Wildbret an der Stange – durch die Wall Street getragen.

Als am 17. Juli 1776 die amerikanische Unabhängigkeitserklärung in der Wall Street verlesen wurde, liefen gerade die Schiffe der Briten im Hafen von New York ein. In den Jubel der vor dem Rathaus versammelten Masse mischte sich Zorn über den englischen König George III. Denn der hatte seinen Truppen befohlen, es den »Rebellen« zu zeigen. Deshalb war der bronzene König schon am Bowling Green von seinem Sokkel geholt worden, und deshalb rissen einige Männer das königliche Wappen von der Rathausmauer und zündeten damit ein Feuer an.

Auf dem Schlachtfeld war es nicht so leicht, den Briten Paroli zu bieten. Unter General George Washington (1732–1799) verloren die Amerikaner gleich die erste Schlacht auf Long Island. Auch Manhattan fiel in die Hände der britischen »Rotröcke« *(redcoats)*. Eine Schreckensherrschaft der Sieger begann. »Rebellen, werft eure Leichen raus«, hieß es bald jeden Morgen im überfüllten Stadtgefängnis.

Die Briten und ihre Verbündeten hausten in den prächtigen Häusern der Wall Street teilweise wie die Barbaren. General Knyphausen, Oberbefehlshaber der Hessen, wohnte in einem der schönsten Gebäude der Straße, dem McEver's Mansion an der Ecke William und Wall Street. Er war als besonders unappetitlich verrufen. Statt mit dem Messer schmierte er zum Beispiel die Butter mit dem Daumen aufs Brot und wischte dann seine Finger überall ab.

In den Jahren 1776 und 1778 legten zwei Großfeuer ganze Häuserzeilen von Manhattan in Schutt und Asche. Auch die Trinity Church wurde ein Opfer der Flammen. Nach dem ersten Feuer wurde rings um das schwarze Kirchengerippe ein grüner Zaun gezogen, und in dem eingezäunten Rund wurden Bänke aufgestellt. Wenn die Garnisonskapelle dort in lauen Sommernächten für ausgewählte Gäste spielte, dann schaukelten Lämpchen in den Bäumen, und die Lichter wiegten sich wie Glühwürmchen im Wind.

Der Winter 1779/1780 war der schlimmste, den New York je erlebt hatte. Am 10. November 1779 begann es zu schneien, und ab dann schneite es praktisch ununterbrochen bis zum nächsten März. Apfelbäume, Pfirsichbäume, Kirschbäume – alles wurde im flirrenden Schnee kleingehackt und wanderte in die Öfen. Auch die meisten Bäume der Wall Street

– teilweise hundert Jahre alt – wurden in den Küchen verheizt.
Wegen der klirrenden Kälte und durch korrupte Machenschaften stiegen die Lebensmittelpreise ins Astronomische. Die mit ihren Schiffen eingefrorenen Briten baten die Farmer der Umgebung um Lebensmittel. Doch die stellten sich taub. Schließlich zogen die Engländer mit Schlitten über die zugefrorenen Flüsse, um sich selbst Nahrungsmittel zu besorgen. Ob sie oder die vor ihnen Fliehenden bei der Nahrungsjagd brutaler vorgingen, war nicht zu sagen.
Die Stadt selbst versank in den letzten Jahren der britischen Herrschaft immer mehr in Schmutz und Trümmern. Zwischen den verfallenen Häusern häuften sich Dreck und Müll. Die Prächtigkeit der Wall Street war schäbig geworden.

Am 25. Februar 1783 zogen sich die Briten wie eine Geisterarmee aus dem Norden der Stadt zurück. Die amerikanische Armee folgte ihnen wie eine Nachhut. Die Briten zogen weiter in Richtung Hafen, gefolgt von den Amerikanern. Kein Schuß fiel. Im Hafen bestiegen die Briten ihre Schiffe und segelten einfach davon. Wie ein Spuk war die Kolonialzeit vorbei.
Unter dumpfem Trommelschlag zogen die siegreichen Amerikaner in ihren schmutzstarrenden Uniformen als erstes die Wall Street entlang, vorbei an der kopflosen Statue von William Pitt und an den Ruinen der Trinity Church. Am Broadway hielten sie an. Reglos blieben sie stehen, bis dreizehn Schüsse Salut verkündeten: Über Fort George wehte das amerikanische Sternenbanner. Das hatte die ehrbare Witwe Betsy Ross, eine Quäkerin aus Philadelphia, im Jahre 1777 entworfen und genäht. Am Abend dieses »Tages aller Tage« fand ein improvisiertes Bankett in der Wall Street statt. An ihm nahm auch George Washington teil.
Das nun amerikanische New York war zunächst völlig lethargisch. Die Männer und Frauen, die unter den Briten in der Stadt geblieben waren, hatten nicht mehr die Kraft, die

Stadt aufzuräumen. Im Februar 1784 trafen sich schließlich einige entschlossene Männer in »John Simmon's Tavern«, an der Ecke Wall und Nassau Street, und setzten James Duane als ersten amerikanischen Bürgermeister von New York ein. Ein Teil dieses historischen Lokals fiel später der Leibesfülle ihres Besitzers zum Opfer. Denn nur nach dem Abriß einer Mauer konnte der tote Simmons aus dem Haus getragen werden. Der allseits beliebte Mann hatte sich nach den Hungerjahren so mit Essen vollgeschlagen, daß er nicht mehr durch die Tür paßte.
In New York blühten nur die Geschäfte der Anwälte. Überall mußte geklärt werden, wem eigentlich was gehörte und wo die Grenzen von Grundstücken verliefen. Die Zeit nach dem Unabhängigkeitskrieg war wohl die einzige, in der es in New York zuwenig Anwälte gab.
Die beiden angesehensten waren Alexander Hamilton (1757 bis 1804), der seine Praxis in 58 (heute 33) Wall Street eröffnete, und Aaron Burr (1756–1836), der sich in 10 Little Queen Street (heute Cedar Street) niederließ. Die beiden waren grundverschieden. Hamilton übernahm nur Fälle, von denen er überzeugt war; Burr solche, bei denen er überzeugt war zu gewinnen.

Die einst stolzen Häuser der Wall Street standen schäbig und traurig am Straßenrand. Meist hatten die Eigentümer nicht das Geld, sie zu restaurieren. Denn nicht nur die Häuser waren Ruinen, sondern auch die Geschäfte und Schiffe der Kaufleute waren zerstört. Und ihr Geld, das hauptsächlich in Hypotheken angelegt war, hatten sie durch die Inflation und die Zerstörung der Häuser verloren.
Doch dann wurde der Straße neues Leben eingehaucht. Der Kongreß *(Continental Congress)*, der während des Krieges fast zur Bedeutungslosigkeit verdammt war, hatte beschlossen, New York zu seinem Sitz zu machen. Die amerikanische Nation war im Krieg geboren, und der Krieg war auch der Ausgangspunkt der nationalen Geschichte. Ein Nationalge-

fühl mußte allerdings erst entwickelt werden, und die jetzt dreizehn ehemaligen Kolonien tasteten sich langsam aneinander heran.
In New York gab es keine passenden Räume, um den Kongreß und die Abgeordneten unterzubringen. Deshalb packten die Stadtväter im Rathaus ihre Akten und zogen in ein Gebäude schräg gegenüber, das sich an der Ecke Wall und Broad Street befand, und der Kongreß zog in das Rathaus. So war im Jahre 1785 die politische Macht – des Landes, des Staates New York und der Stadt – in der Wall Street konzentriert.
Deshalb strömten von überall her Politiker und Geschäftsleute nach New York, und alle wollten in der Wall Street wohnen. Das trieb die dortigen Mieten in schwindelnde Höhen, obwohl ansonsten die Mieten und die Preise fielen. Denn Geld war knapp geworden, und Bargeld war praktisch verschwunden. Da fielen die auf, die noch etwas besaßen.
Ein zeitgenössischer Autor schrieb: »Geld – o Geld! Warum hast du die Fahne der Freiheit verlassen? Warum hast du Armut und Verschwendung zu den Merkmalen gemacht, durch die wir uns unterscheiden?«
Im Rathausgebäude von New York rang man um die nationale Einheit. Alexander Hamilton tat sich besonders hervor. Seine Reden und die fünfundachtzig *Federalist Papers* – von denen Hamilton dreiundsechzig schrieb – waren wohl entscheidend dafür, daß der Staat New York sich am 26. Juli 1788 mit einer hauchdünnen Mehrheit von drei Stimmen für die Ratifikation der amerikanischen Verfassung entschied. Mit Hochrufen, Glockengeläut und Salutschüssen wurde Hamilton deswegen gefeiert.
Wie Erdbeben am Meeresgrund Springfluten auslösen, so stellte der Ratifizierungsbeschluß die Wall Street wiederum auf den Kopf. Scharenweise fielen Handwerker in die Straße mit dem Großmütterchengesicht ein. Die schwärzlichen Trümmer der Trinity Church wurden entfernt, das Rathaus wurde abgerissen. An seiner Stelle entstand das imposanteste

Gebäude, das eine amerikanische Stadt bis dahin gesehen hatte. Geplant für die Ewigkeit, in Windeseile gebaut, wies es jedoch bald Baumängel auf. Doch zunächst übertraf es mit seinen Bögen und Säulen alle Erwartungen. Marmorne Fußböden, bemalte Decken, Baldachine aus purpurnem Damast – dieser Luxus führte zu Kontroversen. Ausgetragen wurden sie auf dem Rücken des französischen Architekten Charles L'Enfant, der unter Steuben gekämpft hatte. Als Honorar bot man ihm siebenhundertfünfzig Dollar, einige Grundstükke und die Ehrenbürgerschaft der Stadt an. Doch das wies er als unangemessen zurück. Deshalb bekam er nichts.
Washington meinte dazu: »Es ist wirklich schade, aber häufig, daß talentierte Männer unter den Einfluß einer unerfreulichen Veranlagung geraten, sich der Trunksucht ergeben, faul sind oder sich auf sonstige Weise disqualifizieren; wodurch sie für alle, die mit ihnen zu tun haben, zur wahren Plage werden. Ich habe nicht erwartet, daß ich es bei Major L'Enfant mit so einer Querköpfigkeit zu tun bekommen würde.«
Am 3. März 1789 wurde das Gebäude dem Kongreß übergeben, und ab dann hieß es »Federal Hall«. In ihm wurde George Washington am 6. April 1789 zum ersten Präsidenten der Vereinigten Staaten gewählt, und am 30. April 1789 wurde er dort in sein Amt eingeführt.

Am 23. April 1789 traf Washington in New York ein. Am Ankunftstag war die Wall Street fahnenverhangen; Sternenbanner flatterten an jedem Haus. An den Gebäuden waren liebevoll Blumenkränze angebracht worden und Zweige von Immergrün. Am Giebel der Federal Hall prangte ein gewaltiger Adler, der dreizehn Pfeile in seinen Krallen hielt, einen für jeden Staat.
Nachmittags um drei Uhr näherte sich auf dem East River das Prunkschiff mit George Washington an Bord, dreizehn Mann Besatzung in weißer Uniform. Als das Schiff in Sichtweite kam, fingen Glockenschlegel an, gegen Glocken zu toben, Kanonen böllerten, und die Leute schrien sich ihre

Freude aus dem Hals. Zu allem spielte Musik. In einer Uniform, gelbbraun mit Blau, stieg Washington an Land. Die bereitstehende Kutsche lehnte er ab. Er ging zu Fuß durch die brandende Wall Street, hin zur Queen Street (heute Pearl Street), die »so wundervoll breite Bürgersteige hatte, daß drei Personen nebeneinanderher gehen konnten«. Im »Franklin House« fand der offizielle Empfang für den Präsidenten statt.

Lang ersehnt war der Tag der Amtseinführung. Während an diesem 30. April 1789 noch über die Formalien diskutiert wurde, bahnten berittene Offiziere bereits der Kutsche mit Washington den Weg durch die Menge. Bei den hitzig geführten Diskussionen in der »Federal Hall« hatte man jedoch ein wichtiges Detail vergessen – eine Bibel. Hastig wurde ein Bote zur St. John's Freimaurerloge in 115 Broadway geschickt, um dort eine Bibel auszuleihen.

Schließlich trat Washington, gekleidet in Dunkelbraun, sorgfältig gepudert die Haare, auf den Balkon der »Federal Hall«. Dort prallte er vor dem Jubel zurück. Sichtlich gerührt, trat er nochmals zurück und dann ein zweites Mal vor. Die Fenster und Dächer der umliegenden Häuser – darunter auch das von Alexander Hamilton – waren voller Menschen. Als Washington den Eid leistete und die Bibel auf dem purpurnen Kissen küßte, war es still wie in einer Kirche. Nach der Proklamation »Lang lebe George Washington, Präsident der Vereinigten Staaten« erscholl jedoch so ein Freudengeschrei, daß es selbst die Salutschüsse übertönte.

Am Abend war die Stadt illuminiert; die öffentlichen Gebäude waren in Licht getaucht, und bei den Privathäusern flackerten unzählige Lämpchen in den Fenstern und neben den Türen. Die Schiffe im Hafen waren ebenfalls beleuchtet. Tausende von Lichtern durchlöcherten die Nacht und spiegelten sich im Dunkel des Wassers wider. Als leuchtende Punkte hüpften sie mit den Wellen auf und nieder. Gegen den Himmel sah eines der Schiffe sogar wie eine Pyramide von Sternen aus.

Nach Washingtons Amtseinführung wurde New York von Besuchern überrannt. Kaum konnten die dreißigtausend Einwohner ihrer Herr werden. Denn bisher waren die Kriegsfolgen nur in der Wall Street beseitigt. Neben den öffentlichen Gebäuden waren dort vorwiegend Wohnhäuser gebaut worden, alle mit dem gleichen Zinnschild neben der Tür. Das war das Zeichen dafür, daß sie bei der »Mutual Assurance Company« gegen Feuer versichert waren. Nur wenige Geschäfte gab es zu der Zeit in der Wall Street, darunter Pantons Schmuckgeschäft und Adam Priors »Partyservice«.
Die im klirrenden Kriegswinter von 1779/1780 abgeholzten Bäume der Straße durften nicht mehr ersetzt werden. Bei einer Geldstrafe von fünf Pfund war es verboten, im südlichen Teil Manhattans überhaupt Bäume anzupflanzen.
In der Wall Street wohnte man aber nicht nur, sondern dort wurde auch promeniert. Den besten Blick über das Treiben bot das Haus von Daniel McCormick, das am unteren Ende der Wall Street lag. Von dort konnte man die Straße bis hin zur Trinity Church übersehen. Das Haus des Junggesellen war der Mittelpunkt des Klatsches. In ihm konnte man alles über jeden erfahren. Zum Beispiel, daß der Reverend von der Presbyterian Church, Dr. John Rodgers, und seine Frau sich abends tief voreinander verneigten, ehe sie ins Bett gingen. Oder daß der französische Gesandte, Marquis de Moustier – der immer rothackige Schuhe und goldene Ohrringe trug –, mit seinem eigenen Koch auf einer Abendgesellschaft des amerikanischen Vizepräsidenten erschienen war, um »seine schlechten Erfahrungen mit dem New Yorker Essen nicht wiederholen zu müssen«.
Der Klatsch blühte so sehr, daß die Opfer sich teilweise durch Zeitungsanzeigen zur Wehr setzten. Als man sich zum Beispiel in McCormicks Haus genüßlich zuflüsterte, daß Captain Landies auf das Pflaster der Wall Street gespuckt und dabei gesagt hätte, Commodore Paul Jones möge das Straßenpflaster als sein Gesicht betrachten, setzte der am 29. Oktober 1787 eine Anzeige in die *New York Packet*. Dar-

in hieß es, daß das Gerede über das Gespucke absolut falsch wäre. Denn so eine Beleidigung hätte ihm niemand ungestraft zufügen können.
Ein französischer Zeitgenosse stellte fest, daß das Leben in der Wall Street teurer als in Frankreich sei. »In Pensionen muß man jetzt schon vier bis sechs Dollar pro Woche bezahlen.«
Teuer waren auch die Seiden, Samte und Satins. Die Männer trugen vorwiegend Bundhosen mit farbigen Westen und darüber einen in der Regel blauen Mantel. Auf dem Kopf balancierten sie Hüte und viel »geborgtes Haar«. Mit ihren fröhlichen Seidenkleidern verliehen die Frauen der Wall Street schon während des Tages einen Hauch von Festlichkeit. Die Damen der Oberschicht – wie die blonde Mrs. Alexander Hamilton – trugen gewagtere Kreationen mit den passenden Accessoires. Zum Beispiel Unterröcke aus knisterndem Taft, an den Kleidern zwei Kragen übereinander – einer in Weiß und einer in Gelb – und blaue Satinschuhe mit rosa Rosetten.
Am extravagantesten gekleidet war John Ramage, ein irischer Miniaturmaler mit einem Studio in der William Street. Regelmäßig tänzelte er in einem hochroten Mantel, einer weißen, über und über mit bunten Blumen bestickten Weste und schwarzen Satinhosen mit Straßspangen am Kniebund durch die Wall Street. Dabei schaukelte ein kecker Hut auf dem gepuderten und sorgfältig gelockten Haar. Alle Einheimischen kannten den Maler und wußten natürlich auch, daß man sich bei ihm malen lassen konnte. Fremde fragten gleich, wer er war, wenn sie seiner ansichtig wurden. So war sein Aufzug seine beste Reklame.

George Washington wohnte zuerst in der Cherry Street und dann am Broadway. Während seiner Amtszeit sah die New Yorker Gesellschaft relativ wenig von ihm. Das lag nicht daran, daß der Präsident lieber einen süßen Grog auf seinem Landsitz Mount Vernon in Virginia schlürfte, sondern daran, daß der Krieg ihn ausgelaugt hatte. Vier Kugeln hatten ihm den Mantel vom Körper gerissen, und zwei Pferde waren unter ihm zusammengeschossen worden. Im Krieg hatte ihm das nichts anhaben können. Doch jetzt fühlte er sich krank, und so tanzte er auf dem Ball zu seiner Amtseinführung nur zwei Kotillons und wahrscheinlich noch ein Menuett. Ansonsten hielt er sich von Festen fern, zum Teil auch aus Unsicherheit, welche Einladungen er annehmen sollte und welche nicht.

Der zum Finanzminister avancierte Alexander Hamilton befreite den Präsidenten aus diesem Dilemma. In seinem Haus in der Wall Street arbeitete er einen genauen Plan für Besuche und Empfänge des Präsidenten aus. Nach diesem Plan richtet sich – mit kleinen Abweichungen – noch heute das gesellschaftliche Leben der amerikanischen Präsidenten.

Hamilton und seine Frau führten ein gastfreundliches Haus. Sie gehörten zu einer Gruppe, in der ausgefallene Trinksprüche groß in Mode waren. Besonders beklatscht wurde zum Beispiel: »Spinnwebdünne Hosen, einen Sattel wie ein Stachelschwein, ein hart gehendes Pferd und eine lange Reise – das sei den Feinden der Freiheit gewünscht!«

Gern gesehener Gast bei den Abendgesellschaften – die meist gegen zweiundzwanzig Uhr ihren Höhepunkt erreichten – war Aaron Burr, der neue Generalbundesanwalt. Insbesondere bei den Frauen kam er gut an. Er war das, was man einen *Ladies' Man* nennt.

Am 14. Januar 1790 legte Alexander Hamilton einen Bericht über die Verschuldung des Landes vor. Die Kriegsschulden beliefen sich auf rund zweiundfünfzig Millionen Dollar. Dazu kamen die Schulden der einzelnen Staaten von nochmals insgesamt rund fünfundzwanzig Millionen Dollar.

»Diese Schulden«, so Hamilton, »müssen bezahlt werden. Denn ein Staat, der seine Schulden nicht zurückzahlt, verspielt jeden Kredit.« Er nannte die Schulden den Preis der Freiheit, den man nicht schuldig bleiben dürfe.

Die Südstaaten waren jedoch nicht bereit, die Schulden der Nordstaaten mit zu bezahlen. Schließlich stimmten sie unter der Bedingung zu, daß bis zum ersten Montag im Dezember 1800 eine neue Hauptstadt am Potomac errichtet würde und daß bis dahin nicht mehr New York, sondern Philadelphia Sitz der Regierung wäre. New Yorker Zeitgenossen warfen Hamilton wegen dieser Entscheidung fehlenden Patriotismus vor. Sie erinnerten in diesem Zusammenhang daran, daß er ja eigentlich kein »richtiger« Amerikaner wäre. Hamilton stammte aus Westindien, wo er als außerehelicher Sohn seiner von ihrem Mann getrennt lebenden Mutter geboren wurde.
Der damalige Außenminister und spätere Präsident Thomas Jefferson, der aus Virginia stammte, merkte schnell, daß Hamilton ihn ausgetrickst hatte. Die Schuldenlast und der Schuldendienst waren nämlich erdrückend. Außerdem profitierten am meisten Spekulanten davon, daß der Staat sich verpflichtet hatte, alle Schulden zurückzuzahlen. Sie hatten nämlich die scheinbar wertlosen Schuldscheine zum größten Teil an sich gebracht.
Diese Leute mochten skrupellos sein, aber das nahm die Regierung in Kauf. Denn sie würden das in ihren Händen angehäufte Kapital effizient anlegen. Vermutlich hatte Hamilton mit all dem nichts zu tun. Für ihn gehörte die Zurückzahlung der Schulden zu seinem großen Konzept. Einige Kongreßabgeordnete dagegen schickten noch während der Debatte Agenten übers Land, um alle Zertifikate aufzukaufen, deren sie habhaft werden konnten.
»Ich war unwissend und unerfahren, als ich dazu ausersehen wurde, Hamiltons Kerze zu halten«, sagte Thomas Jefferson später zu Hamiltons »kleinem Spiel«.
Dieses »Spiel« bekam mit der Schaffung einer Nationalbank seinen eigentlichen Sinn. Die Bank sollte unter anderem Papiergeld ausgeben und als Clearingstelle für den internationalen Handel dienen. Jetzt konnte Hamilton auf die amerikanische Bonität verweisen und dadurch das nationale und internationale Vertrauen gewinnen.

Am 27. Juli 1790 fuhr Washington zum letzten Mal zur »Federal Hall«. Dort sollte er mit ein paar Indianern die Friedenspfeife rauchen und einen Vertrag mit ihnen schließen. Wie immer wurde seine cremefarbene Kutsche von den sechs Pferden mit bemalten Hufen gezogen, davor und dahinter berittene Offiziere. Der Präsidentenkutsche folgten die Kutschen des Obersten Bundesrichters, des Finanzministers und des Kriegsministers, und zwar in dieser Reihenfolge.
Am 30. August 1790 verließ der Präsident New York. Ein letztes Mal ging es mit der Kutsche die Wall Street entlang. Dann bestieg Washington dasselbe Prunkschiff, mit dem er nach New York gekommen war. Es war ein Abschied für immer, denn Washington sollte niemals wieder in die Stadt kommen.
Der Landstreifen, der an Stuyvesants Mauer entlangführte, war bis zu Washingtons Abreise der Schauplatz für die wichtigsten Ereignisse der amerikanischen Geschichte gewesen. Als der politische Stern der Wall Street sank, ging mit dem Finanzzentrum ein »Roter Riese« auf. Das ist ein Stern, der besonders hell leuchtet.

12 Die Gründungsgeschichte der »New York Stock Exchange«

Offiziell schlug die Geburtsstunde der »New York Stock Exchange« am 17. Mai 1792, ganz malerisch unter einem *Buttonwood Tree* in der Wall Street. Der Baum stand nahe dem East River, dort, wo sich heute die Nummer 68 der Wall Street befindet. Schon vor dem offiziellen Gründungsdatum hatten sich Kaufleute getroffen, um den Wertpapierhandel zu organisieren. Auch diese Treffen und die, die folgten, könnte man mit gleichem Recht als Ursprung der New Yorker Börse bezeichnen.

Die wenigsten Anfänge sind wie ein Donnerschlag; meist nehmen Dinge langsam Gestalt an. So war es auch bei der New Yorker Börse. Die Geschichte braucht jedoch feste Daten, damit sie Ereignisse chronologisch ablegen kann. Dieser Pedanterie verdankt auch die Börse ihr genaues Gründungsdatum.

Buttonwood Tree heißt »Knopfholzbaum«. Das Holz dieser Platanenart ist so hart, daß man Knöpfe daraus machen kann. Vielleicht war es deshalb, daß der geschichtsträchtige Baum als einer der wenigen den Unabhängigkeitskrieg überlebt hatte. Jedenfalls trafen sich am 17. Mai 1792, einem heißen Frühlingstag, vierundzwanzig Männer im Schatten des Baumes und beschlossen, den Wertpapierhandel künftig in ehrenwerte Hände zu legen – in ihre eigenen. So begann die New Yorker Börse offiziell mit einem Dokument, das aus zwei Sätzen bestand und das als *Buttonwood Agreement* in die Geschichte einging.

Durch ihre kantige Unterschrift mit dem Federkiel verpflichteten sich die Kaufleute, den Kunden mindestens ein viertel Prozent Kommission für den Kauf und Verkauf von

Wertpapieren zu berechnen und sich gegenseitig beim Handel mit Aktien und Anleihen den Vorzug zu geben.
Im Jahre 1790 wurden in New York erst zwei Arten von Wertpapieren gehandelt, die Kriegsanleihen und die Aktie der »Bank of the United States«, die später zum Edelwert der frühen Bankwerte wurde.

Im Jahre 1776 züngelten rote Flammen durch die Stadt und hinterließen viele hohläugige Ruinen. Die danach in der Wall Street errichteten Häuser waren in der Regel zweigeschossig: ein Laden oder Büro im Erdgeschoß und Wohnräume im ersten Stock. Die östliche Seite, beim East River, galt als besserer Teil der Straße. Dort hatten große Importfirmen, Versicherungen, Geldverleiher und die »Bank of New York« ihren Sitz; und dort befanden sich auch die besten Kaffeehäuser und Tavernen der Stadt. Auf der Hudson-Seite bestimmten mißmutige Lagerhäuser mit dunklen Ecken, Absteigen für Seefahrer und Büros von Agenturen das Straßenbild.
Kaufleute konnten es sich damals nicht leisten, nur in einer Branche tätig zu sein. Um über die Runden zu kommen, importierten sie, exportierten sie, spekulierten sie, versicherten sie, handelten sie – und organisierten sie *Tontines*. Das war eine beliebte Mischung aus Versicherung und Spiel. Das System ging auf Lorenzo Tonti (1630–1695) zurück, einen italienischen Banker. Bei einem *Tontine* wurden Anteile gezeichnet, für die ab einem bestimmten Zeitpunkt Jahresrenten gezahlt wurden. Starb einer der Zeichner, wurde sein Anteil unter den Überlebenden aufgeteilt. Das ging so lange, bis der letzte Überlebende die gesamte Leibrente erhielt.
Mißtrauisch gegenüber Aktien, lebten die New Yorker Spekulanten ihren Spieltrieb zunächst bei Lotterien aus, aber auch bei einfachen Wetten. In den guten alten Zeiten der Kniebundhosen und Schuhspangen – als Washington noch Präsident war – wettete man zum Beispiel um ein Paar Satin-

breeches, daß der Politiker John Jay bei der Gouverneurswahl eine Mehrheit von mindestens fünfhundert Stimmen erhalten würde.

Der Wertpapierhandel lief in New York äußerst schleppend an. Im Jahre 1798 wurden nur sechs verschiedene Aktien gehandelt, und im Jahre 1803 waren es zwölf. Kaufleute kauften und verkauften lieber private Beteiligungen. Ihre Partner suchten sie sich in Kaffeehäusern oder über eine Anzeige in der Zeitung. Prominente Geschäftsleute hatten ihre Büros in »Uptown«, womit damals die Wall Street gemeint war. Sie waren oft schon New Yorker in zweiter Generation, was zu der Zeit beinahe als alter Adel angesehen wurde. »Downtown«, bei der Battery, war die schlechtere Adresse.

Wie gebündelte Spargel schossen in der Zeit Banken aus dem Wall-Street-Boden, die »Tammany Bank«, die »Merchants' Bank«, die »Mechanics' Bank«, die »Million Bank«... Ihre Aktien wurden bald lebhaft gehandelt. An hektischen Tagen gingen über hundert Stück um. Die Gewinne, die dabei gemacht wurden, sprachen sich schnell herum. Entsprechend wuchs das Interesse an Aktien.

Clevere Geschäftsleute legten sich allmählich einen Bestand an Wertpapieren zu, wie sie das auch bei Rum, Melasse und Tabak taten. Selbst die kleinen Läden in »Downtown« führten ein paar Aktien und einige Anteile an Anleihen in ihrem Sortiment und verkauften diese »über den Ladentisch«. Der Ausdruck *Over the Counter* geht auf diese Zeit zurück. Heute benutzt man ihn für den außerbörslichen Handel, über Telefon oder Computer.

Die Lagerbestände in Aktien waren begrenzt. Deshalb fingen Geschäftsleute an, fortlaufende Listen mit den Kauf- und Verkaufswünschen ihrer Kunden zu führen. Wollte zum Beispiel ein Kunde fünf halbe Aktien der »Bank of the United States« und hatte der Geschäftsmann diese nicht vorrätig, dann ging er mit einem »Einkaufszettel« los, auf dem die von der Kundschaft verlangten Aktien notiert waren, und ver-

suchte, die gewünschten Papiere bei anderen Geschäftsleuten ausfindig zu machen und zu kaufen.
Anfang 1792 wurde diese umständliche Methode der Wertpapierbeschaffung durch ein gezieltes Angebot ergänzt. Geschäftsleute machten in Zeitungen für diejenigen Wertpapiere Reklame, die sie auf Lager hatten. Gleichzeitig wurden Versteigerungen angesetzt, die zu einer bestimmten Zeit im Büro des jeweiligen Händlers abgehalten wurden. Diese Methode war auch bei Pelzen und Tabak üblich.
Bald schälte sich eine Hauptversteigerung für Wertpapiere heraus. Sie fand täglich um zwölf Uhr mittags im neuen »Stock Exchange Office« in 22 Wall Street statt. Das Prinzip, nach dem dort gearbeitet wurde, war denkbar einfach: Verkaufswillige lieferten vorher ihre Wertpapiere bei einem der Auktionatoren ab und zahlten ihm für jedes verkaufte Stück eine Kommission. Bei der Versteigerung boten Geschäftsleute für sich selbst und für ihre Kunden, denen sie für diese Tätigkeit eine Kommission berechneten.
Scharfsinnige Zaungäste drohten das gut funktionierende System zu sprengen. Sie erschienen zu den Versteigerungen, allerdings nur, um die Kurse der Wertpapiere in Erfahrung zu bringen. Draußen handelten sie dann zu gleichen Kursen, aber zu niedrigeren Kommissionen – und das den ganzen Tag lang. Selbst Teilnehmer an den Auktionen machten bald bei dem schwunghaften Handel vor den Türen mit. Dadurch wurde das Geschäft bei den Versteigerungen immer dünner.
Die Lösung des Problems kam von außen. Wie ein Donnerkeil aus der Hölle fuhr ein plötzlicher Kurssturz zwischen die Händlerschaft und zog die Leichtgewichte unter ihnen mit nach unten. Doch auch einige Geschäftsleute vom Typ »Ich gehe nicht pleite, selbst wenn ich es wollte« standen am Rand des Ruins. Ihre auf Halde liegenden Aktien erdrückten sie fast.
Die mächtigsten »Kaufleute und Händler in Aktien in der City von New York« trafen sich deshalb am 21. März 1792 zu einer Krisensitzung in »Corre's Hotel«. Dort beschlossen sie, nach

dem 21. April 1792 an keinen öffentlichen Versteigerungen mehr teilzunehmen. Außerdem wurde ein Komitee gebildet, das Regeln für den Wertpapierhandel vorschlagen sollte. Sang- und klanglos ging die letzte öffentliche Versteigerung am 2. April 1792 zu Ende, und ab dem 10. April 1792 war der Verkauf von Staatsanleihen durch öffentliches Ausrufen auch gesetzlich verboten.

Die Unterzeichner des *Buttonwood Agreement* trafen sich im Jahre 1792 an schönen Sommertagen unter ihrem Knopfholzbaum und machten mit fliegenden Händen und flinken Zungen ihre Abschlüsse. Als Herbststürme ihnen die Aktien fast aus den klammen Händen rissen, zogen sie sich in einen Raum des »Merchants' Coffee House« zurück, wo sie einen »Sitz« einnahmen und »Sitzungen in würdiger Art« abhielten.
Dort beschlossen sie auch, »zum Zweck einer Kaufmannsbörse« ein eigenes Gebäude zu errichten. Um dafür das Geld zusammenzubekommen, gründeten sie die »New York Tontine Coffee House Company«, an der sich jeder beteiligen konnte, der zweihundert Dollar für einen Anteil zahlte. Das aber konnten nur die Etablierten, unter ihnen John Jacob Astor, der sich mit Pelzen ein erstes Vermögen erhandelt hatte. Insgesamt zweihundertdrei Anteile wurden gezeichnet, und für rund dreiundvierzigtausend Dollar wurde das Tontine-Gebäude an der Ecke Wall und Water Street errichtet.
Bald war das »Tontine Coffee House« der Mittelpunkt des Wall-Street-Lebens. Dort trafen sich nicht nur Wertpapierhändler, sondern auch andere Geschäftsleute zum Austausch von Waren und Gedanken. Unglückseligerweise begegneten sich dort auch Franzosen und Briten. Eines Tages ergab ein böses Wort das andere, und das führte zu einem Duell zwischen dem französischen Kriegsschiff »L'Ambuscade« und der britischen Fregatte »Boston«. Auf leisen Kielen verließen die Schiffe den Hafen und segelten auf das Meer hinaus. Die offene See war der vereinbarte Austragungsort des Duells. Von den sanften Hügeln der Stadt aus waren die bei-

den Schiffe nicht zu sehen. Dafür hörte man stundenlang das dumpfe Böllern von Kanonen. Dann war das Duell entschieden. Der Kommandeur der »Boston« war tot.

In Manhattan fallen und steigen Gebäude wie Aktienkurse. So beliebt das »Tontine Coffee House« auch war, wohnen wollte man nicht in seiner Umgebung. Ein Wohnhaus nach dem anderen wurde deshalb dort verkauft und durch ein reines Geschäftshaus ersetzt. Die Leute zogen in luftigere Gefilde.

Am Morgen des 11. Juli 1804 wurde im »Tontine Coffee House« ein Bulletin ausgehängt, das die ganze Stadt mit unsäglicher Trauer erfüllte. Alexander Hamilton (1757–1804), der erste amerikanische Finanzminister und gerade zum Gouverneur von New York gewählt, war von Aaron Burr (1756 bis 1836), dem unterlegenen Rivalen und amtierenden Vizepräsidenten der Vereinigten Staaten von Amerika, im Duell niedergeschossen worden.

Den Hintergrund für dieses unfaßbare Geschehen erfuhren die Menschen schnell. Als Burr für die amerikanische Präsidentschaft im Gespräch war, hatte Hamilton gewarnt, daß Burr »die Regierung à la Bonaparte reformieren würde«. Außerdem hatte er unter anderem vertraulich gesagt, daß Burr »ein skrupelloser und gefährlicher Mann sei . . ., dem man nicht die Regierungsgewalt anvertrauen könne«.

Vertrauliche Worte von Berühmtheiten finden schnell ihren Weg in die Zeitungen. Die von Hamilton wurden im *Albany Register* abgedruckt. Zornerfüllt stampfte Burr auf den Boden und verlangte eine Erklärung und eine öffentliche Entschuldigung. Doch dazu war Hamilton nicht bereit. Deshalb schickte Burr ihm seine Sekundanten ins Haus. Hamilton beschloß, die Aufforderung zum Duell anzunehmen, aber nicht zu schießen. »Die moralischen Bedenken eines Christen haben mich veranlaßt, mein eigenes Leben bis zur äußersten Grenze aufs Spiel zu setzen, lieber als mich der Schuld auszusetzen, einem anderen das Leben zu nehmen«, schrieb der

siebenundvierzigjährige Hamilton vor dem Duell in einem Abschiedsbrief an seine Frau.
Am 11. Juli 1804, um sieben Uhr früh, standen sich Hamilton und Burr bei Weehawken, jenseits des Hudson River, im Morgendunst gegenüber. Nach dem Kommando fielen zwei Schüsse. Burrs Kugel traf Hamilton in die rechte Seite, unterhalb der Brust. Ein Sekundant lief zu dem am Boden liegenden Mann und nahm dessen Kopf in den Schoß. »Das ist eine tödliche Verletzung«, hauchte Hamilton, bevor er bewußtlos wurde.
Im Schiff, auf dem Fluß, kam er noch einmal zu sich. »Alles ist so verschwommen«, flüsterte er. Und dann: »Ich wollte nicht auf ihn schießen.«
Am nächsten Tag glitt Hamilton aus der Bewußtlosigkeit in den Tod. Die Stadt New York und das ganze Land waren außer sich, daß »ihr« Alexander Hamilton auf diese Weise sterben mußte. Und die Zeitungen empörten sich über die Schandtat des Aaron Burr, die einen großen Amerikaner das Leben gekostet hatte.
Burr hatte das Duell gewonnen, aber er hatte sehr viel mehr verloren. Kaum jemand sprach noch mit ihm. Sowohl in New York als auch in New Jersey wurde er schließlich des Mordes angeklagt. Er floh nach Südwesten, wo er unter Verletzung spanischer und mexikanischer Rechte ein eigenes Herrschaftsgebiet zu errichten versuchte. Einer Verurteilung wegen Hochverrats entging er nur aus formalen Gründen.
Die Fenster der Wall Street reichten nicht aus, und kaum konnten die Dächer die Trauernden tragen, die am 14. Juli 1804 einen Blick auf den Trauerzug werfen wollten. An der Ecke Broadway und Wall Street waren Truppen aufmarschiert. Als Zeichen der Ehrerbietung und der Trauer hatten die Soldaten die Köpfe gebeugt, und ihre Wangen lehnten an den Kolben der umgekehrten Gewehre. Die sich im Hafen drängelnden Schiffe hatten halbmast geflaggt; und dumpf mischten sich Salutschüsse unter das klagende Bimbam der Kirchenglocken. Vor der Trinity Church, dem mahnenden

Himmelsfinger der Wall Street, war eilends ein Podest aufgebaut worden. Dort fand die Trauerfeier statt. Mit allen militärischen Ehren wurde Hamiltons Körper dann dem Boden übergeben. Hamilton ruht auf dem Friedhof der Trinity Church, am Kopfende der Wall Street, wo er so lange gelebt und gewirkt hat. Außergewöhnlich wie seine Karriere ist auch sein Grabstein. Durch die Pyramidenform sticht er auf dem Friedhof als erstes ins Auge.
Kaum jemand konnte begreifen, daß sich ein besonnener Mann wie Hamilton auf ein Duell – und dann noch mit Burr – eingelassen hatte. Zumal bekannt war, daß Hamilton Duelle zutiefst verabscheute. Denn an derselben Stelle in Weehawken, wo ihn die tödliche Kugel traf, war bereits drei Jahre zuvor sein zwanzigjähriger Sohn Philip in einem Duell erschossen worden.
Eine mögliche Antwort auf das Warum hat der zweite amerikanische Präsident, John Adams, gegeben: »Er [Hamilton] dachte, daß er das Ende seines Schaffens erreicht hatte ... und er war zufrieden, daß es – physisch oder politisch – zu Ende ging, wenn es dem Höchsten Wesen so gefiel.«

Die Gruppe der New Yorker Broker wuchs ständig an. Die Aussicht auf schnelle Gewinne durch den Schweiß eines Augenbrauenhebens, eines in die Luft geworfenen Fingers, eines Nicken des Kopfes zog immer mehr Kaufleute an. Verlockender schien der Handel mit Aktien, als sich mit Grundstücken und Waren herumplagen zu müssen. Dem wachsenden Interesse trug der *New York Commercial Advertiser* Rechnung, indem er von Januar 1804 bis Januar 1807 täglich die »Aktienkurse des Tages von ein Uhr« veröffentlichte.
Am 25. Februar 1817, rund fünfundzwanzig Jahre nach dem *Buttonwood Agreement*, trafen sich wiederum vierundzwanzig Männer, um den Wertpapierhandel besser zu organisieren. Da traf es sich gut, daß der frischvermählte Will Lawton gerade auf Hochzeitsreise gehen wollte. Man schickte ihn zum Flittern und Spionieren nach Philadelphia, wo es schon

eine gut funktionierende Börse mit allem Drum und Dran gab. Am 8. März 1817 wurde der »New York Stock and Exchange Board« (NYS & EB) gegründet. Die von der Börse in Philadelphia abgeguckten Regeln bestimmten die Satzung. Nach drei Testjahren wurden diese jedoch überarbeitet, und am 21. Februar 1820 wurde eine neue Satzung beschlossen.
Der Organisation gehörten jetzt neununddreißig Broker an, darunter einige der vermögendsten Männer der Stadt. Über achtzig Millionen Aktien waren inzwischen in New York ausgegeben worden, und der »Board« wurde zum bevorzugten Umschlagplatz.
An jedem Werktag trafen sich die Mitglieder der Börse. Der Präsident rief ein Wertpapier nach dem anderen auf. Käufer und Verkäufer schrien dann ihre jeweiligen Gebote in den Raum, bis Angebot und Nachfrage sich trafen. Kein Handschlag war nötig, um ein Geschäft zu bestätigen. Penibel trug der Sekretär den Handel in ein Buch.
Streng waren die Regeln des »Board«. Zum Beispiel war es verboten, sich während einer Versteigerung eine Nachricht bringen zu lassen. Die Strafen für Verstöße waren hart. Sie wurden unwiderruflich von einem internen Schiedsgericht verhängt und reichten von Geldbußen bis zum Ausschluß.
Ein Zeitgenosse vertrat die Ansicht, daß erst das Jahr 1820 das wirkliche Geburtsjahr der New Yorker Börse war. Denn erst ab dann wurden große Transaktionen durchgeführt, und ab dem Zeitpunkt wurde ausschließlich von Mitgliedern des »Board« gehandelt, für eigene und fremde Rechnung.
Jedenfalls wurde in dem Jahr das Establishment der Wall Street endgültig etabliert. Seitdem waren die Wertpapierhändler in zwei Klassen geteilt: in Mitglieder und Nichtmitglieder des »Board«. Für Nichtmitglieder war es schwer, viel Geld an Wall Street zu machen *(»To make it big on Wall Street«)*, denn es fehlten die Informationen. Selbst die Kurse der gehandelten Wertpapiere waren zunächst ein streng gehütetes Geheimnis. Von den »Outsidern« wurden deshalb Spione eingesetzt und Bestechungsgelder gezahlt.

Erst später erkannte der »Board«, daß Kursinformationen die beste Reklame für die Börse waren. Durch die angeheizte Spekulationslust war für die Mitglieder mehr an Kommissionen zu verdienen, als wenn sie die Kurse als Insiderwissen behalten hätten. Zuerst gab der Sekretär des »Board« einmal wöchentlich, dann einmal täglich die Kurse der hinter verschlossenen Türen gehandelten Wertpapiere an die Presse weiter, ab 1828 auch die Umsätze.

Der 16. März 1830 ging als der Tag mit dem geringsten Umsatz in die Annalen von Wall Street ein. Einunddreißig Aktien wurden an dem Tag gehandelt. Doch es soll noch »langweiligere« Tage gegeben haben, wie den 14. und 17. März 1821 und den 8. Januar 1829, wo laut dem *Journal of Commerce* überhaupt kein Handel stattfand, und den 19. September 1828, wo ein einziges Stück einer sechsprozentigen Staatsanleihe »umging«.

Die Mitgliederzahl des »Board« war nicht begrenzt; dennoch war es schwer, in den Kreis der ehrenwerten Kaufleute aufgenommen zu werden. Die Kandidaten mußten vertrauens- und kreditwürdig sein, eine zweijährige Lehre bei einem Mitglied des »Board« absolviert haben und von einem Mitglied für die Mitgliedschaft vorgeschlagen worden sein. Über die Aufnahme stimmten dann alle Mitglieder ab. Drei schwarze Kugeln bedeuteten das »Aus« für einen Kandidaten. Kleine »Blackballs« wurden damals bei geheimen Abstimmungen benutzt, wenn jemand mit »Nein« stimmen wollte.

Jacob Little war einer der ersten Bären an Wall Street; und der erste, der durch fallende Kurse viel Geld verdiente. Mehrmals machte er ein Vermögen an Wall Street, und ebenso oft verlor er es wieder. Dreimal wurde er als Mitglied des »Board« abgelehnt, ehe er doch noch in das Gremium aufgenommen wurde. Da war er allerdings schon ein Wall-Street-Gigant.

Im Jahre 1835 hatte Little zusammen mit seinem Bruder ein Brokerbüro eröffnet. Bald war er als der erste »Napoleon der

Wall Street« bekannt. Er hatte einen so ungeheuren Appetit auf Aktien, daß er »an einem Tag mehr Wertpapiere in sich hineinstopfte, als das Gewicht seines Körpers ausmachte«. Im Crash von 1837 machte er ein Riesenvermögen, weil er »short« gegangen war.
Little, der Bär mit der reizbaren Tatze, gilt als Erfinder des *Short Selling* (Leerverkauf). Das heißt, er verkaufte Aktien, die er gar nicht besaß, um sie später billiger zurückzukaufen.
Als Little das letzte Mal sein Vermögen verlor, war das schon tragisch. Er setzte auf einen Kursverfall der »Erie-Eisenbahn-Aktie«. Und obwohl der Kurs zwischen Januar 1857 und Oktober 1857 von 63 7/8 auf 8 fiel, wurde Little durch eine Zwischenrallye kalt erwischt. Er ging mit zehn Millionen Dollar pleite.
Als der »Große Bär der Wall Street« seine Pranken zur Ruhe legte und seine Seele dem Körper entwich, brummelte er: »Ich geh' nach oben. Wer kommt mit?«

Obwohl auch Gesellschaften und Anleger von der Börse profitierten, war der »Board« doch zu dem Zweck gegründet worden, den Mitgliedern eine schöne Einnahmequelle zu schaffen. Broker, die nicht beim »Board« mitmachen durften, mußten beim Wettlauf ums Geld in den Kaffeehäusern und auf der Straße antreten. Manchmal arbeiteten sie für Mitglieder des »Board« oder auch mit ihnen zusammen. In schlechten Zeiten waren sie jedoch die ersten, die regelmäßig pleite gingen. Um die Durststrecke zu überbrücken, nahmen sie dann jede bezahlte Arbeit an. Beim nächsten Bullenmarkt kehrten sie mit neuen Hoffnungen an die Börse zurück.
Man sagt: Die Kurse werden vom Markt gemacht. Daß teilweise auch andere Kräfte eine Rolle spielen, zeigte sich schon fünf Tage nach Gründung des »Board«. Da wurde von fünfzig Aktien der »Manufacturing Bank« berichtet, die »fiktiv« gehandelt wurden, um den Kurs der Aktie auf ein bestimmtes Niveau zu bringen. Der »Board« verbot zwar ab dann fik-

tive Geschäfte, aber die Schuldigen wurden weder bestraft noch ausgeschlossen. Nur der aufgeflogene Handel wurde aus den Büchern der Börse gestrichen.

Durch das Spiel der Bullen und Bären wurden auch Aktien großer und angesehener Gesellschaften wie der »Morris Canal and Banking Company« so stark mitgenommen, daß der Handel mit ihnen wochenlang ausgesetzt werden mußte. Im Jahre 1835 schrieb deshalb das *Journal of Commerce*: »Spielen mit Aktien ... ist eine Praktik, die gegen die Gesetze des Landes, die Gesetze Gottes und den Frieden der Gesellschaft verstößt ... Wenn der Board ehrlich entschlossen wäre, diesem niederträchtigen Treiben ein Ende zu bereiten, dann wäre sofort Schluß damit.«

Erfolgreiche Börsenspekulation bedeutet, von der richtigen Vorhersage der Kursentwicklung zu profitieren. Die Spekulanten von damals gingen einen Schritt weiter und schlossen das Risiko einer falschen Vorhersage aus. Dazu manipulierten sie die Kurse, was zu der Zeit nicht einmal verboten war. Zu ihrem Arsenal gehörten unter anderem Pools, falsche Tips und das »Waschen« von Kursen. Bei den *Wash Sales* trieben Leute, die »alles wußten«, Kurse wie Kometen nach oben. Wenn die Kurse am Himmel hingen, wurden die Aktien dem Publikum »gefälligerweise« überlassen. Kaum befanden sich die Aktien jedoch in »schwachen Händen«, war es mit den Lichtausbrüchen der Schweifsterne vorbei.

Eine andere Methode des Ausnehmens war das »Fischzug-Spiel« *(scoop game)*. Dabei ließ man die Aktien »krank« aussehen, um die Bären zu Leerverkäufen zu verleiten. War das in großem Umfang gelungen, wurde die Aktie schlagartig »gesund«, und der Kurs erhob sich senkrecht. Wie Fische zappelten die Bären im Netz.

Kurse von Aktien, die »im Spiel« *(in play)* waren, rasten in atemberaubendem Tempo davon. Der Kurs der »Canton Company« zum Beispiel stieg in der Zeit zwischen 1834 und 1835 von sechzig auf dreihundert. Mit der gleichen Geschwindigkeit wie die Kurse bewegten sich die Aktien. Die »Fußbäl-

le« *(footballs)* – damals der Ausdruck für schnell die Hand wechselnde Aktien – wurden in einem solchen Tempo hin und her geschossen, daß man die Aktien gar nicht hinterherliefern konnte. Man half sich deshalb mit »Zeitverträgen« *(time bargains)*, die später mit der Differenz zwischen dem Vertragspreis und dem Marktpreis abgerechnet wurden. Gern legte man arglose Leute auch mit Phantasiegebilden herein. Die Wertlosigkeit dieser *Fancies* mußte durch das schauspielerische Talent des Anbieters überspielt werden.
Spekulanten gewannen, Spekulanten verloren – lachender Dritter war Amerika. Denn in dem jungen Land waren in der Regel nur Spekulanten bereit, neuen Gesellschaften eine Chance zu geben und deren Aktien zu kaufen. Aus diesem Grund waren und sind Spekulanten für die Entwicklung eines Landes von großer Bedeutung. Wall Street profitierte ebenfalls von der Spekulation, denn durch die manchmal erfüllte Hoffnung kamen Geld und Umsatz an die New Yorker Börse.

Im Wall-Street-Distrikt mußten alte Häuser den neuen weichen. Ob alt, ob neu – am 16. Dezember 1835 höhlte ein Großfeuer viele Gebäude aus, darunter das »Merchants' Exchange Building« und das »Tontine Coffee House«. Die Wall Streeter ließen sich von den rauchenden Bergen, die vorher ihre Häuser waren, nicht stören. Das Spekulieren ging weiter, wenn auch in anderen Räumen.
Schon bald nach dem Brand, im Jahre 1836, schrieb der *New York Mirror*: »Zwischen zehn und drei Uhr ist die Wall Street voller Spekulanten, Geldwechsler, Kaufleute und Bankdirektoren ... Alles ist Verlangen, Sorge, Ungeduld, Rennen von hier nach da, zusammengezogene Augenbrauen, brennende Augen, abschätzende Blicke, rastlose Gesten und alles, was ein Zeichen von großer Unruhe ist. Wall Street ist der richtige Ort, um Charaktere zu studieren ... und Manieren, so eigentümlich für New York wie für keine andere Stadt unter dem Himmel.«

Für den New Yorker Gesetzgeber trieben es die Spekulanten allmählich zu bunt. Deshalb kam es im Jahre 1836 zu einem Gesetzentwurf, der den Aktienhandel an privaten Börsen verbot. Bei Verstößen drohten Geldstrafen und Gefängnis. Der »Board« kämpfte jetzt um sein Leben. Er wies nicht nur auf seine verdienstvolle Rolle für die Allgemeinheit hin, sondern er warf auch die Frage auf, ob »eine Gesetzgebung, moralisch oder weise, die Natur des Menschen ändern... und seinen Wunsch, Geld anzuhäufen, begrenzen« könne? Das Gesetz trat niemals in Kraft.

Das Ansehen von »Mr. Broker« allerdings war im Laufe der Jahre tief gesunken. Er galt als Ausübender der »Schwarzen Magie«, der seine Kunden dem eigenen Interesse opferte. Kurzum: In den Augen der Leute war der Broker oft der Mann, der ihnen dabei half, *to go broke* (pleite zu gehen).

Alle paar Jahre zog der »Board« um; einmal, weil das Gebäude abbrannte, zweimal, weil die Mieten zu hoch waren, mehrere Male, weil die Räume zu klein wurden, und ein anderes Mal floh man vor einem grassierenden Gelbfieber. Im Jahre 1837 wollte sich der »Board« einen langgehegten Traum erfüllen und ein eigenes Grundstück kaufen. Doch daraus wurde nichts. Denn in dem Jahr brachen die Wirtschaft und der Aktienmarkt zusammen, und mehrere hundert Geschäftsleute gingen bankrott. Darunter waren auch einige Mitglieder des »Board«. Deshalb mußten zwanzigtausend Dollar vom gemeinsamen Konto an die achtundachtzig Mitglieder ausgeschüttet werden. Einige brauchten das Geld, nur um zu überleben. Fast wäre der »Board« in diesem kritischen Moment aufgelöst worden. Doch am Ende behielt er in 43 Wall Street ein kleines Büro; der Wertpapierhandel aber vegetierte nur noch dahin. Die Moralisten waren es zufrieden, denn nach ihrer Meinung war der »unkontrollierte und gefährliche Körper« eher eine Macht des Bösen als des Guten.

Die Wirtschaft erholte sich nur langsam in den vierziger Jahren. Im Jahre 1842 kam auch der »Board« wieder zu sich und aus seinem kleinen Quartier heraus. Er mietete sich einen großen Raum in der neuen »Merchants' Exchange«, im ersten Stock, über dem Lesesaal. Das Gebäude war eines der schönsten und größten der Stadt. Es nahm den ganzen Häuserblock zwischen Wall Street, Exchange Place, Hanover Street und William Street ein.

Die Aufnahme in den »Board« war schwieriger denn je. Denn noch immer stimmten sämtliche Mitglieder über einen Kandidaten ab. Inzwischen waren es über achtzig Stimmberechtigte, bei denen drei schwarze Kugeln schnell zusammenkamen. Nicht nur persönliche Feindschaften spielten dabei eine Rolle, sondern auch die Herkunft und die Religion des Kandidaten. Eine Diskriminierung insbesondere der Juden und der irischen Katholiken war damals in New York gang und gäbe, ja sie wurde sogar als Teil des New Yorker Lebens akzeptiert.

Selbst viele vermögende Männer wurden ohne jede Begründung als Mitglieder des »Board« abgelehnt. Schon in den dreißiger Jahren hatte es deswegen eine zweite Börse gegeben, den »New Board of Stock Brokers«, auch »Bourse« genannt. Genau wie der »Old Board« – so wurde der ältere »Board« jetzt zur Unterscheidung genannt –, erwachte der »New Board« in den vierziger Jahren zu neuem Leben. Im Jahre 1845 mietete er sich ebenfalls in der »Merchants' Exchange« ein und handelte jetzt Tür an Tür mit dem »Old Board«. Aus dessen Tür aber kam eine klare Botschaft: Wer mit dem »New Board« arbeitete, wurde zum Feind des »Old Board«. Nach 1848 wurde der »New Board of Stock Brokers« nirgendwo mehr erwähnt.

Die Wagenburgmentalität des »Board« reizte neue Broker zu neuen Attacken. Im Zeitalter der »rostigen Schienen« bekam es der ellenbogenstarke »Board« allerdings mit Männern zu tun, die von einem anderen Kaliber waren als die bisherigen Opfer. Insbesondere die Eisenbahnmagnaten machten nicht viel Federlesens mit Leuten, die sich ihnen in die Quere stellten. Rauh ging es zwischen ihnen zu.

Cornelius Vanderbilt zum Beispiel schrieb an zwei seiner

Partner, die ihn aufs Kreuz gelegt hatten: »Meine Herren, Sie haben es unternommen, mich zu betrügen. Ich werde sie nicht verklagen, denn das Gesetz ist zu langsam. Ich werde Sie ruinieren. Van Derbilt.«

Dieses und ähnliche Versprechen wurden gehalten.

Die »Freibeuter« *(buccaneers)* und später die »Räuberbarone« *(robber barons)* machten Geld auf ehrliche Art und Weise, wenn es möglich war; ohne Rücksicht auf Verluste, wenn es sein mußte. Für große Chancen gingen sie große Risiken ein. Die Kosten für die Eisenbahnlinien waren allerdings so astronomisch, daß nur die Haftungsbeschränkung durch eine Aktiengesellschaft den Bau überhaupt möglich machte. Das Geld wurde über die Börse aufgebracht. Die Magnaten spielten statt mit Eisenbahnen mit Eisenbahnaktien.

Um die Spekulation noch interessanter zu machen, wurde zu der Zeit das *Margin Trading* erfunden. Man kaufte Aktien zum Teil auf Kredit. Das *Margin* gibt an, wieviel Prozent des Kaufpreises der Käufer selbst aufbringen muß. Damals war das *Margin* sehr klein. Mit zehn Prozent war man bei den Aktien dabei. Pools mußten sogar nur zwei Prozent des Kaufpreises selbst aufbringen. Die Hebelwirkung und die Gewinnchancen waren gigantisch, ebenso aber auch das Risiko. Fielen die Kurse, mußte der Kunde Geld nachschießen, oder der Broker verkaufte die bei ihm als Sicherheit hinterlegten Aktien.

Durch die Gewinnaussichten geblendet, griffen »kleine Kerlchen« *(little fellows)* mit Begeisterung nach den Sternen, die durch die Hebelwirkung so nahe schienen. Meist früher als später zogen ihnen die »großen Jungs« *(big boys)* das letzte Hemd vom Leib, denn die »kleinen Burschen« *(little guys)* konnten meist nicht genug Geld nachschießen. Machten kleine Leute tatsächlich einmal Gewinn, dann ging der in der Regel für die Kommissionen der Broker drauf. *»Be lucky or be a broker«* wurde bei den Geplünderten zum geflügelten Wort.

Durch seine restriktive Aufnahmepolitik wurde der »Board«

allmählich zu einem ausgedünnten Altherrenclub. Zwar gab es schon Broker der zweiten und dritten Generation, aber auch sie waren der Tradition verpflichtet. Mit zäher Beharrlichkeit ging die alte Organisation gegen jeden Nebenbuhler vor. Outsider bekämpfte der »Board« allerdings nicht mit neuen Ideen, sondern mit Strafmaßnahmen. Sie waren wirksamer als jedes Gesetz. Wer zum Beispiel *Board Securities* (Wertpapiere, die beim »Board« gehandelt wurden) anfaßte, ohne dort Mitglied zu sein, wurde ins Abseits gestellt. Mit ihm durfte niemand mehr handeln. Wer gegen diesen Bannspruch verstieß, den traf selbst der Bannstrahl des »Board«. Auch er war aus dem Geschäft mit den Etablierten. Dieses Vorgehen war weder rechtens, noch war es erlaubt, denn damals gab es noch keine bindenden Regeln für die Börsennotierung von Wertpapieren.

Mitte des neunzehnten Jahrhunderts kamen die ersten Minenaktien nach Wall Street. Sie trugen so schöne Namen wie »Woolah-Woolah Gulch Gold Mining«. Die Mitglieder des »Board« trauten den Minenaktien nicht; deshalb überließen sie den Handel mit diesen Aktien der »Minen-Clique«, die sich an der Ecke William und Beaver Street traf. Der »Board« war noch vom alten Schlag. Man wollte sich persönlich vom Gang der Geschäfte überzeugen, wenn man Aktien einer Gesellschaft kaufte. Deshalb waren die New Yorker Bankaktien beim Establishment besonders beliebt. Die Minenaktien hatten natürlich mehr Feuer. Bei Gerüchten über Gold- oder Silberfunde gingen manche Kurse an einem Tag um zweihundert oder dreihundert Prozent nach oben.

Im Februar 1867 schlossen sich einige Minen-Broker zur »Mining Exchange« zusammen. Bald hatte diese Börse mehr Mitglieder und Umsatz als der »Board«. Doch dann brach eine Wirtschaftskatastrophe über das Land und die Börse herein.

»Wir scheinen unterzugehen«, hielt ein Zeitzeuge, der Rechtsanwalt George Strong, die damalige Situation fest.

»Die Lage ist heute schlimmer denn je. Eine Zeit allgemeiner Zahlungsunfähigkeit scheint unmittelbar vor uns zu liegen. Die Leute sagen: ›Bald müssen wir den Boden erreichen‹, aber der Boden ist mit Sicherheit herausgefallen. Depression und Erschöpfung gehen weiter, ohne daß ein Ende in Sicht ist, und sie verheißen weiterzugehen, bis wir den Nullpunkt oder einen allgemeinen Stillstand erreicht haben . . . Werden die Banken standhalten? Ich glaube nicht. Ich sage ihren Niedergang innerhalb der nächsten zehn Tage voraus.«

Während immer mehr Banken fielen, lenkte Fernando Wood, der Bürgermeister von New York, die Wut des Volkes auf Wall Street. »Die meisten New Yorker«, sagte er, »arbeiten ohne Einkommen. Dabei sind sie umgeben von Tausenden, die – in Egoismus und Pracht – Einkommen haben, ohne zu arbeiten.«

Niemand wollte mehr etwas von Wall Street wissen. Die Menschen kämpften ums nackte Überleben. Leer war die Straße, die immer voller Menschen gewesen, genau wie die Räume des »Board«; und die »Mining Exchange« mußte noch im Gründungsjahr schließen.

Wie ein Tag der Nacht folgt und ein Herzschlag dem anderen folgen in Wall Street gute Zeiten den schlechten. Im Jahre 1859 war die Straße wieder voller Leben; die Depression war vorbei; und bald wurde eine neue »Mining Exchange« gegründet. In ihren Räumen in der William Street ging mit das Wildeste vor, was Wall Street bis dahin gesehen hatte. Die Aktien wurden ununterbrochen gehandelt, und jeder durfte mitmachen. Liederliche Gestalten in liederlicher Kleidung kamen von der Straße. Bald trat und puffte man sich so in der Enge, daß die Börse in größere Räume auf der anderen Straßenseite umziehen mußte.

Der »Board« reagierte in Platzhirschmanier. Er verbot seinen Mitgliedern, mit der »Mining Exchange« Geschäfte zu machen. Doch auch die Mitglieder des »Board« hatten inzwischen den Goldrausch im Blut, und so hörten sie nicht auf die Weisung von oben. Zum zweiten Mal kam die Rettung für den ums Revier kämpfenden »Board« von außen. Als Abraham Lincoln im Jahre 1860 zum Präsidenten gewählt worden war und die Vereinigten Staaten von Amerika sich uneiniger waren denn je, führte das zu einer Panik an Wall Street, und die »Mining Exchange« mußte wiederum schließen.

Je mehr ein Gummiband auseinandergezogen wird, desto weiter fliegt ein Stein, den man damit abschießt. So ist es auch an der Börse. Aus dem schwarzen Börsental schossen die Kurse wie aus einem Vulkan hervor. Die wohl farbigste Zeit der Wall-Street-Geschichte begann. Schon die Akteure mit ihren üppigen Bärten sahen abenteuerlich aus. Die Frauen machten das Beste daraus. »Einen Mann ohne Schnurrbart zu küssen«, sagten sie, »ist wie ein Ei ohne Salz zu essen.«

Vor dem Bürgerkrieg war der Handel mit Wertpapieren eine Teilzeitbeschäftigung gewesen. Während des Krieges schüttete die Regierung jedoch so viele Anleihen über Wall Street aus, daß einige Broker von nun an ausschließlich mit Wertpapieren handelten. Sie waren die ersten Vollzeitbroker.

Die Zeiten änderten sich, doch der »Board« machte weiter wie bisher. Seine Versteigerungen fanden immer noch nach dem alten Ritual statt. Es war eine zeitraubende Geschichte, auf den Aufruf des Wertpapieres zu warten, in dem man gerade handeln wollte. Außerdem wurde jedes Wertpapier nur einmal am Tag versteigert. Vielleicht war es Überheblichkeit, vielleicht war es Trotz, daß der »Board« nicht die Handelsmethode der Straße übernehmen wollte. Denn dort wurden die einzelnen Wertpapiere mit großem Erfolg ununterbrochen gehandelt.

Kleine »Boards« brachen aus dem Boden der Wall Street, um die Lücke, die der »Board« beim Handeln ließ, zu füllen. »Big Board« wurde der »Board« jetzt zur Unterscheidung genannt. Um sich von den neuen Organisationen vollends abzuheben, strich der »New York Stock and Exchange Board« am 29. Januar 1863 das Wort »Board« aus seinem

Namen und nannte sich fortan »New York Stock Exchange« (NYSE).
Nur ausgewählte Aktien wurden an der NYSE gehandelt. Den Rest überließ man der Straße. Zwar gab es keine genauen Zahlen über die Umsätze auf dem Pflaster der William Street, der Beaver Street und des Exchange Place, aber man schätzte, daß es schon Tage mit über einer Million Stücke gab; bei der NYSE dagegen waren es höchstens hunderttausend.
Neue Börsen kamen und gingen, nur der »Public Stock Board« blieb. In ihm erwuchs der NYSE eine ernsthafte Konkurrenz. Genau wie die NYSE warf dieser Rivale auch das Wort »Board« aus dem Namen und nannte sich erst einmal »Public Stock Exchange in the City of New York«. Die neue Börse kam mit der Intensität des Neuen und zog bis zum März 1864 fünfzig Mitglieder an, die je fünfhundert Dollar Aufnahmegebühr bezahlten. Mit dem Geld wurden Räume in 16–18 Broad Street gemietet. Da die Börse gegen eine Gebühr von fünfzig Dollar am Tag auch Nichtmitgliedern offenstand, wurde sie nochmals umbenannt, und zwar in »Open Board of Stock Brokers« – oder kurz »Open Board«.
Junge, ehrgeizige Männer, darunter auch Juden und irische Katholiken, bewarben sich bei der neuen Börse um die Mitgliedschaft. Denn sie wußten: Bei der NYSE würden die meisten von ihnen kleine Angestellte oder Läufer bleiben. Beim »Board« reichten nämlich noch immer drei schwarze Kugeln aus, um einen Kandidaten abzulehnen. Die Chance, den rasenden Kugeln zu entgehen, war verschwindend klein.
Mit großem Argwohn beobachtete eine Börsenrivalin die andere. Als der »Open Board« die Aufnahmegebühr auf zweitausend Dollar anhob, ging die NYSE auf dreitausend Dollar, um die teuerste Börse zu bleiben. Nur die Hälfte mußten allerdings diejenigen zahlen, die drei Jahre bei der NYSE gelernt hatten. So blieben der alten Börse wenigstens einige junge Talente erhalten, aus denen sie Mitglieder rekrutieren konnte.

Beim »Open Board« wurden die einzelnen Wertpapiere erst zwei-, dann dreimal täglich versteigert. Als Ergänzung gab es ab 1865 den angrenzenden »Long Room«. In ihm wurde ununterbrochen gehandelt, und jedermann hatte gegen Zahlung eines Eintrittsgeldes Zugang zu ihm. Bald ging es in dem Raum wie in einer Räuberhöhle zu. Es kamen die seltsamsten und wildesten Gestalten. Deshalb wurde der Raum Mitte 1868 geschlossen und dann in die 12–16 New Street verlegt. Hier war der Zutritt für Nichtmitglieder verboten. Durch den Umzug des »Long Room« beherbergte der Häuserblock – der durch die Wall Street, die Broad Street, die New Street und den Exchange Place begrenzt wurde – jetzt die wichtigsten Börsen der Stadt: die NYSE, den »Open Board«, die »New York Gold Exchange« und den »Long Room«.

Im »Long Room« wurden Wertpapiere zunächst nach der Methode des »Durchrufens« *(call through)* gehandelt. Wer eine Aktie kaufen wollte, schrie seine Wünsche in den Raum, worauf die Verkäufer ihre Preisangebote zurückriefen. Das ging so lange, bis der Käufer sich für ein Angebot entschied. In gleicher Weise schrien Verkäufer in den Raum, wenn sie Kaufangebote haben wollten. Die Methode des Durchrufens wurde im Jahre 1871 durch das »Ausrufen in den Pits« *(outcry in the pits)* abgelöst. Ringförmig standen dabei jeweils einzelne Händler zusammen, um ein bestimmtes Wertpapier zu handeln. Nach diesem System wird auch heute noch an den Warenterminbörsen in Chicago agiert.

Im Jahre 1875 brach sich ein Broker namens Boyd ein Bein. Da er deshalb nicht von *Pit* zu *Pit* laufen konnte, setzte er sich auf einen Stuhl und verkündete, daß er ab sofort nur noch »Western-Union«-Aktien kaufen und verkaufen würde. Bald ließen andere Broker ihre Aufträge für diese Aktie durch den Mann auf dem Stuhl ausführen. Dadurch konnten sie sich intensiver um die anderen Aktien kümmern. Für seine Tätigkeit und dafür, daß er faire Preise und die Überwachung von *»Limit Orders«* (Aufträge mit einer Preisgrenze) versprach, erhielt Boyd eine Gebühr. Das System funktionierte so gut, daß sich schnell Nachahmer fanden, die sich ebenfalls als »Spezialisten« für jeweils eine andere populäre Aktie auf dem Börsenparkett niederließen.

Zwischen der NYSE und dem immer stärker werdenden »Open Board« herrschte ein erbitterter Kampf. Während der ältere Rivale über Vermögen und Erfahrung verfügte, hatte der jüngere Feuer und Kraft. Nach dem Bürgerkrieg hatte der »Open Board« mehr Mitglieder und mehr Umsatz als die NYSE. Zur älteren Börse gehörten zwar die angesehensten Geschäftsleute der Stadt, aber manche, denen die Tür zur NYSE offengestanden hätte, zogen den »Open Board« vor.
Schließlich die erste Einsicht: Bei der Gründung des »Gold Room« arbeiteten die rivalisierenden Börsen das erste Mal zusammen – und zusammen auch mit den Brokern von der Straße. Für den »Open Board« war die Zusammenarbeit mit den Bordsteinbrokern kein Problem, denn die meisten seiner Mitglieder stammten selbst von der Straße. Für die NYSE dagegen war der Schritt ein gewaltiger Sprung.
Trotz des Pas de deux beim Gold blieben die Konkurrentinnen ansonsten beim Solo. Im Jahre 1864 reorganisierte die NYSE die »New Mining Exchange« und warf dem »Open Board« nochmals einen Fehdehandschuh hin. Den Mitgliedern des »Open Board« wurde nämlich der Zutritt zu dieser Börse verboten. Faute de mieux hob der »Open Board« den Fehdehandschuh auf und organisierte im Jahre 1865 seinerseits den »New York Petroleum Stock Board«. Beide Börsen hatten mit ihren Börsenkindern kein Glück. Denn die wurden von zwielichtigen Gestalten unterwandert und deshalb von den Müttern verstoßen. Nachdem sich die beiden kleinen Börsen noch zum »Petroleum and Mining Board« zusammengeschlossen hatten, wurde dieser Board von den beiden alten Börsen endgültig »ausgeschaltet«.
Im Jahre 1865 baute sich die NYSE ein erstes vierstöckiges Gebäude in 10–12 Broad Street. Damit wurde sie zum direk-

ten Nachbarn des »Open Board«. Zwei Jahre später wurde noch ein Flügel angebaut, in dem nur Staatsanleihen gehandelt wurden. Da die NYSE die besseren Beziehungen zur Regierung hatte, durfte sie die meisten Staatsanleihen versteigern. An diesen Versteigerungen durften jetzt auch die Mitglieder des »Open Board« teilnehmen.

Betrug folgt dem Geld wie ein Schatten. In Wall Street tummelten sich besonders viele Betrüger. Um deren Aktivitäten einzuschränken, machten die NYSE und der »Open Board« im Jahre 1866 einen weiteren Trippelschritt aufeinander zu und tauschten ihre schwarzen Listen mit den Namen der Betrüger aus.

Im Jahre 1867 erfand E. A. Calahan, ein Angestellter der »American Telegraph Company«, den ersten brauchbaren Ticker. Durch ihn wurde das Miteinander der beiden Börsen nochmals auf eine harte Probe gestellt. Denn es war klar: Sollte es einer der beiden Börsen gelingen, das alleinige Nutzungsrecht für den Ticker zu bekommen, konnte die andere zumachen. Denn selbst ein ganzes Rudel stiebender Boten konnte nicht mit so einem Ticker mithalten. Beide Börsen kämpften jedoch nicht um das Monopol, und so erhielten sie beide die technische Neuheit. Spätere Neuerungen – wie die Telegrafie und das Telefon – führten schließlich dazu, daß Wall Street nicht nur eine kurze Straße in Manhattan ist, sondern zugleich die längste Straße der Welt. Sie reicht überall dorthin, wo eine Verbindung zur New Yorker Börse besteht.

Der erste Schritt auf diesem Weg war das Kabel, das ab 1869 Europa und Amerika miteinander verband. Mit harten Bandagen kämpften die NYSE und der »Open Board« um europäische Kunden. Doch die Europäer wollten nicht in den Streit der beiden Börsen hineingezogen werden. Einige verzichteten deshalb ganz auf ein Investment in Amerika. Als die rivalisierenden Börsen das entgangene Geschäft hochrechneten, rückten sie als Bundesgenossen zusammen. Denn schließlich: Ein geteiltes Geschäft war immer noch besser als gar keines.

Auch interne Änderungen gab es bei der NYSE. Die Mitgliedschaft wurde jetzt zu einem handelbaren Recht, das durch den Verkauf eines »Sitzes« übertragen werden konnte. Allerdings brauchte man zur Übertragung die Zustimmung eines Komitees, das von der NYSE bestimmt wurde. Nach diesem Umschwung wurde den Mitgliedern des »Open Board« das Recht eingeräumt, sich einen Sitz bei der NYSE zu kaufen. Doch kaum jemand machte von diesem Angebot Gebrauch.

Ende 1868 beschloß die NYSE, daß Gesellschaften, deren Aktien bei ihr gehandelt wurden, alle Aktien registrieren lassen sollten und daß die Gesellschaften regelmäßige Finanzberichte bei ihr einreichen müßten. Eine Woche später folgte der »Open Board« mit einem ähnlichen Beschluß. Zumindest mit der Registrierung der Aktien waren fast alle Gesellschaften einverstanden. Die große Ausnahme waren die »Erie Railroad« und dann noch ein paar kleinere Gesellschaften, die vorher auch schon ins Gerede gekommen waren.

Im Volksmund wurde die »Erie«-Eisenbahngesellschaft »Scarlet Woman of Wall Street« genannt. Sie wurde – so der Wall-Street-Jargon – von den größten Spekulanten »geritten«. Um sie entbrannte der *Erie War* (»Erie«-Krieg), und ihretwegen wurde die Aktienregistrierung von den Börsen beschlossen.

Die Eisenbahngesellschaft diente den *Robber Barons* (Räuberbarone) als Spielball. Im Jahre 1867 versuchte »Commodore« Cornelius Vanderbilt (1794–1877), die Mehrheit der »Erie«-Gesellschaft zu kaufen. Seine Gegenspieler – Daniel Drew (1797–1879), damals Schatzmeister der »Erie«, sowie Jay Gould (1836–1892) und Jim Fisk (1834–1872), zu der Zeit Direktoren der Gesellschaft – verkauften Vanderbilt so viele »Erie«-Aktien, wie er nur haben wollte. Als der »Commodore« die Mehrheit zu haben glaubte, gab das Trio Berge von Wandelanleihen aus. Diese wurden schnell in Aktien umgetauscht, und damit wurde der Markt überschwemmt.

»Wenn die verdammte Druckerpresse nicht zusammenbricht,

werden wir dem alten Saukerl soviel Erie geben, wie er will«, jubelte »Jubilee Jim« Fisk.
Diese Methode des »Verwässerns einer Aktie« *(to water stock)* hatte Daniel Drew – meist »Uncle Daniel« genannt – vom Viehmarkt übernommen. Als Teenager handelte er auf Kommissionsbasis mit Rindern. Eines Tages kam er auch mit Heinrich (Henry) Astor ins Geschäft, dem älteren Bruder von John Jacob Astor. Heinrich Astor wollte dem jungen Daniel Rinder abkaufen. In der Nacht vor der Übergabe ließ Daniel die Tiere auf Salz »grasen«, das er extra für den Zweck gekauft und ausgestreut hatte. Dabei paßte er wie ein Schießhund auf, daß die Rinder nicht an Wasser kommen konnten. Trinken ließ er die vor Durst brüllenden Tiere erst am nächsten Morgen, kurz bevor Astor ankam. So tranken sich die Rinder die Bäuche voll, bevor sie auf die Waage gingen. Die Extra-Pfunde der Tiere brachten Drew einen schönen Extra-Profit. Angespornt durch diesen Erfolg wurde das »Verwässern von Vieh« bei Daniel Drew zur Gewohnheit. Das konnte er allerdings bei jedem Kunden nur einmal machen. Und nicht einmal das: Denn bald eilte ihm der Ruf voraus, *Watered Stock* (einen verwässerten Viehbestand) zu verkaufen. Mangels Kundschaft mußte er sich bald nach einem anderen Beruf umsehen.

Stock bedeutet im Englischen nicht nur »Viehbestand«, sondern auch »Aktien«. Deshalb übernahm man den Ausdruck *Watered Stock* in der Bedeutung »verwässerte Aktien« für den Aktienmarkt, als Daniel Drew das »Verwässern« bei der »Erie«-Eisenbahngesellschaft betrieb.
Vanderbilt stopfte, kochend vor Wut, immer mehr »Erie«-Aktien in sich hinein. Er wollte die Kontrolle über die Gesellschaft gewinnen, um sie mit seiner »Central«-Eisenbahn zu fusionieren. Drew, Gould und Fisk amüsierten sich unsäglich über den aktienfressenden »Commodore«.
William Fowler schrieb in seinem im Jahre 1870 erschienenen Buch *Ten Years in Wall Street*: »Am Morgen des 11. März 1868

feierten sie im Büro der [Erie-] Gesellschaft, am Ende der Duane Street. Über Onkel Daniels zerfurchtes Gesicht zuckte ständig ein Lachen. Jay Goulds Finanzauge strahlte und glitzerte, und die blonde massige Gestalt des James Fisk jr. glänzte ölig vom vielen Witzemachen.«

Doch plötzlich war es mit der ausgelassenen Stimmung vorbei. Jemand brachte die Nachricht, daß Vanderbilt einen Haftbefehl gegen die drei erwirkt hatte. Minuten später »stürzte eine Gruppe von vornehm gekleideten, aber erschreckt dreinblickenden Männern, beladen mit Paketen von Dollarscheinen, Geschäftsbüchern, Bündeln von Papieren – mit roten Bändern zusammengehalten –, in Hast und in einem heillosen Durcheinander aus dem Erie-Gebäude«.

Drew hatte nicht die Nerven, im Alter von siebzig Jahren noch ins Gefängnis zu wandern. Außerdem wußten die drei, daß die New Yorker Gerichte in Vanderbilts Hand sein würden, wenn sie selbst erst einmal hinter Schloß und Riegel säßen. Ihnen war klar, daß der gedemütigte »Commodore« in dem Fall kein Pardon kennen würde. Drew nahm deshalb die nächste Fähre über den Hudson, die ihn – zusammen mit der Beute – nach Jersey City brachte. Bis dorthin reichten die Arme der New Yorker Justiz nicht.

Gould und Fisk hatten den Nerv, an dem Abend noch zu »Delmonico's« (eine seit 1827 – und bis heute – bestehende Institution) zum Essen zu gehen. Mitten während des Dinners mußten sie allerdings die Bestecke fallen lassen und fliehen. Denn Polizisten waren auf dem Weg, sie zu verhaften. In wilder Fahrt donnerte ihre Kutsche zur Canal Street, wo gerade der Dampfer »St. John« im Dock lag. Geld spricht eine schnelle und überzeugende Sprache. Gegen Zahlung einer ansprechenden Summe ließ das Schiff ein Boot zu Wasser, und zwei Seeleute mit kräftigen Lungen erklärten sich bereit, die beiden in der mondlosen Nacht durch den Nebel und das Gewühl von tutenden Schiffen über den Hudson zu rudern.

In New Jersey war das trickreiche Trio zwar sicher vor der New Yorker Justiz, aber nicht vor dem wutschnaubenden

»Commodore«. Beunruhigende Nachrichten kamen von jenseits des Hudson: Vanderbilt hätte fünfzigtausend Dollar Belohnung für den »Rücktransport« von »Uncle Daniel« ausgesetzt. Das »Taylor's Hotel«, in dem die Flüchtlinge wohnten, wurde daraufhin zum »Fort Taylor« umfunktioniert. Bewaffnet mit Pistolen und Schlagstöcken aus dem harten Holz der Robinie schoben Polizisten rund um die Uhr Wache. Auf dem Hudson patroullierten Boote, deren Besatzungen ständig Springfield-Gewehre im Anschlag hatten. In New York und New Jersey wimmelte es von Detektiven, deren Augen und Ohren nichts entging.

Nach dem plötzlichen »Umzug« war Albany der zuständige Gerichtsort für die Exilanten. Dort reichte Vanderbilt Klage ein. Schwer waren seine Tasche und die Tasche von Gould, als die beiden nach Albany kamen. Beide waren entschlossen, ein günstiges Gerichtsurteil zu »kaufen«. Rund siebenhunderttausend Dollar streuten sie unter die entscheidenden Männer. Ein Bote, der mit hunderttausend Dollar Nachschub für den »Commodore« nach Albany kam, wurde von Gould abgefangen und mit siebzigtausend Dollar dazu bewogen, mitsamt dem Geld von Vanderbilt zu verschwinden. Der gute Mann wurde nicht mehr gesehen.

Eines fehlte den drei Männern im Exil. Das war Wall Street. Insbesondere »Uncle Daniel« hatte schreckliches Heimweh. Obwohl das Trio den juristischen Kampf im Endergebnis gewann, wußten sie, daß sie auch mit dem »Commodore« Frieden schließen mußten. Ein Urteil ist oft nur ein Satz auf dem Papier, nicht aber die letzte Entscheidung. Das galt insbesondere in der damaligen Zeit, wo Rachegefühle noch nicht domestiziert waren.

Es war jedoch der »Commodore«, der den ersten Schritt machte. In seiner typischen, kurz angebundenen Art schrieb er an seinen früheren Freund Daniel Drew: »DREW: Ich habe die ganze verdammte Sache satt. Besuchen Sie mich. Van Derbilt.«

»Gentlemanlike« wurde die Angelegenheit beigelegt. Van-

derbilt bekam die Hälfte seines Geldes zurück. Das bezahlten die Aktionäre der »Erie«-Gesellschaft ohne ihr Wissen, denn das Geld wurde aus der Kasse der Gesellschaft genommen. Die Sieger in der »Erie«-Schlacht aber behielten ihr Geld. Gould wurde außerdem zum Präsidenten der »Erie«-Gesellschaft ernannt, und Fisk war deren Direktor. Vanderbilt hatte aus dieser Sache gelernt, »niemals ein Stinktier zu treten«. Drew vertrat die Ansicht, daß von der »Erie« nichts übriggeblieben wäre. *»There ain't nothing left in 'ary«*, schnarrte er. Doch damit unterschätzte er das Talent seiner beiden ehemaligen Schüler. Gould und Fisk überflügelten ihren Lehrherrn und erwiesen sich in der Folgezeit als Meister.
Als erstes engagierten sie William »Boss« Tweed, dessen Lebensinhalt die Korruption war. Als Präsident der städtischen Finanzaufsichtsbehörde saß er dafür an der richtigen Stelle. Er hätte auch Bürgermeister von New York werden können, doch den hatte er lieber in der Tasche. Wer etwas von dem Finanzaufseher wollte, mußte erst einmal fünfzehn Prozent der Summe zahlen, um die es ging. Durch diese Einnahmen war »Boss« Tweed bald der drittgrößte Grundbesitzer von New York. Ein Karikaturist brachte ihn schließlich zu Fall. Der deutschstämmige Thomas Nast zeichnete mit spitzer Feder kritische Bilder für *Harper's Weekly* und die *New York Times*. Selbst fünfhunderttausend Dollar konnten ihn nicht dazu bewegen, seine Stricheleien gegen »Boss« Tweed aufzugeben. Das führte schließlich zur Verhaftung des fettgewölbten Mannes. Doch schnell machte Tweed sich aus der Haft davon und floh nach New Jersey, Cuba und Spanien. Von dort wurde er nach New York zurückexpediert. Als er bei seiner Ankunft nach seinem Beruf gefragt wurde, antwortete er: »Staatsmann.« Nach seinem Tod bettete ihn seine Familie, die ihn so überaus liebte, in einen Sarg, der mit weißem Lammfell ausgeschlagen war.
Das war der Mann, mit dem Fisk und Gould zunächst bei der »Erie«-Gesellschaft zusammenarbeiteten. Erneut warfen sie die Druckerpresse an und drehten Leuten, die in der puffen-

den Eisenbahn ihre Zukunft sahen, »Erie«-Aktien im Wert von einundzwanzig Millionen Dollar an. Das konnte nicht gutgehen, meinte »Uncle Daniel« und setzte auf einen fallenden Kurs. Gould und Fisk steuerten gegen, und *The Old Man of the Street* (Der alte Mann der Straße) ging pleite.
Nach einem ihrer vielen Gefechte hatte Vanderbilt Drew gewarnt, seine Finger von Leerverkäufen zu lassen. Drew hatte damals mit dem berühmt gewordenen Satz geantwortet: *»He who sells what isn't his'n, must buy it back or go to prison«* (»Wer verkauft, was ist nicht sein – kauft es zurück, oder man locht ihn ein«). Der Bär Drew starb völlig verarmt, während der Bulle Vanderbilt seinem Sohn William achtzig Millionen Dollar hinterließ.
Jim Fisk starb, wie er gelebt hatte, sensationell bis zum Schluß. Im Jahre 1872 wurde er erschossen. Kurz darauf marschierte eine kleine Armee von ehemaligen Generälen im Büro von Gould ein und verlangte seinen Rücktritt. Die Generäle waren von englischen Aktionären angeheuert worden, um Gould aus der Gesellschaft zu werfen. Gould rief die Polizei, doch die traute sich nicht, gegen die Generäle vorzugehen. Das kleine Heer der großen Feldherren setzte Gould so lange zu, bis er am dritten Tag das Feld räumte. Einer der Generäle hatte ihn überzeugt: »Wenn Sie verschwinden, wird der Kurs von Erie um fünfzehn Punkte steigen. Dadurch können Sie eine Million machen.« Gould machte noch mehr, denn der Kurs stieg nach seinem Ausscheiden aus der Gesellschaft um zwanzig Punkte.
Die neue Geschäftsführung verklagte Gould auf Schadensersatz. In einem außergerichtlichen Vergleich revanchierte sich Gould für die schnöde Behandlung durch die Generäle. Als Schadensersatz überließ er ihnen ein Grundstück, das nach Goulds Worten sechs Millionen Dollar wert war. In Wirklichkeit war es nur zweihunderttausend Dollar wert. Das aber merkten die Generäle erst sehr viel später.
Während der sechs Jahre, die Gould in der »Erie«-Gesellschaft das Sagen gehabt hatte, waren »verwässerte Aktien«

im Wert von vierundsechzig Millionen Dollar ausgegeben worden. Neunundsechzig Jahre lang konnte die Gesellschaft deshalb keine Dividende zahlen. Gould dagegen hatte an der Gesellschaft zweiundzwanzig Millionen Dollar verdient. Als er dort ausschied, war er erst zweiunddreißig Jahre alt und am Anfang seiner Karriere.
Die NYSE und der »Open Board« hatten die Registrierung von Aktien beschlossen, nachdem im November 1868 ein Rundschreiben in Wall Street umgegangen war. Darin hieß es: »Wir, die unterzeichneten Banker, Broker und Händler in Eisenbahnaktien, die wir es als besonders riskant erachten, in der Erie-Eisenbahn zu handeln, verpflichten uns, Aktien der Erie-Eisenbahn nicht zu beleihen, außer bei bereits abgeschlossenen Verträgen, bis eine Registrierung von Aktien bei einer angesehenen Registrierstelle erfolgt ist.«
Der daraufhin von der NYSE und dem »Open Board« gefaßte Beschluß sah vor, daß bis zum 31. Januar 1869 alle bei ihnen gehandelten Wertpapiere registriert sein mußten und daß die Ausgabe von neuen Aktien jeweils dreißig Tage im voraus bekanntzugeben war. Bis zum 1. Februar 1869 hatten alle Gesellschaften bis auf die »Erie« und drei kleine Transportfirmen ihre Aktien registrieren lassen.
Am 4. Februar 1869 schrieb der *New York Herald*: »Erie irrt umher wie Noahs Taube, ohne einen Platz zu finden, auf den sie ihren Fuß setzen kann. Vom Long Room vertrieben, machte Erie den Versuch, die Flügel im Mining Board anzulegen. Aber dann stellte sich heraus, daß der Big Board dem Mining Board nur unter der Bedingung Räume vermietet hatte, daß dort keine Eisenbahnaktien gehandelt wurden. Deshalb mußte Erie auf die Straße hinaus, die jetzt ihr liebloses Heim ist«.
Gould gründete schnell eine eigene Börse, die »National Stock Exchange«. Im Volksmund wurde sie »Erie Board« genannt. Doch bald stellte sich heraus, daß die Gesellschaft die große Börse brauchte, während die Börse auch ohne die »Erie« leben konnte. Im September desselben Jahres gab

Gould klein bei und ließ die »Erie«-Aktien bei der »New York Stock Exchange« registrieren.

Hart hatten die NYSE und der »Open Board« miteinander gekämpft, siegen taten sie beide. Im Mai 1869 schlossen sie sich unter dem Namen »New York Stock Exchange« zu einer Organisation zusammen. Die neue NYSE hatte 1 060 Mitglieder, davon kamen 533 von der alten NYSE und insgesamt 527 vom »Open Board« und von der Börse, die nur mit Staatsanleihen gehandelt hatte.
Als am 10. Mai 1869 die letzte Versteigerung des »Open Board« endete, ertönte ein vielstimmiger Schrei, und dann sangen die Broker *»Auld Lang Syne«* (ein schottisches Lied über »die guten alten Tage«, aber auch über »alte Freundschaften«). Mitsamt seinem Stuhl rissen sie danach den Vizepräsidenten des »Open Board«, George Henriques, vom Boden und trugen ihn im Triumphzug zu »Delmonico's«. Nach einer Runde Drinks ging es weiter, Henriques auf dem Stuhl. Er wurde zur »New York Stock Exchange« getragen und dort auf dem Parkett abgesetzt.
Ein Jahr nach dem Zusammenschluß der beiden Börsen schrieb James Medbery in seinem Buch *Men and Mysteries of Wall Street*: »Die Broker müssen jetzt entscheiden, ob sie hinter kleinen Spekulationsgewinnen – unterbrochen von groben Fehlern – her sein wollen oder ob sie ihren Einfluß noch mehr und mit noch stärkerem Nachdruck gegen das Eindringen von Cliquen geltend machen wollen. Das erste bedeutet Isolation. Das zweite wird eine Expansion in den internationalen Beziehungen einleiten, was New York Glanz verleihen wird und was Wall Street – wie es seine Schlüsselstellung verlangt und erlaubt – zum größten Finanzzentrum auf dem Globus machen wird.«
Die Macht, die die neue Börse besaß, setzte sie rigoros zur Vertreibung von Konkurrenten ein. Das bekam zum Beispiel die »Consolidated Stock Exchange of New York« zu spüren, die sich im Jahre 1885 aus mehreren kleinen Börsen gebildet

hatte. Zum Arsenal der NYSE gehörte unter anderem, daß niemand der Konkurrenz Räume vermieten durfte, wenn ihm an geschäftlichen Beziehungen mit dem Establishment gelegen war. Die »Consolidated Stock Exchange« mußte sich ein eigenes Gebäude bauen, weil sie keinen Vermieter fand.
Trotz aller Schikanen hielt sich diese neue Börse bis zum Jahre 1927, wo ihre Spuren im Sand verlaufen. Um dem Untergang der Rivalin nachzuhelfen, hatte die NYSE noch im Jahre 1909 ihren Mitgliedern jeden Kontakt mit der »Consolidated Stock Exchange« und deren Mitgliedern verboten, sei es »direkt oder indirekt, über öffentliches oder privates Telefon, telegrafisch, über ein elektrisches oder anderes Gerät oder eine solche Vorrichtung oder ein mit Druckluft betriebenes Rohr, über einen solchen Apparat oder was für eine Gerätschaft auch immer, sowie jede Kommunikation über Boten oder Angestellte, direkt oder indirekt . . .«
Wen wundert es da, daß es heute keine »Consolidated Stock Exchange of New York« mehr gibt?

Und Wall Street? Es ist noch immer ein guter Ort, um Geld zu verdienen.
Und um es zu verlieren, ist es das auch.

Anhang

Der Dow Jones Industrial Average seit seiner Einführung 1896

(auf Basis der Tagesschlußkurse)

Jahr	*Hoch*	*Tief*	*Schluß*	*Veränderung in %*
1896		28,48	40,45	
1897	55,82	38,49	49,41	+ 22,1
1898	60,97	42,00	60,52	+ 22,5
1899	77,61	58,27	66,08	+ 9,2
1900	71,04	52,96	70,71	+ 7,0
1901	78,26	61,52	64,56	− 8,7
1902	68,44	59,57	64,29	− 0,4
1903	67,70	42,15	49,11	− 23,6
1904	73,23	46,41	69,61	+ 41,7
1905	96,56	68,76	96,20	+ 38,2
1906	103,00	85,18	94,35	− 1,9
1907	96,37	53,00	58,75	− 37,7
1908	88,38	58,62	86,15	+ 46,6
1909	100,53	79,91	99,05	+ 15,0
1910	98,34	73,62	81,36	− 17,9
1911	87,06	72,94	81,68	+ 0,4
1912	94,15	80,15	87,87	+ 7,6
1913	88,57	72,11	78,78	− 10,3
1914	83,43	71,42	74,73	− 5,1
1915	99,21	54,22	99,15	+ 32,7
1916	110,15	84,96	95,00	− 4,2
1917	99,18	65,95	74,38	− 21,7
1918	89,07	73,38	82,20	+ 10,5
1919	119,62	79,15	107,23	+ 30,5
1920	109,88	66,75	71,95	− 32,9

Jahr	*Hoch*	*Tief*	*Schluß*	*Veränderung in %*
1921	81,50	63,90	81,10	+ 12,7
1922	103,43	78,59	98,73	+ 21,7
1923	105,38	85,76	95,52	− 3,3
1924	120,51	88,33	120,51	+ 26,2
1925	159,39	115,00	156,66	+ 30,0
1926	166,64	135,20	157,20	+ 0,3
1927	202,40	152,73	202,40	+ 28,8
1928	300,00	191,33	300,00	+ 48,2
1929	381,17	198,69	248,48	− 17,2
1930	294,07	157,51	164,58	− 33,8
1931	194,36	73,79	77,90	− 52,7
1932	88,78	41,22	59,93	− 23,1
1933	108,67	50,16	99,90	+ 66,7
1934	110,74	85,51	104,04	+ 4,1
1935	148,44	96,71	144,13	+ 38,5
1936	184,90	143,11	179,90	+ 24,8
1937	194,40	113,64	120,85	− 32,8
1938	158,41	98,95	154,76	+ 28,1
1939	155,92	121,44	150,24	− 2,9
1940	152,80	111,84	131,13	− 12,7
1941	133,59	106,34	110,96	− 15,4
1942	119,71	92,92	119,40	+ 7,6
1943	145,82	119,26	135,89	+ 13,8
1944	152,53	134,22	152,32	+ 12,1
1945	195,82	151,35	192,91	+ 26,6
1946	212,50	163,12	177,20	− 8,1
1947	186,85	163,21	181,16	+ 2,2
1948	193,16	165,39	177,30	− 2,1
1949	200,52	161,60	200,13	+ 12,9
1950	235,47	196,81	235,41	+ 17,6

Jahr	*Hoch*	*Tief*	*Schluß*	*Veränderung in %*
1951	276,37	238,99	269,23	+ 14,4
1952	292,00	256,35	291,90	+ 8,4
1953	293,79	255,49	280,90	− 3,8
1954	404,39	279,87	404,39	+ 44,0
1955	488,40	388,20	488,40	+ 20,8
1956	521,05	462,35	499,47	+ 2,3
1957	520,77	419,79	435,69	− 12,8
1958	583,65	436,89	583,65	+ 34,0
1959	679,36	574,46	679,36	+ 16,4
1960	685,47	566,05	615,89	− 9,3
1961	734,91	610,25	731,14	+ 18,7
1962	726,01	535,76	652,10	− 10,8
1963	767,21	646,79	762,95	+ 17,0
1964	891,71	766,08	874,13	+ 14,6
1965	969,26	840,59	969,26	+ 10,9
1966	995,15	744,32	785,69	− 18,9
1967	943,08	786,41	905,11	+ 15,2
1968	985,21	825,13	943,75	+ 4,3
1969	968,85	769,93	800,36	− 15,2
1970	842,00	631,16	838,92	+ 4,8
1971	950,82	797,97	890,20	+ 6,1
1972	1 036,27	889,15	1 020,02	+ 14,6
1973	1 051,70	788,31	850,86	− 16,6
1974	891,66	577,60	616,24	− 27,6
1975	881,81	632,04	852,41	+ 38,3
1976	1 014,79	858,71	1 004,65	+ 17,9
1977	999,75	800,85	831,17	− 17,3
1978	907,74	742,12	805,01	− 3,1
1979	897,61	796,67	838,74	+ 4,2
1980	1 000,17	759,13	963,99	+ 14,9

Jahr	*Hoch*	*Tief*	*Schluß*	*Veränderung in %*
1981	1 024,05	824,01	875,00	− 9,2
1982	1 070,55	776,92	1 046,54	+ 19,6
1983	1 287,20	1 027,04	1 258,64	+ 20,3
1984	1 286,64	1 086,57	1 211,57	− 3,7
1985	1 553,10	1 184,96	1 546,67	+ 27,7
1986	1 955,57	1 502,29	1 895,95	+ 22,6
1987	2 722,42	1 738,74	1 938,83	+ 2,3
1988	2 183,50	1 879,14	2 168,57	+ 11,8
1989	2 791,41	2 144,64	2 753,20	+ 27,0
1990	2 999,75	2 365,10	2 633,66	− 4,3
1991	3 168,80	2 470,30	3 168,80	+ 20,3
1992	3 413,20	3 152,30	3 301,10	+ 4,2
1993	3 794,30	3 242,00	3 754,10	+ 13,7
1994	3 978,40	3 593,40	3 834,40	+ 2,1

Historische Daten der »New York Stock Exchange«

17. 5. 1792	*Buttonwood Agreement* – Gründung der Börse
8. 3. 1817	Einführung des Namens »New York Stock & Exchange Board«
29. 1. 1863	Änderung des Namens in »New York Stock Exchange«
15. 11. 1867	Einführung von Tickern
8. 5. 1869	Zusammenschluß zwischen der »New York Stock Exchange« und dem »Open Board of Brokers«
24. 9. 1869	Schwarzer Freitag
31. 7. 1914	Bis zum 11. 12. 1914 Schließung der Börse
29. 10. 1929	Börsenkrach
6. 6. 1934	Einsetzung der »Securities and Exchange Commission« (SEC), der Börsenaufsicht
14. 7. 1966	Einführung des NYSE Composite Index
18. 8. 1982	Erster Tag, an dem über 100 Millionen Aktien gehandelt wurden (132 681 120)
21. 9. 1987	Höchster Preis für einen »Sitz« bezahlt – 1 150 000 Dollar
19. 10. 1987	Börsenkrach – der *Dow Jones Industrial Average* fällt um 508 Punkte
20. 10. 1987	Höchster Tagesumsatz – 608 148 710 Aktien

Literaturhinweise

Allen, Frederick Lewis, *Only Yesterday,* New York 1931

Bose, Mihir, *The Crash*, London 1988

Chase, C. David, *Mugged on Wall Street*, New York 1987

Clews, Henry, *Twenty-eight Years in Wall Street*, New York 1888

Clews, Henry, *Fifty Years in Wall Street*, New York 1908

Douglas, Emily Taft, *Remember the Ladies*, New York 1966

Dreman, David, *Psychology and the Stock Market*, New York 1977

Fowler, William Worthington, *Ten Years in Wall Street*, Hartfort (Conn.) 1870

Galbraith, John Kenneth, *The Great Crash 1929*, Boston 1988

Gordon, John Steele, *The Scarlet Woman of Wall Street*, New York 1988

Hickling, John, *Men and Idioms of Wall Street*, New York 1875

Isham, Frederic, *Black Friday,* Indianapolis 1904

Klingaman, William, *Der Crash*, Bern 1990

Lamb, Martha, *Wall Street in History,* New York 1883

Lefevre, Edwin, *Reminiscences of a Stock Operator*, Greenville 1985

Lewis, Michael, *Wall Street Poker*, Düsseldorf 1990

Mc Alpine, R.W., *The Life and Times of Col. James Fisk, Jr.*, New York 1872

Medbery, James, *Men and Mysteries of Wall Street*, Boston 1870

Metz, Tim, *Black Monday,* New York 1988

Neilson, Winthrop and Frances, *What's News – Dow Jones*, Rodnar (Pa.) 1973

Norris, Frank, *The Pit*, New York 1902
Odean, Kathleen, *High Steppers, Fallen Angels, and Lollipops*, New York 1988
Olive, David, *White Knights and Poison Pills*, Toronto 1990
Pratt, Sereno S., *The Work of Wall Street*, New York 1921
Robbins, Lionel, *The Great Depression*, London 1934
Sarnoff, Paul, *Jesse Livermore, Speculator-King*, Greenville 1985
Scott, David, *Wall Street Words*, Boston 1988
Sharp, Robert, *The Lore and Legends of Wall Street*, Homewood (Ill.) 1989
Sobel, Robert, *The Great Bull Market*, New York 1968
Sobel, Robert, *The Curbstone Brokers*, New York 1970
Sobel, Robert, *Inside Wall Street*, New York 1982
Sobel, Robert, *Panic on Wall Street*, New York 1988
Stewart, James, *Club der Diebe*, Frankfurt 1992
Tamarkin, Bob, *The New Gatsbys*, New York 1985
Train, John, *Famous Financial Fiascos*, New York 1985
Walter, Werner und Smith, Steven, *Wall Street*, New York 1991

Personen- und Sachregister